权威·前沿·原创

皮书系列为
"十二五""十三五"国家重点图书出版规划项目

工业和信息化蓝皮书

BLUE BOOK OF
INDUSTRY AND INFORMATIZATION

世界信息技术产业发展报告
（2017~2018）

ANNUAL REPORT ON WORLD INFORMATION
TECHNOLOGY INDUSTRY (2017-2018)

主　编／尹丽波
国家工业信息安全发展研究中心

社会科学文献出版社
SOCIAL SCIENCES ACADEMIC PRESS (CHINA)

图书在版编目（CIP）数据

世界信息技术产业发展报告.2017－2018／尹丽波主编.－－北京：社会科学文献出版社，2018.6
（工业和信息化蓝皮书）
ISBN 978－7－5201－2424－9

Ⅰ.①世… Ⅱ.①尹… Ⅲ.①信息产业－产业发展－研究报告－世界－2017－2018　Ⅳ.①F491

中国版本图书馆CIP数据核字（2018）第048658号

工业和信息化蓝皮书
世界信息技术产业发展报告（2017～2018）

主　　编／尹丽波

出 版 人／谢寿光
项目统筹／邓泳红　吴　敏
责任编辑／吴　敏

出　　版／社会科学文献出版社·皮书出版分社（010）59367127
　　　　　　地址：北京市北三环中路甲29号院华龙大厦　邮编：100029
　　　　　　网址：http://www.ssap.com.cn

发　　行／市场营销中心（010）59367081　59367018
印　　装／三河市龙林印务有限公司

规　　格／开本：787mm×1092mm　1/16
　　　　　　印张：20.25　字数：303千字

版　　次／2018年6月第1版　2018年6月第1次印刷
书　　号／ISBN 978－7－5201－2424－9
定　　价／98.00元

皮书序列号／PSN B－2015－449－2/6

本书如有印装质量问题，请与读者服务中心（010－59367028）联系

▲ 版权所有 翻印必究

工业和信息化蓝皮书
编 委 会

主　编　尹丽波

副主编　程晓明　李新社　万鹏远　何小龙　郝志强

编　委　邱惠君　黄　鹏　李　丽　刘　迎　夏万利
　　　　　周　剑　汪礼俊　高　玮

《世界信息技术产业发展报告（2017~2018）》
课 题 组

课题编写 国家工业信息安全发展研究中心
　　　　　　信息产业与技术研究部

指　　导 吴胜武　乔跃山　胡　燕　高素梅

组　　长 李新社

副 组 长 夏万利　郝建青

编写人员 陈　健　崔学民　邓　卉　梁冬晗　张　倩
　　　　　　王慧娴　刘晓馨　李宁宁　赵　杨　方　颖
　　　　　　孟　拓　吴洪振　门俊男

主编简介

尹丽波 国家工业信息安全发展研究中心（工业和信息化部电子第一研究所）主任、党委副书记，高级工程师。工业信息安全产业发展联盟理事长、工业大数据分析与集成应用工业和信息化部重点实验室主任、国家网络安全检查专家委员会秘书长。长期从事网络信息安全和信息化领域的理论与技术研究，先后主持工业转型升级专项、国家发改委信息安全专项、国家242信息安全计划等几十项重要研究课题，作为第一完成人获部级奖励2项。

国家工业信息安全发展研究中心

国家工业信息安全发展研究中心（工业和信息化部电子第一研究所），前身为工业和信息化部电子科学技术情报研究所，成立于1959年。经过近60年的发展与积淀，中心在工业信息安全、两化深度融合、工业互联网、大数据、人工智能、物联网、军工电子和工业经济等诸多领域具有较强的优势积累和持续能力，逐渐形成软硬协同的业务体系。多年来，中心积极参与国家重大战略、规划、政策编制，为行业主管部门、科研机构、高等院校和行业企业提供专业咨询和技术服务。国家工业信息安全发展研究中心还是两化融合服务联盟、工业信息安全产业发展联盟等的发起单位和依托单位。

国家工业信息安全发展研究中心将深入贯彻习近平新时代中国特色社会主义思想，以服务于新时代制造强国和网络强国建设为使命，以保障工业领域信息安全、推进信息化和工业化深度融合为主攻方向，致力于成为支撑国家战略决策的高端智库和服务产业创新发展的权威机构。

深入实施制造强国和网络强国战略推动制造业高质量发展

当前，以信息网络技术加速创新与渗透融合为突出特征的新一轮科技革命和产业变革，正在全球范围内孕育兴起，加速全球经济数字化转型步伐。党的十九大报告指出，要加快建设制造强国，加快发展先进制造业，推动互联网、大数据、人工智能和实体经济深度融合。在2018年全国网络安全和信息化工作会议上，习近平总书记进一步强调，要围绕建设现代化经济体系、实现高质量发展，加快信息化发展，整体带动和提升新型工业化、城镇化、农业现代化发展的新发展理念。这为我们指明了新时期工业和信息化发展的方向。

从国际上看，云计算、大数据等新一代信息技术与制造业加速融合，工业互联网推动制造业效率变革、模式变革，网络化协同、个性化定制、在线增值服务、分享制造等新应用广泛普及，软件定义、数据驱动、平台支撑、服务增值、智能主导的特征日趋明显。美国、日本、欧盟等发达经济体先后出台一系列政策措施，大力发展人工智能、物联网、量子计算、区块链等新兴领域，加快促进自动驾驶、语音识别、智慧城市等场景应用。工业和信息化领域的国际竞争日益激烈，国际环境复杂多变。

从国内来看，我国经济呈现平稳运行和质量提升互促并进的良好局面，为制造业高质量发展创造了有利条件。特别是在实施"中国制造2025"的有力推动下，制造业发展顶住了下行压力，实现了稳中向好。2017年，规模以上工业增加值增长6.6%，比2015年和2016年分别提高0.5个和0.6个百分点，改变了自2010年以来单向放缓的运行走势。更重要的是制造业产业结构调整步伐明显加快，重点领域创新能力大幅提升，制造模式变革深入推进，全社会重视和支持制造业转型升级、创新发展的良好氛围基本形成。制造业的稳中向好的转型升级也有力促进了新旧动能转换，为国民经济长期健康发展奠定了坚实基础。

制造业是国民经济的主体，是推动经济高质量发展的关键和重点。我们要紧紧抓住新一轮科技革命和产业变革的历史机遇，以习近平新时代中国特色社会主义思想为指导，以深化供给侧结构性改革为主线，坚持质量第一、效益优先，全面实施"中国制造2025"，推动制造业质量、效率、动力三大变革，加快制造业高质量发展步伐。

一是提升制造业创新能力。按照习近平总书记系统创新链思想，围绕产业链部署创新链，围绕创新链部署资金链，加快形成以企业为主体、市场为导向、产学研深度融合的技术创新体系。实施国家制造业创新中心建设工程，聚焦行业共性技术需求，建成一批高水平制造业创新中心。加强核心技术攻关，重点突破一批技术门槛高、投资强度大、投入风险高、研发周期长的关键短板装备和材料。实施工业强基工程，突破重点领域发展的基础瓶颈。

二是加快发展先进制造业。紧跟世界制造业发展前沿，加快发展新能源汽车、智能机器人、增材制造、石墨烯、5G等新兴产业，形成新的增长点和综合竞争优势，进而抢占长远发展制高点。运用市场机制和经济手段去除无效低端产能，加快构筑物联网、工业互联网等新基础设施，发展网络协同制造、大规模个性化定制等新型制造模式，大幅提升传统产业的产品质量和劳动效率，让"旧产业"焕发出"新活力"。

三是加强质量品牌建设。制定和实施与国际先进水平接轨的制造业质量、安全、卫生、环保及节能标准。建立一批制造业发展急需的高准确度、高稳定性计量基标准，完善检验检测技术保障体系。深入开展质量提升行动，加快消费品提质升级，支撑民众消费升级需求；加快装备制造业标准化和质量提升，提高关键领域核心竞争力；加快高端材料创新，形成高性能、功能化、差别化的先进基础材料供给能力。鼓励企业实施品牌战略，树立中国制造品牌良好形象。

四是进一步深化制造业对外开放。全面放开一般制造业，将加快汽车、船舶、飞机等行业开放。推动"中国制造 2025"与德国工业 4.0、美国工业互联网等战略对接，加强制造业领域国际交流合作。注重原始创新、集成创新和引进消化吸收再创新相结合，在坚持自主可控的基础上，大胆引进各种先进技术。加强海外能源资源的利用，鼓励和支持有能力的企业"走出去"。以"一带一路"沿线国家为重点，推进制造业国际布局。

五是营造有利于高质量发展的良好环境。进一步深化"放管服"改革，简化审批手续和流程，最大限度降低制度性交易成本。落实公平竞争审查制度，规范政府行为，防止出台排除、限制竞争的政策措施。加快产业政策转型，从结构性、倾斜型向功能性、普惠型转变，提高企业对政策的获得感，促进各类市场主体在市场上公平竞争、共同发展。围绕制造业发展的重点领域，创新人才培养引进方式，完善人才激励机制，为高质量发展提供人才和智力支持。

习近平总书记强调，"在激烈的国际竞争中，唯创新者进，唯创新者强，唯创新者胜"。值此之际，国家工业信息安全发展研究中心推出"工业和信息化蓝皮书"，深入分析了 2017～2018 年世界信息化、世界信息技术产业、工业信息安全、"一带一路"产业和新兴产业等领域的最新动态和发展趋势，希望能够在理论探讨和实践探索方面，为我国工业和信息化领域各界人士提供有益的启示。

工业和信息化部党组成员、副部长

2018 年 5 月

摘 要

2017年，世界经济形势继续好转，但不稳定因素依然存在，经济复苏仍不明朗。发达经济体经济增长普遍提速，中国和亚洲新兴经济体经济增长依然强劲，拉美、独联体国家等的经济出现一定的改善迹象，世界经济总体增速有所提升。据国际货币基金组织（IMF）预测，2017年全球经济增速为3.6%，其中发达经济体增速为2.2%，新兴和发展中经济体增速为4.6%。美国、日本、欧盟、中国等主要经济体出台一系列促进政策，进一步加快布局新兴技术研发和产业化，抢占技术变革先机，推动产业发展。在多方面积极因素的推动下，2017年世界电子信息产品产值和销售额均保持较快增长态势，新兴市场国家仍是世界电子信息产业增长的重要推动力。

2017年，在复杂的国内外形势下，我国电子信息产业整体运行良好，产业规模增长有所加快，固定资产投资高速增长，全行业效益水平不断提升，出口形势明显好转。在国家促进产业转型升级、加快发展新一代信息技术产业相关政策措施的推动下，电子信息产业结构进一步优化，新兴技术应用的活力逐渐显现。电子元器件、电池、智能终端等细分领域表现突出，逐渐取代传统整机行业，成为拉动电子信息产业增长的主要力量；通信设备、集成电路和电子器件行业投资快速增长；5G、集成电路、柔性显示技术领域取得较快发展，智能终端产品创新不断涌现，制造企业加快服务化转型。未来我国电子信息产业将继续保持平稳增长态势。

为加强对世界电子信息产业的跟踪了解和全面把握，为我国电子信息产业发展提供强有力的信息支撑服务，多年来工业和信息化部电子科学技术情报研究所一直对产业的发展进行系统跟踪研究，并推出系列年度报告。今年推出的《世界信息技术产业发展报告（2017~2018）》分为总报告、国家和

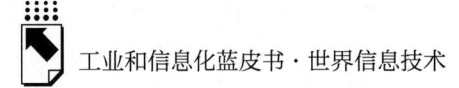

地区篇、行业篇、企业篇、政策法规篇、专题篇、热点篇及附录。本报告对2017年世界各国和地区电子信息产业发展情况、重点行业发展态势与特点、典型企业重要进展、推动产业发展的政策措施以及未来三年产业发展趋势等做了全面、系统、深入的分析，并对技术和产业发展热点、焦点问题做了专题论述，力求从多层面、多角度勾勒整个产业的发展全貌。

《世界信息技术产业发展报告（2017～2018）》的主要数据来源于 The Yearbook of World Electronics Data 2017、主要国家或地区的官方网站，以及国内外权威研究咨询机构，另有一些数据为研究人员调研、加工、整理所得。

在本年度报告研究编写过程中，我们得到了政府部门及行业专家的大力支持，并获得了许多指导性意见，在此表示最诚挚的谢意。由于我们能力和水平有限，错误和疏漏之处在所难免，恳请读者批评指正。

目 录

Ⅰ 总报告

B.1 2017年世界电子信息产业发展态势与特点………… 陈 健 / 001
  一 世界电子产品加速复苏，电子元器件增长强劲 ………… / 002
  二 发达经济体普遍复苏，新兴经济体较快增长 ………… / 005
  三 技术变革开启智能时代，产业竞争聚焦智能应用 ……… / 007
B.2 未来三年世界电子信息产业发展展望………………… 陈 健 / 010

Ⅱ 国家和地区篇

B.3 2017年美国电子信息产业发展情况…………………… 邓 卉 / 016
B.4 2017年日本电子信息产业发展情况………………… 崔学民 / 023
B.5 2017年欧盟推动产业发展的政策措施……………… 王慧娴 / 032
B.6 2017年韩国电子信息产业发展情况………………… 梁冬晗 / 040
B.7 2017年印度电子信息产业发展情况………………… 刘晓馨 / 046
B.8 2017年中国电子信息产业发展情况…………………… 邓 卉 / 053
B.9 2017年中国台湾电子信息产业发展情况……………… 孟 拓 / 058

001

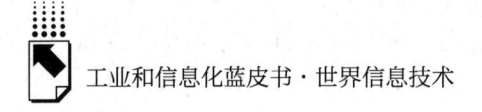

Ⅲ 行业篇

B.10 2017年集成电路产业发展回顾与展望 …………… 陈 健 / 067

B.11 2017年电子元器件产业发展回顾与展望 ………… 张 倩 / 077

B.12 2017年消费电子产业发展回顾与展望 …………… 梁冬晗 / 088

B.13 2017年通信产业发展回顾与展望 ………………… 王慧娴 / 096

B.14 2017年计算机及网络产业发展回顾与展望 ……… 崔学民 / 104

B.15 2017年物联网产业发展回顾与展望 ……………… 方 颖 / 113

B.16 2017年传感器产业发展回顾与展望 ……………… 张 倩 / 120

B.17 2017年新能源汽车电子产业发展回顾与展望 …… 吴洪振 / 129

B.18 2017年医疗电子产业发展回顾与展望 …………… 方 颖 / 137

Ⅳ 企业篇

B.19 2017年典型企业发展情况 ………… 赵 杨 吴洪振 李宁宁 / 146

Ⅴ 政策法规篇

B.20 2017年主要国家和地区推动产业发展的政策措施
………………………… 刘晓馨 李宁宁 邓 卉 孟 拓 / 174

Ⅵ 专题篇

B.21 窄带物联网（NB-IoT）发展现状与前景 ………… 方 颖 / 197

B.22 美国产业界联合呼吁出台物联网国家战略的报告解读
……………………………………………………… 张 倩 / 204

B.23 丰田弃用QNX事件及启示 ………………………… 崔学民 / 210

B.24 智能生产时代下的网络安全策略研究 …………… 梁冬晗 / 218

B.25 绿色制造技术现状及未来趋势 …………………… 刘晓馨 / 226

B.26 美国制造业创新中心运行机制分析及启示 ……… 邓　卉 / 233

Ⅶ　热点篇

B.27 3D生物打印技术 ………………………………… 方　颖 / 240

B.28 神经形态芯片 ……………………………………… 张　倩 / 244

B.29 人工智能 …………………………………………… 邓　卉 / 248

B.30 QNX ……………………………………………… 崔学民 / 252

B.31 共享单车 …………………………………………… 刘晓馨 / 256

B.32 树莓派 ……………………………………………… 梁冬晗 / 260

Ⅷ　附　录

B.33 附录一　大事记 ………………………………………… / 265

B.34 附录二　2017年中国电子信息百强企业名单 ………… / 270

B.35 附录三　2017年全球半导体厂商营业收入排名 ……… / 274

B.36 附录四　2017年全球研发投入100强 ………………… / 275

Abstract ………………………………………………………… / 279

Contents ………………………………………………………… / 282

总 报 告

General Report

B.1
2017年世界电子信息产业发展态势与特点

陈 健[*]

摘 要： 在全球经济持续复苏的有利环境下，世界电子产品制造业在恢复增长的基础上，回归较快增长态势，产值增长4.02%，销售额增长3.03%，主要产品门类份额基本稳定，电子元器件成长强劲。发达经济体普遍复苏，新兴经济体快速增长，中国、美国、韩国、新加坡、中国台湾成为拉动产业增长的主要力量，全球领先国家和地区市场普遍实现增长。技术变革持续深入发展，智能化转型和应用需求持续爆发，智能时代已经到来，产业竞争逐渐向围绕智能

---

[*] 陈健，国家工业信息安全发展研究中心（工业和信息化部电子第一研究所）工程师，研究方向：集成电路、半导体、电子信息。

化应用的技术、创新和生态聚焦。

关键词： 电子信息产业　电子信息产品　智能时代　智能化

2017年，世界经济形势继续好转，但不稳定因素依然存在，经济复苏仍不明朗。发达经济体经济增长普遍提速，中国和亚洲新兴经济体经济增长依然强劲，拉美、独联体国家等的经济出现一定的改善迹象，世界经济总体增速有所提升。根据国际货币基金组织（IMF）10月发布的《世界经济展望》，2017年，全球经济增长3.6%，高于此前1月（3.4%）、4月（3.5%）和7月（3.5%）的预测。发达经济体增速预计为2.2%，受经济活动放缓和政策不确定性影响，美国、英国增速下调0.1个百分点，与此同时，欧元区、日本、亚洲新兴国家、欧洲新兴国家和俄罗斯的增速预测值普遍上调，发达经济体总体增速仍比4月上调0.2个百分点。得益于中国更强劲增长预期的推动，新兴和发展中经济体的增速比4月预期上调0.1个百分点至4.6%，中国的增速预期为6.8%，比4月上调两个百分点，超过印度0.1个百分点，重回全球第一的位置，新兴和发展中经济体仍为全球增长的主要驱动力量。

2017年，信息技术产业对经济社会转型发展的基础性驱动作用持续释放，美国、日本、欧盟、中国等主要经济体均出台一系列促进政策，进一步加快布局新兴技术研发和产业化，抢占技术变革先机，推动产业发展。在人工智能、物联网、大数据等革新技术推动下，智能化应用场景迅速拓展，新兴市场需求持续增长，带动产业与技术创新不断涌现。在发达经济体普遍复苏、新兴经济体快速增长的双重带动下，2017年世界电子信息产品产销额均保持较快增长态势，新兴市场国家的高速增长表明其仍是世界电子信息产业增长的重要推动力。

一　世界电子产品加速复苏，电子元器件增长强劲

2017年，全球经济继续保持低速增长态势，增速略有提升，经济增

长依然面临不确定性因素的影响，复苏尚不明朗。美、日、欧等发达经济体总体回暖，发展中经济体保持较快增长速度，是推动全球增长的重要力量。2017年，世界电子信息产品制造业持续复苏，在2016年略有增长的基础上，增速提升2.95个百分点，产销值均保持较快增长态势。根据《世界电子数据年鉴2017》（*The Yearbook of World Electronics Data 2017*）测算，2017年，世界电子产品产值达到17911.37亿美元，同比增长4.02%，销售额达到17561.39亿美元，同比增长3.03%，与2014年相比，产销值恢复较快增速，销售摆脱衰退态势，复苏形势整体向好。

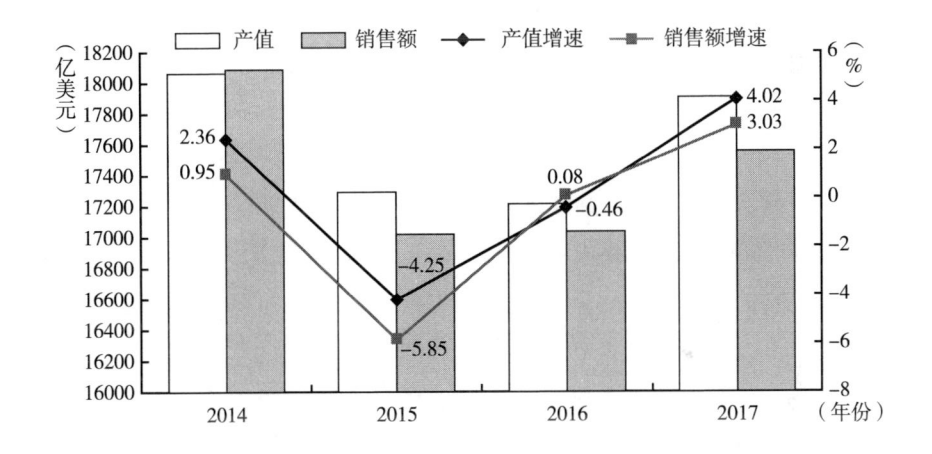

图1 2014~2017年世界电子产品产销值及增速

注：2017年为预测值。
资料来源：*The Yearbook of World Electronics Data 2017*。

在各类产品中，电子元器件占据最大市场份额，高达34.37%，其次是电子数据处理设备、无线通信设备、控制与仪器设备，分别占据23.87%、18.13%和8.24%的市场份额。与2016年相比，细分产品门类的市场占比总体保持稳定。其中，电子元器件增幅最大，市场份额同比上升了2.33个百分点，上升态势较为显著；电子数据处理设备降幅最大，市场份额同比下降了1.36个百分点，与上年相比，份额持续下滑，降幅有所扩大。

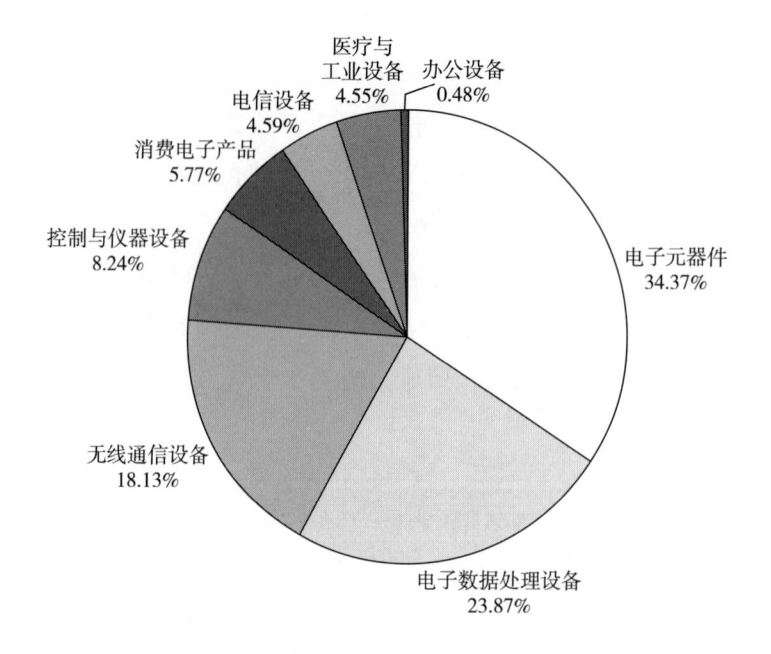

医疗与
工业设备 办公设备
4.55% 0.48%
电信设备
4.59%
消费电子产品
5.77%
控制与仪器设备
8.24%
电子元器件
34.37%
无线通信设备
18.13%
电子数据处理设备
23.87%

图2 2017年各类电子产品市场份额

资料来源：*The Yearbook of World Electronics Data 2017*。

2017年，在智能硬件等新兴市场的带动下，电子元器件成为增长最快的产品门类，控制与仪器设备、无线通信设备保持较高增速，消费电子产品、办公设备同比下滑，其中办公设备的下滑态势最为显著。从产值看，办公设备、消费电子产品同比负增长，其他各产品门类均实现正增长。其中电子元器件产值增速为8.72%，控制与仪器设备、无线通信设备产值分别增长3.46%和3.10%，办公设备、消费电子产品产值分别增长-3.54%和-0.12%，总体产值增长4.02%。从销售额看，除办公设备、消费电子产品同比下滑外，其他各门类产品均实现正增长，电子元器件销售额增速最快，增长6.64%，办公设备下滑最显著，增速为-3.31%，电子产品整体销售额增长3.03%。作为最大产品门类的电子元器件的强势增长带动电子产品整体产销值出现较快增长，其他门类的产销值增速均在平均值以下，仅控制与仪器设备销售额增速略超均值。

表1　2014～2017年世界电子产品产销值统计

单位：亿美元，%

项目		2014年	2015年	2016年	2017年	2017年增长率
电子数据处理设备	产值	4612.13	4194.6	3927.06	3941.2	0.36
	销售额	4773.26	4327.64	4162.93	4192.69	0.71
办公设备	产值	83.19	79.37	76.21	73.51	-3.54
	销售额	102.44	90.4	86.8	83.93	-3.31
控制与仪器设备	产值	1450.86	1375.94	1390.77	1438.95	3.46
	销售额	1465.59	1393.85	1402.32	1446.49	3.15
医疗与工业设备	产值	871.4	850.22	853.34	877.83	2.87
	销售额	806.53	766.51	777.91	799.24	2.74
无线通信设备	产值	3663.59	3675.4	3708.05	3823.12	3.10
	销售额	3230.06	3134.99	3134.33	3184.14	1.59
电信设备	产值	764.2	738.65	762.79	784.16	2.80
	销售额	837.57	786.22	790.91	806.38	1.96
消费电子产品	产值	1242.8	1131.41	1062.67	1061.37	-0.12
	销售额	1185.25	1058.67	1028.72	1012.68	-1.56
电子元器件	产值	5376.99	5251.61	5437.09	5911.23	8.72
	销售额	5688.14	5471.25	5660.09	6035.83	6.64
总计	产值	18065.17	17297.21	17217.96	17911.37	4.02
	销售额	18088.83	17029.53	17044.02	17561.39	3.03

注：2017年为预测值。

资料来源：The Yearbook of World Electronics Data 2017。

二　发达经济体普遍复苏，新兴经济体较快增长

受全球经济增长提速影响，发达经济体和新兴经济体电子产品产销值普遍呈现增长态势。中国、美国、韩国、新加坡、中国台湾成为拉动全球电子产品产销值增长的主要力量，新加坡、越南、中国台湾和韩国增速最快，日本成为排名前十的国家和地区中唯一增速下降的经济体，而墨西哥是唯一未摆脱衰退的国家。

在电子产品产值方面，受全球经济向好影响，2017年世界排名前十的

国家和地区中仅墨西哥仍处于衰退中，但降幅有所收缩。中国仍居产值榜首位，2017年产值达到6824.91亿美元，同比增长3.45%，产值规模约为排名第二的美国电子产品产值的3倍，中国作为世界第一大电子产品制造国的地位稳定。韩国超过日本成为第三大电子产品产地，越南取代巴西进入产值榜榜尾。新加坡成为产值规模前十位的国家和地区中增长最快的国家，2017年电子产品产值增速达到14.38%，比上年提高9.25个百分点，产值超过德国。中国台湾电子产品产值增速排名第三位，2017年电子产品产值增长9.36%，比上年提升7.45个百分点。中国、美国、德国、马来西亚摆脱负增长态势，其中马来西亚增速提高了8.5个百分点，墨西哥增速小幅提升，但仍为负增长，日本成为榜单中唯一增速下降的经济体，被韩国超越后位居第四。

表2　2017年世界电子产品产值排名前十的国家和地区

单位：亿美元，%

国家和地区	2014年 产值	2015年 产值	2015年 增长率	2016年 产值	2016年 增长率	2017年 产值	2017年 增长率
中　国	6675.35	6694.95	0.29	6597.50	-1.46	6824.91	3.45
美　国	2345.37	2310.06	-1.51	2294.64	-0.67	2340.51	2.00
韩　国	1154.29	1079.92	-6.44	1116.45	3.38	1217.17	9.02
日　本	1258.58	1130.74	-10.16	1159.82	2.57	1163.53	0.32
中国台湾	712.96	676.26	-5.15	689.20	1.91	753.68	9.36
新加坡	592.96	562.82	-5.08	591.70	5.13	676.78	14.38
德　国	641.27	555.74	-13.34	553.82	-0.35	565.16	2.05
马来西亚	594.43	518.48	-12.78	502.33	-3.11	529.42	5.39
墨西哥	508.76	497.37	-2.24	494.94	-0.49	493.65	-0.26
越　南	291.36	367.18	26.02	403.53	9.90	448.92	11.25

注：2017年为预测值。
资料来源：*The Yearbook of World Electronics Data 2017*。

在电子产品市场规模方面，世界主要国家和地区市场均呈现增长态势，与上年半数呈现衰退相比，市场复苏迹象明显，前十大经济体排名没有发生变化。中国电子产品市场规模达到4708.00亿美元，同比增长6.02%，继2015年超过美国成为全球最大电子产品市场以来，榜首地位得以进一步稳固。美国市场规模为4252.32亿美元，同比增长1.57%，扭转负增长态势。摆脱衰退的国家和地区还包括英国、墨西哥、韩国、法国，其中英国增速提高14.56个百分点，但仍不足以超过印度进而使排名得以提升。越南持续成为榜单中电子产品市场规模增长最快的国家，增速高达9.47%。印度、中国紧随其后，分别增长7.02%、6.02%。日本是前十大经济体中唯一增速下降的国家，由于与排名第四的德国之间存在巨大的体量差距，其仍保持第三的位置。

表3 2017年世界电子产品市场规模排名前十的国家和地区

单位：亿美元，%

国家和地区	2014年 市场规模	2015年 市场规模	增长率	2016年 市场规模	增长率	2017年 市场规模	增长率
中　国	4191.69	4255.63	1.53	4440.68	4.35	4708.00	6.02
美　国	4206.57	4221.26	0.35	4186.63	-0.82	4252.32	1.57
日　本	1421.13	1218.18	-14.28	1273.3	4.52	1281.11	0.61
德　国	747.35	627.93	-15.98	629.02	0.17	639.58	1.68
韩　国	504.57	495.5	-1.80	489.41	-1.23	505.17	3.22
墨西哥	443.52	446.64	0.70	440.25	-1.43	451.42	2.54
印　度	371.74	400.68	7.79	407.29	1.65	435.88	7.02
英　国	456.57	424.12	-7.11	363.38	-14.32	364.27	0.24
法　国	380.55	318.56	-16.29	317.77	-0.25	322.80	1.58
越　南	236.84	260.16	9.85	280.43	7.79	307	9.47

注：2017年为预测值。
资料来源：*The Yearbook of World Electronics Data 2017*。

三 技术变革开启智能时代，产业竞争聚焦智能应用

当前，世界正处在新一轮科技与产业革命的交汇点，信息技术是当前创新最活跃、带动性最强、渗透性最广的领域，新一代信息技术正处

于加速成长期,新产品、新服务不断涌现。在技术变革带动下,产业格局正在发生深刻变化。信息技术对工业的带动作用正在不断释放,随着信息化与工业化深度融合,工业转型升级正成为全球关注焦点,以智能制造为目标的新兴智能产业,如机器人、工业互联网加速兴起,成为智能硬件、物联网等新兴市场的重要组成部分。信息技术的变革产生了一系列智能产品和智能服务模式,增加了人类社会各个领域的智能化需求,交通、金融、医疗、能源、家居、公共服务等领域的智能化水平不断提升,进一步促进了信息经济和智能硬件市场的成长壮大。人工智能成为当前行业发展的热点,围绕深度学习算法的产业生态逐渐形成,基于云端和移动端的应用快速拓展。技术变革强化了信息产业在经济社会发展中的基础性作用,智能化改造和应用需求旺盛并持续爆发,智能时代已经来临。

在智能时代背景下,产业竞争的焦点围绕实现智能化应用的基础设施、技术开发、模式创新、场景拓展、生态布局展开。各国政府纷纷出台引导性政策,加快本国在技术前沿领域的布局,国际巨头企业在工业互联网、物联网、数据中心、人工智能领域展开竞争,通过部署研发、开展并购等手段抢夺未来市场份额。在工业应用领域,瑞士ABB与IBM合作开发数字化解决方案平台ABB Ability;华为开发了基于物联网操作平台的智慧工厂以及可溯源的生产管理系统;微软、亚马逊等互联网巨头依托云服务切入工业垂直行业SaaS领域。在人工智能领域,英特尔以153亿美元收购无人驾驶公司Mobileye;谷歌收购印度人工智能公司Halli Labs;Facebook收购Facebook人工智能初创公司Ozl;百度收购智能语音企业KITT.AI;苹果推出A11 Bionic芯片,内嵌"神经网络引擎";华为推出麒麟970芯片,内置基于寒武纪NPU的人工智能计算平台。在物联网领域,ARM公司推出首个行业通用构架——平台安全构架PSA(Platform Security Architecture),包含安全固件、可编程安全核心和一条安全调试通道,用于打造安全的互连设备;高通推出Qualcomm Network物联网连接平台,包括面向物联网终端、中枢和网关部署的一系列特性,可集中管理复杂多样的连接技术和生态系统;中国三大运营商启动窄带物联网基站建设，已建成数量达数十万个；华为发布首款窄带物联网芯片Boudica120，并于上半年出货。

参考文献

国际货币基金组织：《世界经济展望》，2017。

Reed Electronics Research，*The Yearbook of World Electronics Data 2017*，2017.

B.2
未来三年世界电子信息产业发展展望

陈 健*

摘 要： 受全球经济持续复苏的影响，预计在未来三年，世界电子产品市场规模将保持稳定增长态势，并在2.3%~2.9%浮动。美、日、西欧等传统发达经济体的市场份额持续下降，亚太地区新兴市场整体份额不断提升，总体上看，亚太地区仍是全球市场增长的引擎。电子产品结构持续小幅调整，但基本保持稳定，物联网、数据中心、智能制造等智能化需求对市场的带动作用逐渐显现，5G、人工智能等新兴应用影响未来细分市场的走向。

关键词： 电子产品市场 产品结构 新兴市场 智能化

展望未来，全球经济持续复苏，但不稳定因素依然存在。美国在政府换届后，政策日趋保守，在美国带动下，传统发达经济体的贸易保护主义进一步抬头。自英国脱欧后，欧盟面临严峻挑战，产业增长不稳定性增加。日本市场在主要发达国家普遍复苏的情况下依然下行。美国、英国增速预期下调，表明发达经济体成长阻力因素不可忽视。新兴经济体保持较强的上升势头，成为推动全球增长的主要力量。在全球宏观经济影响下，未来电子信息产品市场规模将保持稳定增长，以智能化为特征的应用需求的带动性逐渐显现。

---

* 陈健，国家工业信息安全发展研究中心（工业和信息化部电子第一研究所）工程师，研究方向：集成电路、半导体、电子信息。

一 市场规模增势稳定，保持较快增速

自金融危机以来，受众多不稳定因素影响，全球经济呈现不稳定特点。受全球经济环境影响，世界电子信息产业增长遭遇起伏，在2013~2014年实现增长后，2015年陷入衰退，2016年恢复低速增长，至2017年重新恢复较快增长态势。伴随全球经济持续复苏，世界电子信息产品市场规模延续当前的增长态势，预计未来三年，世界电子信息产品市场规模将由2017年的17561.39亿美元增长到2020年的18996.55亿美元，2018~2020年，电子信息产品市场规模增速分别为2.91%、2.31%、2.74%。由此可知，世界电子信息产业进入稳定增长周期。

图1 2015~2020年世界电子信息产品市场情况及未来发展预测

资料来源：*The Yearbook of World Electronics Data 2017*。

二 亚太新兴市场快速成长，传统发达经济体份额下降

未来三年，全球电子信息产业布局在保持基本稳定的同时向亚太地区

除美、日以外的市场倾斜，美国、西欧、日本等传统发达经济体的总体量仍然占据主导地位。中国等除美、日外的亚太地区市场保持加速增长，市场份额不断提升。以中国为代表的新兴市场国家在产业格局中所占比重呈上升态势。

从地区层面看，美国、西欧和日本等传统发达经济体受宏观经济活动乏力影响，市场份额将延续小幅下滑态势。美国市场份额将由2017年的24.21%下降到2020年的23.64%，下降0.57个百分点；西欧市场份额将由2017年的14.01%下降到2020年的13.69%，下降0.32个百分点；日本市场份额将由2017年的7.30%下降到2020年的7.04%，下降0.26个百分点。2017年，美国、西欧和日本等传统发达经济体作为整体共占据全球电子信息产品市场45.52%的份额，至2020年，整体份额将下滑到44.37%。传统发达经济体经过长期积累，在全球化过程中处于产业链和价值链的高端环节，整体核心技术占据较大优势，在全球电子信息产业中依然占据主导地位。中国等除美、日以外的亚太地区国家，以及印度、巴西、南非等新兴经济体保持快速增长，在全球市场中的份额呈现持续上升态势。其中，中国市场份额将由2017年的26.81%增长到2020年的27.22%，上升0.41个百分点，相对于美国的领先优势逐年扩大，进一步巩固其全球第一大经济体地位。总体上看，世界电子信息产业格局持续小幅调整，亚太地区和新兴市场的地位和作用愈发凸显。

从国家层面看，中国、美国和日本稳居电子信息产品产值与市场规模的前列。产值方面，中国作为第一大电子信息产品制造业国家，继续保持稳固地位，美国和日本紧随其后。在市场规模方面，中国占比持续上升，进一步巩固其第一大市场地位，美国、日本分列第二、三位，未来三年，榜首三强的发展趋势保持稳定。西欧国家中，德国、英国、法国市场规模位列前三，未来三年，均保持增长态势，其中德国的增速更高，但低于新兴市场国家。亚太其他国家和地区（除美国、日本和中国外）市场规模将保持较高速增长，中国、韩国、印度、越南等国家的电子信息产品市场增量贡献位居前列。

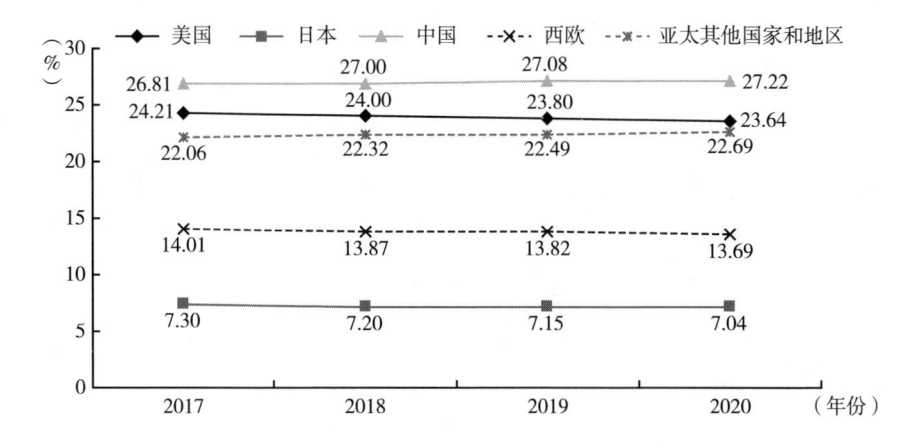

图 2　2017～2020 年世界主要国家和地区电子信息产品市场份额

注：亚太其他国家和地区指不包括中国、日本和美国的亚太地区。

资料来源：*The Yearbook of World Electronics Data 2017*。

表 1　2017～2020 年世界主要国家和地区电子信息产品市场规模预测

单位：亿美元

主要国家和地区	2017 年	2018 年	2019 年	2020 年
美国	4252.32	4337.85	4400.77	4490.53
日本	1281.11	1302.15	1321.4	1337.78
中国	4708	4879.3	5007.23	5170.62
西欧	2461.2	2506.95	2555.41	2600.89
亚太其他国家和地区	3874.75	4033.63	4157.81	4309.51
世界	17561.39	18073.01	18489.96	18996.55

注：亚太其他国家和地区指不包括中国、日本和美国的亚太地区。

资料来源：*The Yearbook of World Electronics Data 2017*。

三　电子产品结构保持稳定，智能化需求带动作用显现

在产品结构方面，未来三年，电子元器件、电子数据处理设备和无线通信设备稳居世界电子产品市场份额前三位，2017 年，三大产品门类的份额分别为 34.37%、23.87% 和 18.13%。未来三年，电子元器件增速由最高逐

渐回落至中等水平，总体上看市场份额将小幅提升；无线通信设备增速高于电子数据处理设备，两者市场份额差距缩小；控制与仪器设备增速持续领先（除电子元器件外），市场份额将有所提升。2017~2018年电子元器件的高速增长得益于当前以物联网、云计算、大数据、人工智能为代表的新兴技术应用市场需求的快速增长。随着5G、汽车电子、医疗电子、智能制造等的发展，无线通信设备、控制与仪器设备等细分市场快速增长。数据中心、人工智能的发展促使对计算的需求增加，这对电子数据处理设备市场带来利好。随着新兴市场不断成熟，各细分产品门类呈现不同的增长态势，但从总体上看，未来三年，世界电子产品的市场结构仍将保持基本稳定。

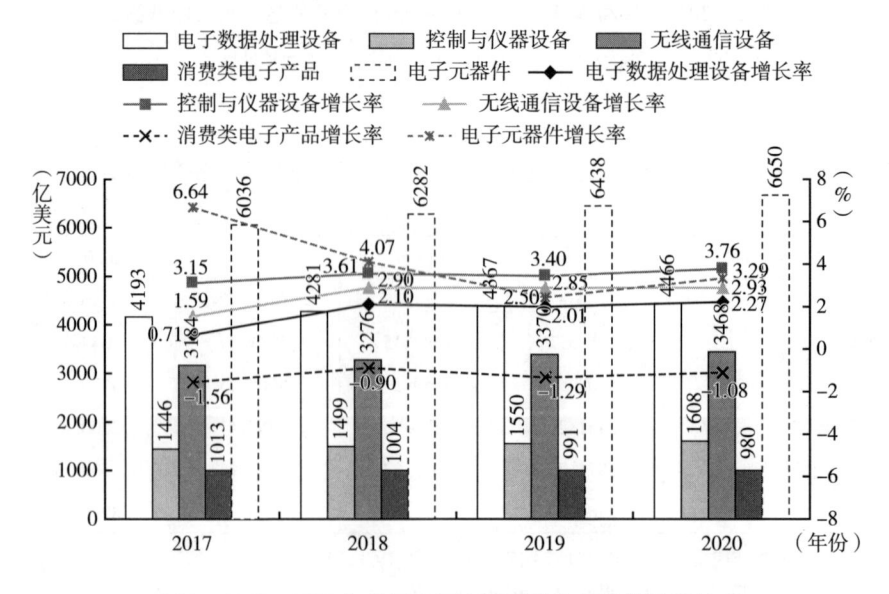

图3　2017~2020年世界主要电子产品市场规模及增长率

资料来源：*The Yearbook of World Electronics Data 2017*。

未来三年，市场规模位列前四的电子产品门类的增速处于2%~5%，电子元器件、控制与仪器设备、无线通信设备、电子数据处理设备、消费类电子产品等细分市场均呈现先减速后加速的增长态势，预计2019年增速低于2018年和2020年，电子元器件市场在2017年出现的强势增长将在未来三年不断放缓，控制与仪器设备市场表现稳定且增速最高，消费类电子产品市场则持续处于衰退中。未来三年，电子元器件、无线通信设备将成为拉动世界电子信息产品市场增长的主要力量。

参考文献

国际货币基金组织：《世界经济展望》，2017年10月。
Reed Electronics Research, *The Yearbook of World Electronics Data 2017*, 2017.

国家和地区篇

National and Regional Reports

B.3
2017年美国电子信息产业发展情况

邓卉*

摘　要： 2017年，美国电子信息产业保持了相对稳定的发展态势，电子产品产值和市场规模增速回升，无线通信与雷达设备规模保持领先，电子元器件规模增势突出。美国电子信息产业创新不断涌现，新技术应用加速深化，同时，巨头企业顺应电子信息产业发展趋势，积极转型布局新业务领域。

关键词： 美国　电子信息产业　市场规模　产品创新

美国经济反弹势头强劲，2017年GDP增速达到2.2%，高出2016

---

* 邓卉，国家工业信息安全发展研究中心（工业和信息化部电子第一研究所）高级工程师，研究方向：信息通信产业与技术。

年0.6个百分点。受劳动力市场活跃、工资上升以及个人所得税预期下调的影响，个人消费将进一步增加，原油价格提高以及企业所得税下调的预期则将激励商业投资，未来美国经济将呈现复苏态势。对美国电子信息产业来说，2017年电子产品产值和市场规模回升态势显著，电子元器件增势突出，电子产品创新不断涌现，各大企业积极开拓新兴业务领域。

一 电子信息产业平稳发展，回升态势显著

近年来，美国电子信息产业保持了相对稳定的发展态势。根据《世界电子数据年鉴2017》（*The Yearbook of World Electronics Data 2017*）预测，在全球半导体市场增长强劲以及向好的国内外经济环境带动下，2017年美国电子产品产值增长2.0%，达到2340.51亿美元；美国电子产品市场规模为4258.56亿美元，较2016年增长1.6%。受益于特朗普政府提出的贸易政策，美国制造业"回流"势头逐渐显现。

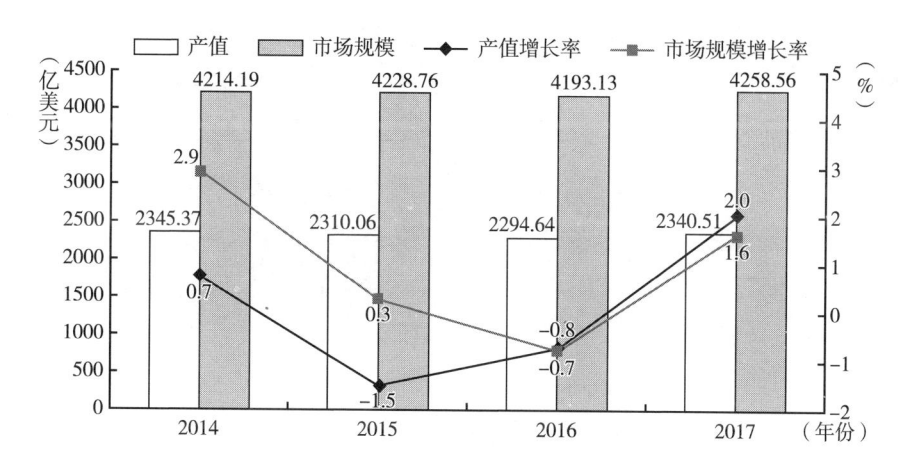

图1 2014~2017年美国电子产品产值与市场规模情况

注：2017年为预测值。
资料来源：*The Yearbook of World Electronics Data 2017*。

二 细分行业发展格局稳定，电子元器件增势突出

2017年，从美国电子产品细分行业产值来看，无线通信与雷达设备产值所占电子产品总产值比例仍居于首位，产值达769.54亿美元，同比增长2.4%，占产值总额的32.9%，占比较2016年提高0.1个百分点。第二是电子元器件，受益于全球市场对半导体的旺盛需求，产值达到574.14亿美元，同比增长3.5%，占产值总额的24.5%，较2016年下降0.3个百分点。第三是控制与仪器设备，产值达422.38亿美元，占产值总额的18.0%，占比较2016年下降0.1个百分点。医疗与工业设备的产值为296.59亿美元，占比较2016年增加0.1个百分点，达到12.7%。电子数据处理设备产值受生产外包比例扩大影响持续下降，2017年为200.53亿美元，同比下降3.0%，占产值总额的8.6%，占比较2016年降低0.4个百分

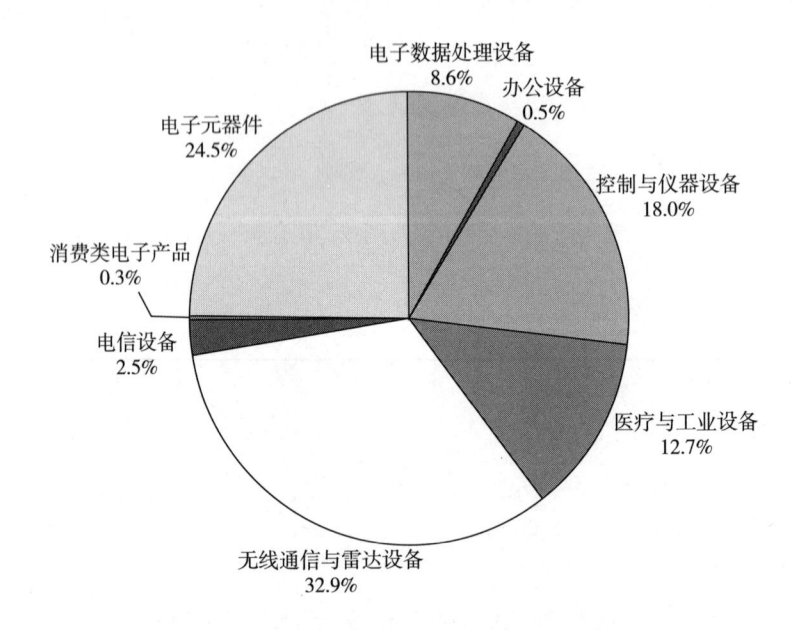

图2 2017年美国各类电子产品产值份额

注：2017年为预测值。
资料来源：*The Yearbook of World Electronics Data 2017*。

点。办公设备的产值占比较2016年下降0.1个百分点，为0.5%，电信设备和消费类电子产品产值比例保持稳定，分别占产值总额的2.5%和0.3%，消费类电子产品产值极小，这主要是由于电视机制造大多迁往墨西哥，电视机产量几乎为零。

2017年，从美国电子产品细分行业市场规模来看，无线通信与雷达设备、办公设备和消费类电子产品市场规模同比下滑，其他细分行业市场规模则实现同比增长。无线通信与雷达设备市场规模占电子产品市场规模总额的比重仍居首位，市场规模达1196.57亿美元，同比下降0.4%，占市场总额的28.1%，占比较上年下降0.6个百分点；第二是电子数据处理设备，市场规模为1023.78亿美元，同比增长0.5%，市场份额由2016年的24.3%下降至24.0%；第三是电子元器件，市场规模为862.91亿美元，同比增长6.0%，占市场总额的20.3%，占比较上年提升0.9个百分点。

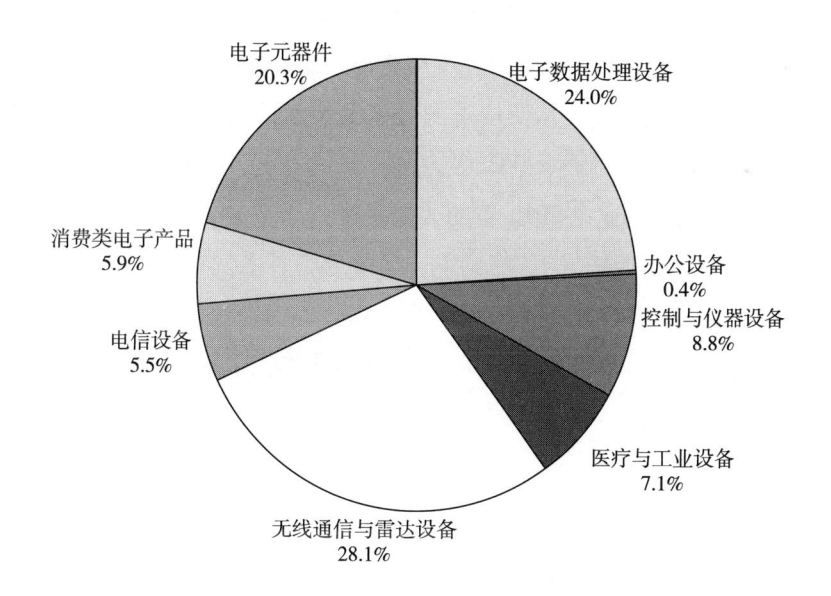

图3　2017年美国各类电子产品市场份额

注：2017年为预测值。
资料来源：*The Yearbook of World Electronics Data 2017*。

三 继续引领全球产业创新，新技术应用加速推进

美国作为电子信息产业第一强国，引领着世界信息技术的发展。2017年，美国企业继续引领在无人驾驶、人工智能、虚拟现实等领域的产业创新，加速推进新技术应用。

近年来，无人驾驶发展进入快车道，在美国政府的大力支持下，美国企业包括特斯拉、福特、通用等传统车厂和Uber、谷歌、苹果等互联网企业，以及英特尔、高通和英伟达等芯片厂商均积极挺进智能驾驶及汽车电子领域，广泛开展产业链上下游合作，大力推进无人驾驶汽车测试。如福特入股人工智能初创公司Argo AI，Uber在美国洛杉矶等城市开通了无人驾驶汽车服务，高通推出专为车辆间通信设计的C－V2X系列芯片组等。

继2016年谷歌AlphaGo战胜多位中韩围棋世界冠军后，2017年，卡内基梅隆大学的人工智能系统Libratus打败4名世界顶级德州扑克玩家，进一步引发了人工智能的热潮。美国企业加速将人工智能融入智能终端、智能驾驶等应用领域，如iPhone X使用了人脸识别技术，英特尔推出了开放式人工智能车辆计算平台DRIVE PX2等。

尽管虚拟现实行业由2016年的火爆逐步归于平静，但早先处于观望的巨头企业也逐步加入这一领域的竞争，2017年，谷歌发布了其Daydream VR平台的2.0版本，微软发布了来自宏碁和惠普的混合现实头盔开发者套件，苹果则宣布其两条重要产品线iMac和iPhone均加入了对虚拟现实和增强现实的支持。

四 巨头企业积极转型布局，发展新兴业务领域

2017年，美国电子信息产业巨擘的发展有喜有悲，但是发展战略均呈现出一个共同特征，即注重在云计算、物联网、人工智能等新兴领域的布局，积极顺应电子信息产业发展趋势。

2017年美国电子信息产业发展情况

尽管个人计算机、手机、Xbox游戏机业务持续下滑，但微软在云业务领域的发力取得显著成果。云平台Azure及基于其建立的办公软件Office 365、商业软件Dynamics 365均实现较大幅度的增长，以云订阅的方式售卖软件为微软带来了可观的营收。

IBM营收持续下滑，目前专注于业务转型，将重点放在利润较高的云计算、数据分析、移动计算、社交和安全业务中。2017年，IBM来自云计算与移动计算、数据分析、社交软件与安全软件等业务的收入实现了平稳增长，系统硬件等传统业务则继续下滑。

2017年，苹果营收止跌回升，iPhone虽然仍占据了苹果营收一半以上的份额，但由于创新乏力，占比持续下降。9月，苹果在其秋季新品发布会上推出为iPhone诞生十周生而特别准备的iPhone X，还推出了iPhone 8和iPhone 8 Plus。苹果的服务业务表现突出，包括iTunes、iCloud、Apple Music、Apple Pay、Apple Care和App Store服务，近三年来营收实现了持续增长。

英特尔旗下最大的业务仍是个人计算机芯片业务，但由于计算机需求减少，该业务持续承压。英特尔正将其业务从个人计算机芯片扩展到云服务、物联网和人工智能等新领域。3月，英特尔斥资153亿美元收购了无人驾驶技术公司Mobileye，这家于1999年成立的以色列公司是宝马、奥迪、特斯拉、沃尔沃、福特等27家大牌汽车厂家高级驾驶辅助系统（ADAS）和自动驾驶技术的供应商。

无线和安全产品是目前思科增长较快的业务领域，但尚未形成支撑。由于交换机和路由器业务表现不佳，思科正努力向物联网和云计算领域转型。3月，思科完成对云应用性能管理平台AppDynamics的收购。10月，思科与谷歌签署了云计算合作协议，将共同开发相关产品。在Cisco Live 2017用户大会上，思科公布了一系列新的物联网解决方案，发布了物联网连接管理平台Control Center 7.0，同时还推出了威胁防护和智能安全、流量细分两项新的增值服务。

由于与苹果在专利技术授权费用问题上仍在法律协调中，高通的技术许可业务营收受到影响，但从长期来看，受益于高通在全球拥有超过300项自由协商的技术许可协议以及众多重要的无线和移动计算设备技术组合，技术许可业务仍将是高通的重要营收来源。此外，高通CDMA技术的设备与服务业务持续增长，与此相关的汽车电子、射频前端、物联网等业务迅猛发展。

参考文献

The Yearbook of World Electronics Data 2017，2017.

B.4
2017年日本电子信息产业发展情况

崔学民*

摘 要： 尽管日本在全球电子信息产品产值中的比重再次下降，但其整体实力仍然不容忽视，2017年，日本继续保持全球第三大电子信息产业国的地位。在2016年出现大幅下滑后，日本电子信息产业全年的产值保持了小幅增长态势。在细分领域，消费电子领域的产值再次下滑，电子元器件等上游部件在全行业的核心地位得到了进一步巩固。2017年，日本的进出口均出现增长，但电子信息领域为相关企业盈利带来的贡献进一步缩小。

关键词： 电子信息产业 日本 消费电子 电子零部件 创新

2017年，日本整体经济趋于好转，根据世界银行的预测，2017年，日本GDP增长约为1.18%。日本是全球第三大电子信息产业国，2017年，电子信息产业的总产值保持小幅增长态势。在细分领域，消费电子的产值再次下滑，工业电子装备、电子元器件的产值均实现不同程度的增长；全年进出口均呈增长态势，集成电路仍是出口额最大的类别；日本电子信息企业的盈利基本都来自非电子信息业务，但依靠创新与应用，日本在绿色高性能计算领域取得了不错的成果。

---

* 崔学民，国家工业信息安全发展研究中心（工业和信息化部电子第一研究所）高级工程师，研究方向：计算机与网络。

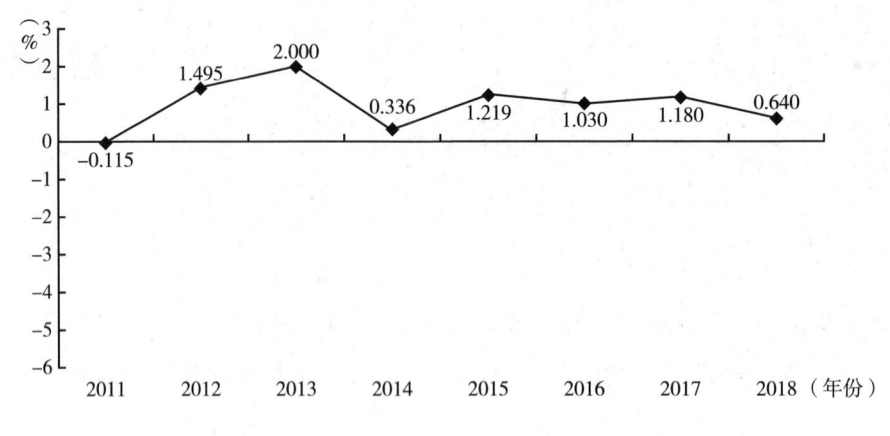

图1　2011～2018年日本GDP增长情况

注：2017年和2018年为预测值。

资料来源：根据世界银行2017年12月统计数据与 *The Yearbook of World Electronics Data 2017* 的数据整理。

一　产值小幅增长，占全球比重再次下滑

作为全球第三大电子信息产业国，日本的实力仍不可忽视。自2016年大幅下滑后，日本电子信息产品的产值于2017年开始出现回暖，全年总产值约为119889.85亿日元，同比增长6.9%，2014～2016年的产值分别为117961.75亿日元、124040.35亿日元和112151.40亿日元。

尽管日本电子信息产业的产值实现了小幅增长，但其在全球电子信息产业的产值中的比重再次出现下滑，与2016年的6.74%相比，2017年日本的电子信息产业的产值约占全球总量的6.50%，从2014～2017年的比重变化看，其快速下滑趋势并未得到缓解。

二　细分领域继续调整，消费电子再次下滑

2017年，日本电子信息产业结构持续调整，除消费电子同比下滑3.26%外，工业电子装备、电子元器件均实现不同程度的增长。电子元器件在所有

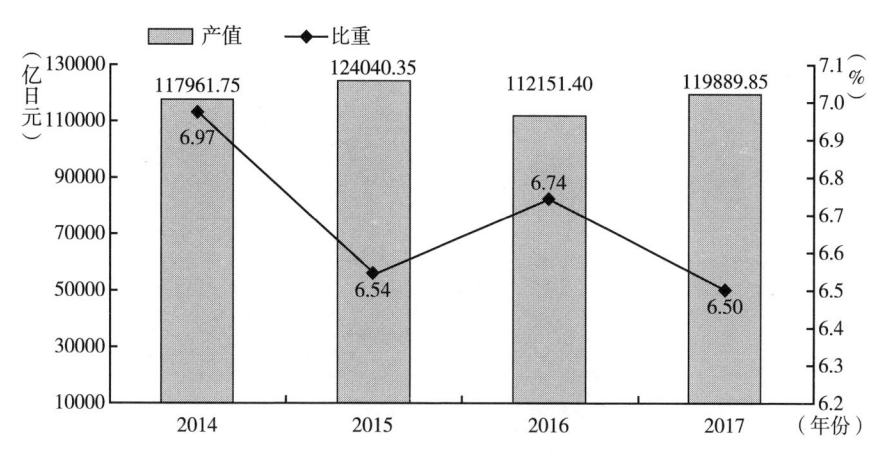

图2 2014～2017年日本电子信息产业产值及其在全球总量中的比重

注：2017年为预测值。

资料来源：根据日本电子信息技术产业协会与 The Yearbook of World Electronics Data 2017 的数据整理。

电子产品中的比重达到65.60%，同比增长9.87%。2017年1～9月，日本电子信息产品产值同比增长6.72%，达到88359.31亿日元；工业电子装备同比增长2.03%，达到25721.17亿日元；消费电子则下滑3.26%至4672.08亿日元。

表1 日本电子产品产值情况

单位：亿日元，%

类别	2016年1～9月	2017年1～9月	同比增长
消费电子	4829.39	4672.08	-3.26
工业电子装备	25210.50	25721.17	2.03
通信设备	7588.29	7635.59	0.62
计算机及相关设备	7984.78	7765.37	-2.75
电子应用设备	6278.61	6589.58	4.95
电子测量仪器	2815.73	3097.7	10.01
电子商业器材	543.09	632.93	16.54
电子元器件	52757.00	57966.06	9.87
电子元件	18789.31	19393.15	3.21
集成电路	33967.69	38572.91	13.56
合计	82796.89	88359.31	6.72

注：工业电子装备包含通信设备、计算机及相关设备、电子应用设备、电子测量仪器、电子商业器材，电子元器件包含电子元件和集成电路。

资料来源：日本电子信息技术产业协会，2017年12月。

从产值所占的比例来看，集成电路和电子元件是产值最大的产品，并且这两类产品在整个电子信息产品中的比重均有所增加，分别占电子产品总产值的43.7%和21.9%，由于日本在计算机及相关设备以及通信设备领域采取了战略撤退政策，其产值分别仅占电子产品总产值的8.8%和8.6%。

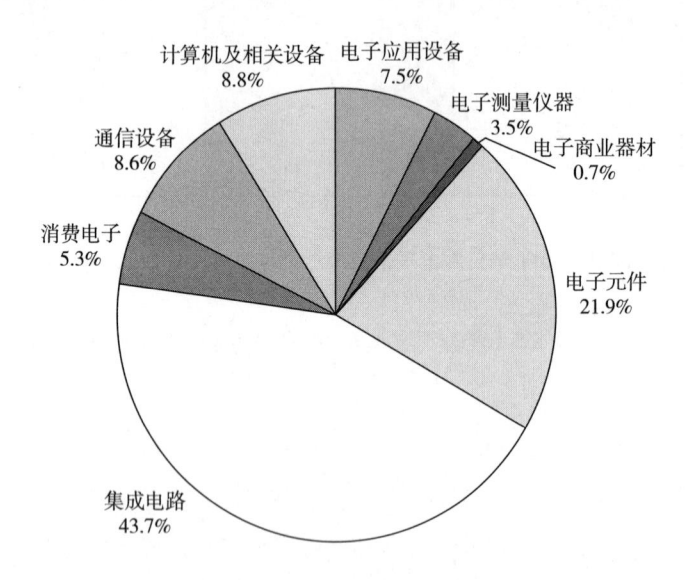

图3 2017年1～9月日本电子产品产值所占比重

资料来源：日本电子信息技术产业协会，2017年12月。

消费电子的产值未能保持上年的增长态势，2017年再次回落，占电子产品总产值的比重已经降至5.3%，为近五年最低。

三 进出口稳步增长，集成电路仍是出口额最大的门类

日本电子信息产业进口仍呈现增长态势。根据日本电子信息技术产业协会的统计，2017年1～9月，日本电子产品进口总额由上年的71322.56亿日元增长为77876.60亿日元，同比增长9.19%，其中消费电子同比增长17.08%，工业电子装备同比增长7.61%，电子元器件同比增长9.88%，增幅均比上年同期有所增加，消费电子增幅最大，其中视频产品的增幅已经到达21.80%。

2017年日本电子信息产业发展情况

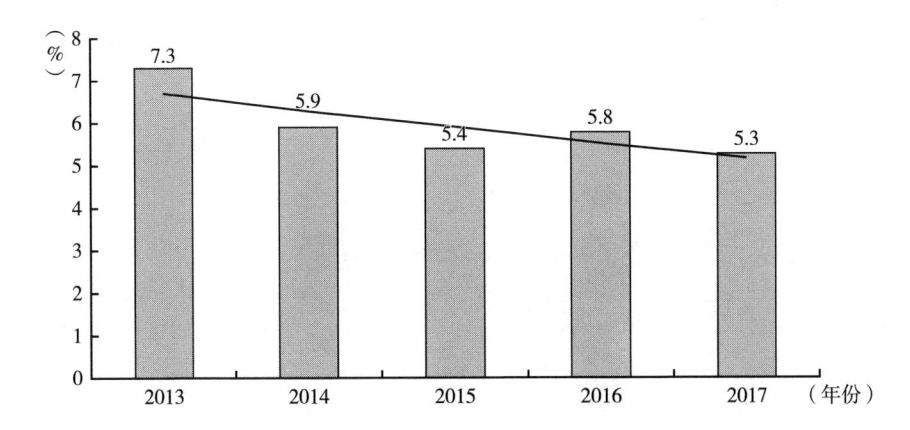

图4　2013～2017年日本消费电子产值在电子信息产业中的比重

资料来源：根据日本电子信息技术产业协会数据整理，2017年12月。

从进口产品类别来看，进口数量最多的产品仍是集成电路、计算机及相关设备、通信设备、电子零配件，这几类产品共占据着80.98%的进口份额。

表2　2017年1～9月日本电子产品进口情况

单位：亿日元，%

类别	2016年1～9月	2017年1～9月	同比增长
消费电子	4220.74	4941.84	17.08
视频产品	3080.83	3752.32	21.80
音频产品	1139.91	1189.52	4.35
工业电子装备	35092.58	37762.07	7.61
通信设备	16959.70	17311.69	2.08
计算机及相关设备	13485.78	15553.25	15.33
电子应用设备	2771.24	2872.25	3.64
电子测量仪器	1685.93	1826.88	8.36
电子商业器材	189.92	198.00	4.25
电子元器件	32009.23	35172.69	9.88
电子元件	4501.87	4971.25	10.43
集成电路	18282.23	20103.43	9.96
电子零配件	9225.14	10098.01	9.46
合计	71322.56	77876.60	9.19

注：工业电子装备包含通信设备、计算机及相关设备、电子应用设备、电子测量仪器、电子商业器材，电子元器件包含电子元件、集成电路和电子零配件。

资料来源：日本电子信息技术产业协会，2017年12月。

通信设备 22.2%
计算机及相关设备 20.0%
电子应用设备 3.7%
电子测量仪器 2.3%
电子商业器材 0.3%
电子元件 6.4%
集成电路 25.8%
电子零配件 13.0%
视频产品 4.8%
音频产品 1.5%

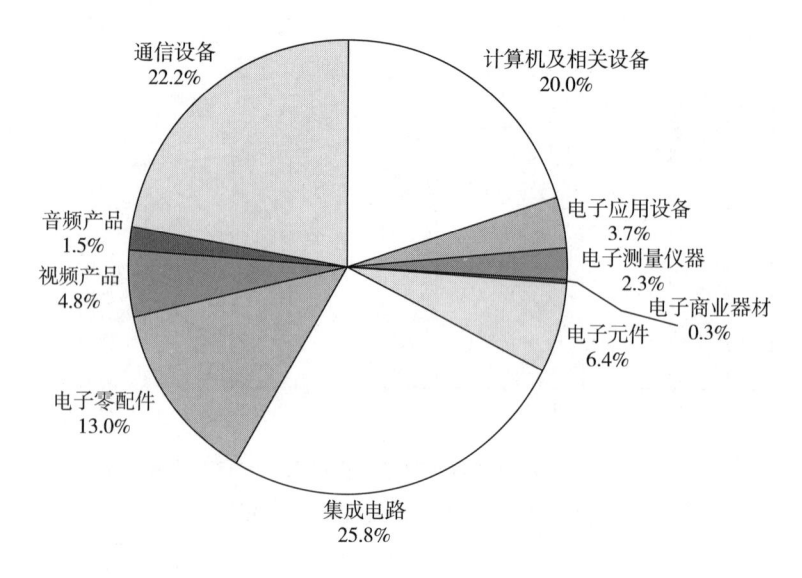

图5　2017年1~9月日本电子产品进口分类比重

资料来源：日本电子信息技术产业协会，2015年12月。

日本电子信息产业出口同样呈现稳步增长态势。根据日本电子信息技术产业协会的统计，日本电子信息产业出口从2014年触底反弹后，2015年至今均持续增长。2017年1~9月，日本电子信息产品出口总额为71699.8亿日元，同比增长了9.92%，其中电子元器件仍是出口额最大的门类，也是增幅最大的门类，占整个出口额的80.62%，同比增长了11.93%，工业电子装备占整个出口额的14.68%，同比增长3.24%，但占比有所下降，消费电子继续保持下滑态势，但下滑幅度不断减小，2017年1~9月同比下降0.63%。从出口产品类别来看，出口数量最多的产品是集成电路、电子零配件、电子元件，占据着出口总额80%以上的市场份额。

表3　2017年1~9月日本电子产品出口情况

单位：亿日元，%

类别	2016年1~9月	2017年1~9月	同比增长
消费电子	3389.22	3367.78	-0.63
视频产品	3138.88	3156.29	0.55

续表

类别	2016年1~9月	2017年1~9月	同比增长
音频产品	250.34	211.49	-15.52
工业电子装备	10194.77	10525.41	3.24
通信设备	2193.19	2324.26	5.98
计算机及相关设备	2862.70	3079.16	7.56
电子应用设备	3232.10	3411.99	5.57
电子测量仪器	1883.38	1694.29	-10.04
电子商业器材	23.39	15.72	-32.79
电子元器件	51644.44	57806.61	11.93
电子元件	12224.90	13992.59	14.46
集成电路	22726.78	25981.74	14.32
电子零配件	16692.77	17832.27	6.83
合计	65228.44	71699.80	9.92

注：工业电子装备包含通信设备、计算机及相关设备、电子应用设备、电子测量仪器、电子商业器材，电子元器件包含电子元件、集成电路和电子零配件。

资料来源：日本电子信息技术产业协会，2017年12月。

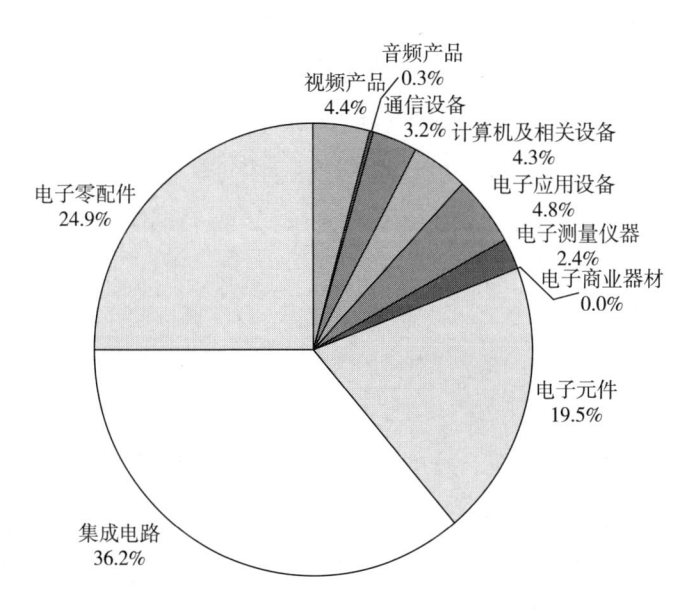

图6　2017年1~9月日本电子产品出口分类比重

资料来源：日本电子信息技术产业协会，2017年12月。

四 电子信息相关企业持续亏损，高性能计算增势明显

由于受中国、韩国等国家与地区的挤压，以及汇率等因素的影响，日本电子信息企业总体业绩仍在不断下滑。目前，在全球消费电子与家电等行业中，日本企业让位于韩国和中国后，集成电路、电子元器件等领域也受到了中国与韩国等国家与地区的挤压，企业盈利能力逐年减弱。继索尼、松下等通过业务整合、出售不盈利业务以避免企业破产外，东芝也在出售其芯片业务与家电业务。

2017年11月，理化学研究所的超级计算机"京"在世界超级计算机实用性能排行榜"HPCG"中第二次位列第一，体现了其在产业发展与行业应用等方面具有一定的优势。在世界超级计算机500强中，"京"位列第十。2017年11月公布的绿色500强中，由日本ExaScaler/PEZY公司设计制造的Shoubu system B、Suiren2和Sakura分别排在前三位，前十位中有八套都来自日本，超级计算机500强的第五名Gyoukou在绿色500强中排第四位。Gyoukou用名为"LINPACK"的计算程序，消耗1W电力可计算约146.9亿次。日本取得的这些成绩也为全球高性能计算在绿色环保等方面的发展提供了参考和借鉴。

参考文献

日本电子信息技术产业协会：《日本电子工业成果》，http：//www.jeita.or.jp。
日本电子信息技术产业协会：《日本出口的电子产品》，http：//www.jeita.or.jp。
日本电子信息技术产业协会：《日本进口的电子产品》，http：//www.jeita.or.jp。
Reed Electronics Research, *The Yearbook of World Electronics Data 2017*, 2017.
世界银行：《日本GDP数据》，http：//www.shihang.org。
《超算500强排行榜》，http：//www.top500.org。

《绿色超算 500 强排行榜》，http：//www.green500.org。
Exascale Computing Project，https：//www.exascaleproject.org.
Nikkei Technology，http：//techon.nikkeibp.co.jp.
Supercomputing，http：//www.supercomputing.org.

B.5
2017年欧盟推动产业发展的政策措施

王慧娴[*]

摘　要： 2017年欧盟地区电子产品产值及销售规模均实现平稳增长，主要成员国电子产品产值为1701.29亿美元，较上年的1672.27亿美元增长1.74%；销售值达到2461.2亿美元，较上年的2428.39亿美元增长1.35%。各细分领域的产值占比及市场份额占比情况保持稳定，电子数据处理设备仍为市场热点。以德国、英国、法国为代表的成员国聚焦电子信息产业，并在微电子、移动通信、人工智能等领域制定了相关战略及政策。

关键词： 欧盟　电子信息产业　电子数据处理设备

2017年，得益于个人消费活跃、失业率下降以及投资增速加快等积极因素，欧盟经济复苏势头良好。根据欧盟委员会2017年11月发布的数据预计，2017年欧盟的GDP增速将为2.2%，创近十年新高。其电子信息产业也呈现明显回暖态势，电子产品产值及市场规模均较上年稳步增长。

一　行业总体产值持续增长，销售规模有所提升

《世界电子数据年鉴2017》的统计数据显示，欧盟主要成员国在2017

---

[*] 王慧娴，国家工业信息安全发展研究中心（工业和信息化部电子第一研究所）工程师，研究方向：通信技术与产业研究。

年的电子产品产值达到 1701.29 亿美元,较 2016 年的 1672.27 亿美元增长 1.74%。与此同时,电子产品销售值为 2461.2 亿美元,较上年的 2428.39 亿美元增长 1.35%,如图 1 所示。

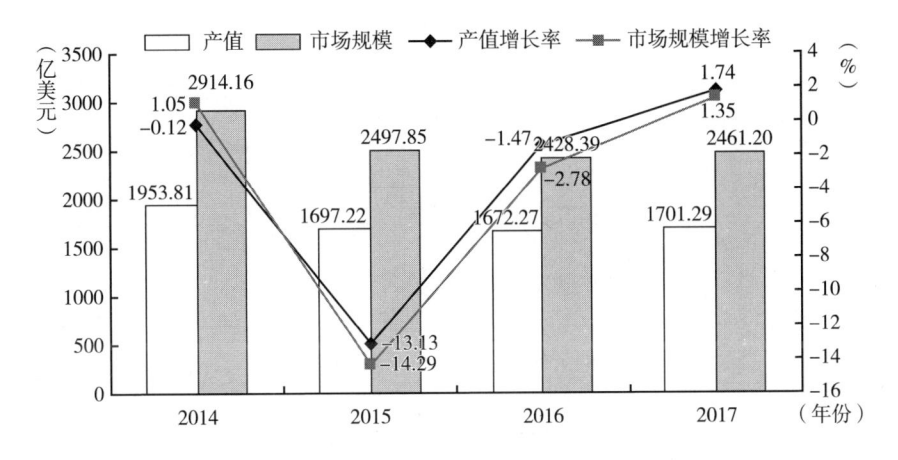

图 1　2014~2017 年欧盟主要成员国电子产品产值和市场情况

注：2017 年数值为预测。
资料来源：The Yearbook of World Electronics Data 2017。

根据各国电子产品产值进行具体分析,德国 2017 年的产值为 565.16 亿美元,居欧盟主要成员国首位,较 2016 年增长 2.05%,在欧盟主要成员国总产值中的占比约为 33.22%；法国的产值达到 233.38 亿美元,较 2016 年增长 0.88%,居欧盟主要成员国第二位,在欧盟主要成员国总产值中的占比约为 13.72%；英国产值为 196.68 亿美元,较上年增长 1.25%,占欧盟主要成员国总产值的 11.56%,仅次于德国、法国,居第三位。

二　数据处理设备受市场追捧,各领域份额基本稳定

2017 年,欧盟主要成员国在电子产品细分领域的产销值情况如表 1 所示,相比于 2016 年,各领域产值、市场份额的占比情况均保持稳定。

表1 欧盟主要成员国2017年各领域电子产品产值与市场情况

单位：亿美元，%

分类	产值	占比	销售值	占比
电子数据处理设备	116.56	6.29	771.62	30.10
办公设备	2.37	0.19	23.68	1.04
控制与仪器设备	512.18	29.89	302.62	12.37
医疗与工业设备	241.33	14.57	153.84	6.23
无线通信与雷达设备	286.11	16.03	408.58	16.05
电信设备	85.76	5.05	144.68	5.81
消费类电子产品	68.4	3.94	229.9	9.32
电子元器件	395.15	24.03	463.47	19.09

注：2017年数值为预测。
资料来源：The Yearbook of World Electronics Data 2017。

在产品的产值方面，控制与仪器设备、电子元器件及无线通信与雷达设备三个领域在2017年的占比达到69.95%。控制与仪器设备产值约占整个电子信息产业产值的29.89%，为512.18亿美元；电子元器件产值约占整个电子信息产业产值的24.03%，为395.15亿美元；无线通信与雷达设备产值占比约16.03%，达到286.11亿美元。

在产品的市场份额方面，电子数据处理设备、电子元器件及无线通信与雷达设备三个领域在2017年的占比达到65.24%。电子数据处理设备约占电子信息产品总销售额的30.1%，为771.62亿美元；电子元器件约占电子信息产品总销售额的19.09%，达到463.47亿美元；无线通信与雷达设备在电子信息产品总销售额中的占比约16.05%，为408.58亿美元。

三 核心成员国聚焦电子信息产业，出台重点领域支持政策

2017年，以德国、英国、法国为代表的欧盟成员国聚焦电子信息产业发展，在推动微电子、移动通信、人工智能等领域提升方面制定了相关战略及政策。

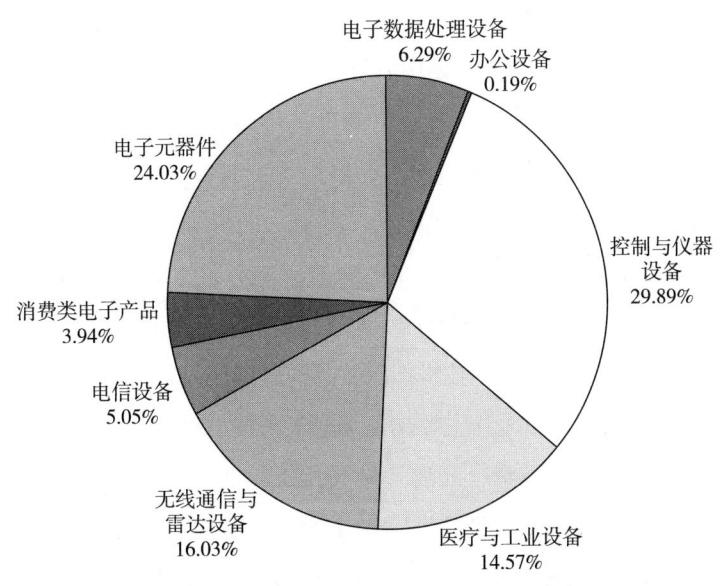

图2 欧盟主要成员国2017年各领域电子产品产值份额

注：2017年数值为预测。
资料来源：*The Yearbook of World Electronics Data 2017*。

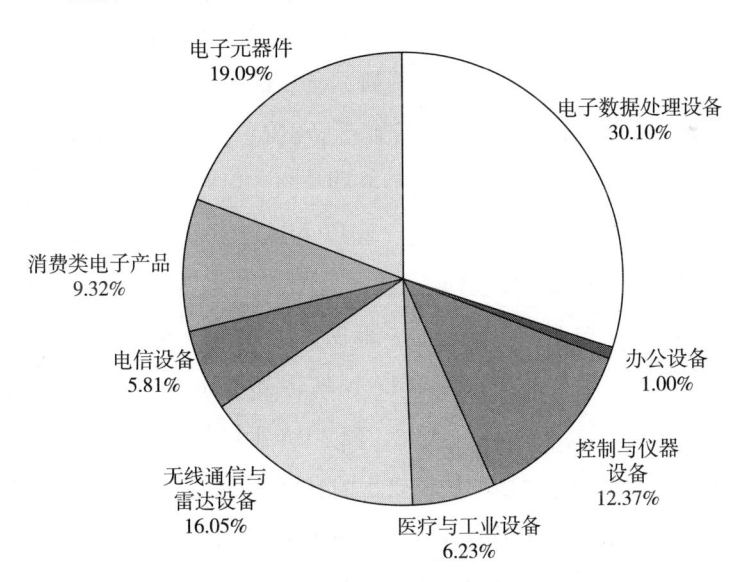

图3 欧盟主要成员国2017年各领域电子产品市场份额

注：2017年数值为预测。
资料来源：*The Yearbook of World Electronics Data 2017*。

作为欧盟经济的龙头，2017年德国经济持续平稳增长。德国政府2017年10月发布的数据预计，2017年德国GDP将增长2.0%。德国工业联合会预测2017年德国制造业（不包括建筑业）的生产将增长3%，全球贸易将比上年增长4%，达2011年以来的最高水平。根据《世界电子数据年鉴2017》的数据预计，德国2017年的电子产品产值将达到565.16亿美元，较2016年增长2.05%；电子产品的市场销售额为639.58亿美元，较2016年增长1.68%，如图4所示。2017年4月，德国教研部启动"德国微电子研究工厂"项目，投资3.5亿欧元，组建跨地区的技术团队，共同开展研究，以增强半导体与电子行业的全球竞争力。研发工作主要聚焦4个未来技术领域：硅基技术、化合物半导体及特定衬底、异质整合和设计检测及可靠性。这些领域的技术突破是开发重要应用领域的基础条件之一，也是德国及欧洲在国际竞争中所必需的实力。弗劳恩霍夫模块化固体物理研究组（EMFT）、电子纳米系统研究所（ENAS）、高频物理和雷达技术研究所（FHR）、通信技术研究所（HHI）、应用固体物理研究所（IAF）、集成电路研究所（IIS）、系统集成和元件研究所（IISB）、微电子电路和系统研究所（IMS）、光电微系统研究所（IPMS）、硅技术研究所（ISIT）、可靠性和微集成研究所（IZM）等11家弗劳恩霍夫协会的研究所，与莱布尼茨微电子创新研究所（IHP）、莱布尼茨高频技术研究所（FBH）等2家莱布尼茨学会的研究所共同参与。

由于英国脱欧的影响持续发酵，2017年英国经济出现一定下滑。英国政府于2017年11月发布的数据显示，英国2017年的GDP将增长1.5%，低于近年来的平均增速。与此同时，根据《世界电子数据年鉴2017》的数据预测，英国的电子产品产值在2017年将达196.68亿美元，较2016年增长1.25%；销售额为364.27亿美元，较2016年增长0.24%，如图5所示。英国政府高度重视下一代移动通信技术的发展，英国文化、媒体及体育部于2017年3月发布了《下一代移动技术：英国5G战略》，声明为确保英国在全球下一代移动技术和数字通信领域的领先地位，将开展5G及全光纤计划，在数字基础设施建设领域投资11亿英镑，并将带动约50亿英镑的私营资本投资。英国的5G战略政府行动主要包括以下方面：①政府负责制定战

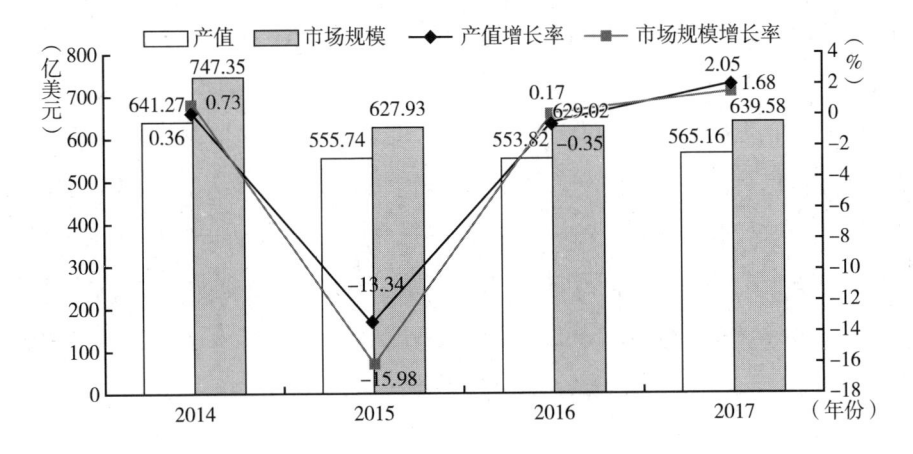

图4 2014~2017年德国电子产品产值与市场情况

注：2017年数值为预测。
资料来源：*The Yearbook of World Electronics Data 2017*。

略，电信部门支持战略实施并有效促进监管框架的发展；②建立数字基础设施领导组，统筹项目以保障设施满足长期的容量需求；③设立5G专业中心，以实施国家级的5G试验计划；④成立数字基础设施执行团队，跟踪并反馈计划实施的情况。

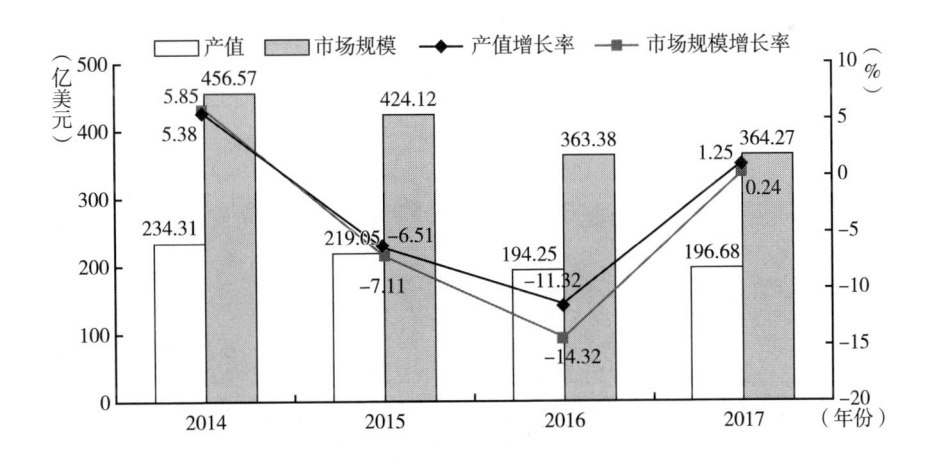

图5 2014~2017年英国电子产品产值与市场情况

注：2017年数值为预测。
资料来源：*The Yearbook of World Electronics Data 2017*。

2017年法国经济复苏的态势日益明朗，失业率持续下降，经济稳步增长。法国政府2017年10月发布的数据预计，2017年法国GDP将增长1.8%，有望实现2011年以来的最快增长速度。根据《世界电子数据年鉴2017》的数据预测，法国2017年电子产品产值较2016年增长0.88%，将为233.38亿美元；市场销售额较2016年提升1.58%，将为322.8亿美元，如图6所示。2017年3月，法国制定《人工智能战略》，旨在制定法国在人工智能领域的发展计划。《人工智能战略》对具体政策提出了超过50项的建议，涉及从研发到技术培训等多个领域，主要建议包括：建立战略委员会以实施策略；制定一个识别、吸引和保留人工智能人才的计划；资助一个相互合作的研究基础设施；建立一个公私联营的联合体，以确定或创建一个人工智能中心；确保人工智能是公共机构创新的优先事项；在五年内投资2500万欧元，投资10家创业公司。

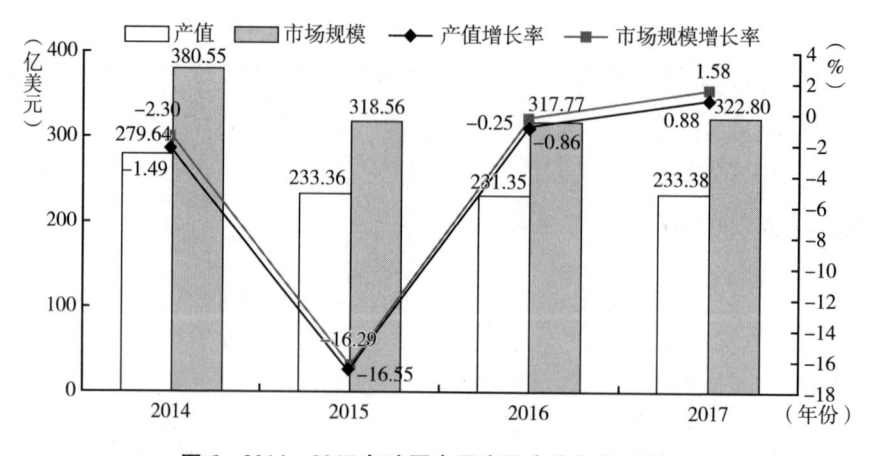

图6 2014~2017年法国电子产品产值与市场情况

注：2017年数值为预测。
资料来源：The Yearbook of World Electronics Data 2017。

四 部分厂商实现快速增长，通信企业呈现发展颓势

2017年，得益于智能制造、能源管理、汽车电子等领域的快速发展，欧盟地区部分电子信息厂商实现增长。意法半导体发布的2017年前三季度

财报数据显示，由于在物联网、智能手机、工业和智能驾驶等重点应用领域的产品需求强劲，2017年前九个月，意法半导体净收入58.8亿美元，较上年的51.1亿美元增长15%；净利润为4.94亿美元，较上年同期5300万美元的净利润实现大幅增长。受数字化工厂、智能交通、智能楼宇等业务高速增长的带动，2017财年西门子公司的营收实现4%的增长，达到830亿欧元；实体业务利润额同比增长8%，达95亿欧元。英飞凌公司在电动汽车、自动驾驶、可再生能源发电和高效用电等业务的带动下，2017财年也实现了平稳增长，营业收入达到70.63亿欧元，较上年同期的64.73亿欧元提升9.1%；全财年净利润为7.9亿欧元，较上年同期的7.44亿欧元提升6.2%。

与此同时，欧洲通信企业发展呈现颓势。爱立信公司2017年前三季度销售额为1441亿瑞典克朗，较上年同期降低8.5%；净亏损163亿瑞典克朗，较上年同期17亿瑞典克朗的净利润同比转亏。诺基亚公司2017年第三季度实现销售额55亿欧元，同比下降7%，净亏损为1.9亿欧元，较上年同期的净亏损1.19亿欧元增长60%。

参考文献

Reed Electronic Research, *The Yearbook of World Electronics Data 2017*, 2017.
《德国启动微电子与纳米电子研究工厂项目》，《新材料产业》2017年第8期。
墨翡：《英国高调发布5G战略 意欲成为全球领导者》，《通信世界》2017年第21期。
李培楠、万劲波：《把人工智能上升为国家战略》，《学习时报》2017年第7期。
英飞凌2017财年Q4财报，2017年11月。
意法半导体（ST）2017年Q3及前九个月财报，2017年10月。
爱立信2017年Q3财报，2017年10月。
诺基亚2017年Q3财报，2017年10月。

B.6
2017年韩国电子信息产业发展情况

梁冬晗*

摘　要： 受益于半导体行业景气度不断攀升，韩国电子信息产业实现了高增长。其半导体技术和市场稳居世界领先地位，但显示市场份额逐渐被中国大陆和台湾地区蚕食。三星电子、LG不断加大对OLED显示的投资力度，扩大产能以保持其竞争力。韩国已经完成了物联网全国商用网络的构建，并积极推广物联网商业化服务。同时，韩国建成自动驾驶模拟城市K-City，加快推动无人驾驶应用。

关键词： 电子信息产业　半导体　物联网　自动驾驶　韩国

全球经济出现好转，韩国电子信息产品产销值实现反弹，进出口实现两位数增长。受益于物联网、人工智能、大数据、自动驾驶等领域需求的激增，半导体行业增长势头强劲，支撑了韩国电子信息产业的高增长。

一　电子信息产品产销反弹，信息技术产品进出口均实现两位数增长

2017年，全球经济延续复苏态势，经济总量持续扩张，通胀总体温和。近2/3的国家的经济增速高于2016年，预计韩国2017年经济增长率达

---

* 梁冬晗，国家工业信息安全发展研究中心（工业和信息化部电子第一研究所）工程师，研究方向：消费电子产业与技术研究。

3.1%。韩国电子信息产品产值和销售额双双实现快速反弹。根据《世界电子数据年鉴2017》（The Yearbook of World Electronics Data 2017）的数据，2017年，韩国电子信息产品产值为1217.17亿美元，较上年增长9.02%；韩国电子信息产品的销售额为505.17亿美元，较上年增长3.22%。

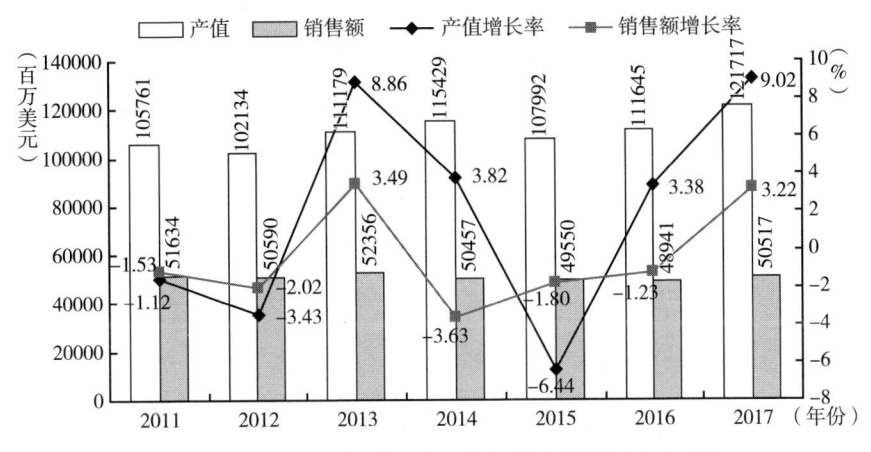

图1　2011～2017年韩国电子信息产品产值与销售情况

注：2017年为预测值。

资料来源：The Yearbook of World Electronics Data 2017。

韩国经济复苏在很大程度上依靠全球半导体行业向好，半导体是韩国出口规模最大的产品类别，是支撑韩国经济的代表性产业。2017年，韩国DRAM、NAND闪存、存储器MCP、系统半导体等产品增势明显，显示器、电脑及周边产品也有不同程度的增长。韩国信息通信技术产品出口连续11个月保持两位数增长。1～10月，韩国信息通信技术产品出口额达1614.3亿美元，同比增长21.4%；进口额达836亿美元，同比增长14.4%。1～10月，半导体出口额达818.6亿美元，占信息通信技术产品出口总额的50.7%，主要受益于存储芯片价格猛增。

二　半导体产品稳居全球领先地位，电视手机市场份额有所下滑

2017年，韩国企业在存储领域居于世界霸主地位，垄断了全球市场，

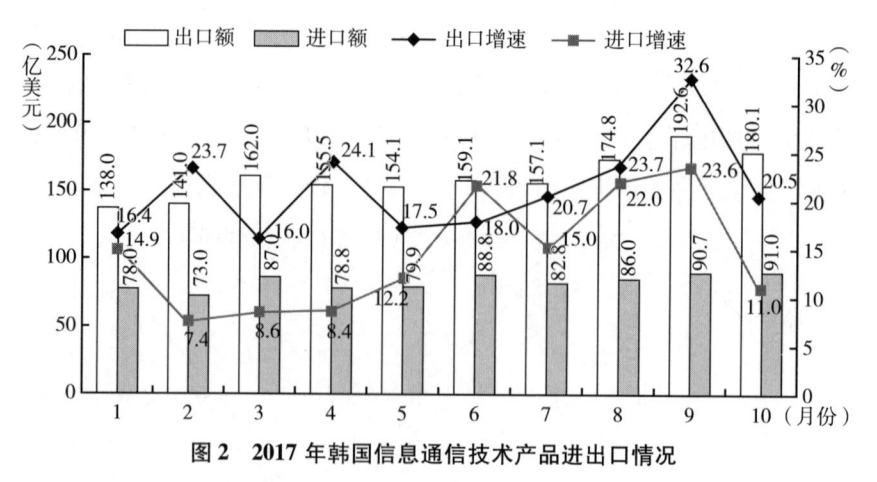

图 2　2017年韩国信息通信技术产品进出口情况

资料来源：韩国未来创造科学部。

但在消费电子领域市场份额正在被蚕食。

在半导体产品领域，2017年前三季度三星和SK海力士的DRAM产品分别位列全球营业收入前两名，市场占有率合计达73.9%，合计营业收入达368.08亿美元，其中移动存储二者合计份额更是高达83.8%，垄断了全球市场；三星和SK海力士的NAND产品分列第一和第五位，全球市场占有率合计达46.3%，合计营业收入达186.59亿美元。

在液晶电视领域，2017年前三季度三星电子和LG分列前两名的位置，二者合计出货量达4945万台，合计市场份额占33.8%，较2016年同期下滑0.7个百分点；在移动设备领域，三星电子和LG分列智能手机排名第一和第七的位置，市场份额较2016年同期小幅下滑。

表1　2017年前三季度韩国电子信息产品全球市场份额

产品	单位	企业	排名	2016年前三季度	2017年前三季度	市场份额(%)
DRAM（营业收入）	亿美元	三星	1	135.76	227.46	45.7
		SK海力士	2	73.43	140.62	28.2
		总量	—	281.99	498.21	—
移动DRAM（营业收入）	亿美元	三星	1	74.04	107.59	59.4
		SK海力士	2	29.38	44.09	24.4
		总量	—	118.7	180.98	—

续表

产品	单位	企业	排名	2016年前三季度	2017年前三季度	市场份额(%)
NAND （营业收入）	亿美元	三星	1	96.772	145.396	36.1
		SK海力士	5	25.834	41.195	10.2
		总量	—	268.389	402.481	—
液晶电视 （产量）	万台	三星电子	1	3240	3005	20.5
		LG	2	2120	1940	13.3
		总量	—	15541.5	14641	—
智能手机 （产量）	万部	三星电子	1	23591.21	23691.69	24
		LG	7	5207.5	—	—
		总量	—	95562.2	98800.6	—

资料来源：根据DRAMeXchange、IHS、Display、WitsView等研究机构数据综合整理。

2017年，韩国的大尺寸面板供给率被中国大陆和台湾地区超越，下降至28.8%，相较于2016年的34.1%下滑了5.3个百分点。

三 企业加大OLED和NAND投资力度，不断研发新技术新产品

韩国主要半导体和显示器制造商计划在2024年之前在韩国市场合计投资51.9万亿韩元（约合458亿美元），以刺激韩国本土经济和创造就业。

三星和LG不断加大对OLED工厂的投资力度，增加OLED面板产量。三星电子计划于2021年前投资21.4万亿韩元在韩国京畿道和忠清南道建造新的OLED面板厂；LG Display计划在未来3年内斥资15万亿韩元在京畿道和庆尚北道建造OLED面板厂。韩国新创企业Material Science开发出可取代日本出光兴产握有专利的蓝色OLED掺杂物，Material Science利用新材料结构与合成技术，开发出具差异化的蓝色OLED掺杂物，向面板业者提供更多的材料。

在存储器方面，三星的技术一直处于领先地位。2017年，三星电子已

经开始量产首款512Gb嵌入式通用闪存（eUFS）。该产品不仅可以用于下一代移动设备，也可以用在未来的SSD产品上。该款闪存采用了三个最新的64层512千兆（Gb）V-NAND芯片和1个控制器芯片。此外，三星电子完成了8纳米LPP工艺验证工作，可以进行量产。8纳米LPP相比10纳米LPP效率提升了10%，面积减小了10%。

四　构建韩国物联网全国商用网络，推广物联网商业化服务

在物联网领域，IDC发布的报告显示，韩国成为亚太地区物联网商业化发展最好的国家，韩国在物联网支出占GDP比重、科技发展状况、新创环境、经商友善程度、打造具吸引力的物联网投资环境等方面都获得高分。2017年，KT与LG U+表示已经完成对"窄带物联网"全国商用网络的构建，与SK Telecom构建的物联网"LoRa"展开竞争。"窄带物联网"与"LoRa"都属于低功耗广域（LPWA）技术，但分属许可带域与非许可带域。

2017年4月开始，KT在首尔以及首都圈附近推动"窄带物联网"商业化，提供示范性服务。该"窄带物联网"的覆盖率是现有网络的1.2~1.5倍。此后，KT完成了在道路、港湾、邑、面、洞等地构建全国网络的工作。自8月起还推出煤气管制、失踪儿童管理等服务。LG U+以煤气远程抄表示范项目为起点，逐步推广商业化服务，将把构建全国网络作为踏板，加速推出煤气远程抄表、汽车管理、煤气设备管理等服务。KT与LG U+还公布了通过"窄带物联网开放实验室"交互工作以打造生态系统的合作方案，双方将共享位于京畿道城南市盆唐区板桥以及首尔麻浦区上岩洞的开放实验室，中小型开发公司在任意一个开放实验室都可以进行交互测试。KT与LG U+将开发共同认证说明书，运行相互认证体系。此外，双方还决定在开发共同认证说明书、芯片组、模块等核心技术方面加强合作。

SK电信与车辆租赁子公司SK Rent-a-car，共同发布采用LoRa物联网的车辆行驶管理系统Smart Link。该系统除了可记录行驶距离之外，还可管理

油耗等实时信息，且成本较低。未来韩国将开发利用大数据分析的保险、车辆安全联机等多项服务，增强联网车解决方案市场竞争力。

五 建设自动驾驶模拟城市，加快推动无人驾驶应用

2017年5月，韩国国土交通部宣布，韩国将在京畿道城市汽车安全研究院附近建设一块完全模拟城市路况的自动驾驶汽车实验场地K-City，该场地将于2018年投入使用。该K-City由韩国国土交通部、SK Telecom、Naver、三星等公司联手打造，占地面积是M-City的3倍，京畿道成为世界上规模最大的自动驾驶汽车测试模拟城市。K-City对韩国汽车工业而言意义重大，各家厂商将不再需要复杂的审批手续，路上的测试车也不会给主要城市造成拥堵和交通安全方面的困扰。韩国政府对自动驾驶技术持大力支持态度，已经制定了2020年促使Level 3级别自动驾驶车辆上路的计划。

除现代和起亚两大汽车厂商外，三星和LG也积极布局自动驾驶技术研发领域。三星以80亿美元的价格收购了哈曼国际工业集团，创立ADAS（高级驾驶辅助系统）战略业务部门。三星将不仅提供传感器、电子元器件及软件系统等，还要开发第三等级的自动驾驶功能。LG电子在韩国成功研发出基于LTE的V2X（车联网）终端及自动驾驶汽车安全技术。

参考文献

韩联社，http：//chinese.yonhapnews.co.kr/。
韩国贸易工业和能源部，http：//english.motie.go.kr/www/main.do。
集邦咨询，http：//www.trendforce.cn/。
通信世界网，http：//www.cww.net.cn/article?id=412792。
汽车中国，http：//www.qi-che.com/rp/201711101652590.html。

B.7
2017年印度电子信息产业发展情况

刘晓馨*

摘　要： 尽管2016年末的"废钞令"对印度经济增长造成一定影响，但其2017年7.2%的增长预期仍位居世界前列。印度经济的平稳增长为其电子信息产业的发展营造了良好的氛围，2017年，印度电子信息产业规模继续扩大，国内市场快速增长，产业发展态势持续向好。细分领域快速增长，无线通信设备成为产业发展的主要动力。印度政府积极推动汽车电动化，加速布局新能源领域。本土公司与外企共同发力，积极推进智慧工厂建设。

关键词： 电子信息产业　新能源　汽车　智慧工厂　智能制造　印度

2017年，印度经济继续保持平稳增长态势。受"废钞令"、商品与服务税改革的双重影响，2017年初经济增速大幅放缓，据印度政府消息，印度2017年第二季度国内生产总值（GDP）增长了5.7%，与第一季度相比大幅下降，并且这一增速比2016年同期7.1%的增速要慢得多。但随着市场对新政策的逐渐适应，印度经济增速正逐步回升。根据国际货币基金组织（IMF）的预测，2017年印度经济增速为7.2%，仍将是亚洲乃至世界经济增长最快的主要经济体之一。印度经济的快速增

---

* 刘晓馨，国家工业信息安全发展研究中心（工业和信息化部电子第一研究所）高级工程师，研究方向：电子信息产业、技术创新。

长为其电子信息产业的发展营造了良好的氛围，政策影响逐渐消退，产业回升态势显著，细分领域快速增长，加速布局新能源汽车、智能制造等热点领域。

一 政策影响逐渐消退，产业回升态势显著

2016年，莫迪政府先后颁布了"废钞令"、商品与服务税改革等政策，新政策的出台不仅对印度经济产生了冲击，也对印度电子信息产业的发展造成了影响。大额纸币的废除对印度产品的销售、流通均造成了不小的影响，直接导致2016年印度电子信息产品销售额增速由2015年的7.79%下滑至1.65%，呈现近几年来最低点，对产业发展造成了不小的打击。2017年，随着政策影响的逐渐消除，印度电子信息产品产销出现回升。根据《世界电子数据年鉴2017》（*The Yearbook of World Electronics Data 2017*）的测算，2017年印度电子信息产品产值为246.69亿美元，同比增长14.03%，销售额为435.88亿美元，同比增长7.02%。

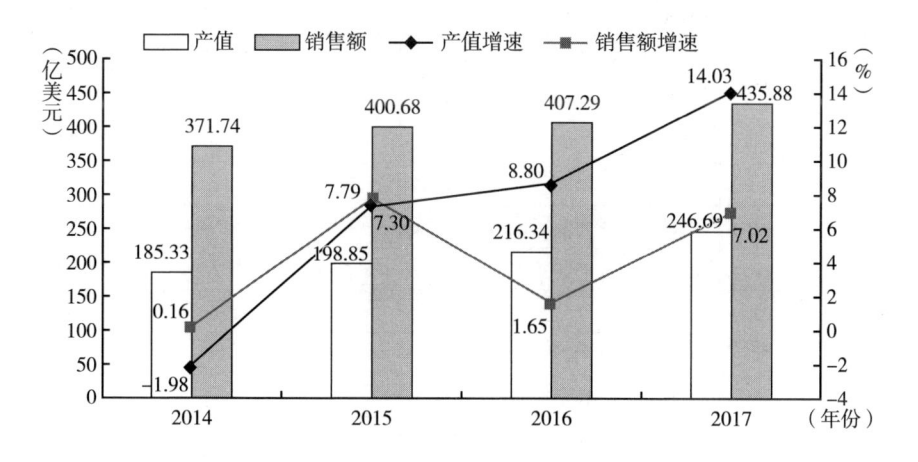

图1 2014~2017年印度电子信息产品产销值及增长率

资料来源：*The Yearbook of World Electronics Data 2017*。

二 细分领域快速增长，无线通信设备占据市场主导地位

在印度政府一系列政策措施的推动下，2017年，除办公设备外，印度细分电子产品产销值均呈现增长态势，如表1所示。在产值方面，无线通信设备、控制与仪器设备以及电子数据处理设备增长最为突出，产值分别增长22%、14.99%、6.98%。在销售额方面，电子元器件、控制与仪器设备以及无线通信设备增长最快，销售额分别增长13.92%、7.99%和6.50%。

表1 2014~2017年印度电子信息产品产销值情况

单位：百万美元，%

年份		2014年	2015年	2016年	2017年	2017年增长率
电子数据处理设备	产值	3016	3107	3107	3324	6.98
	销售额	7139	7124	6529	6659	1.99
办公设备	产值	78	70	65	63	-3.08
	销售额	124	127	143	146	2.10
控制与仪器设备	产值	2049	2188	2381	2738	14.99
	销售额	4571	4788	4916	5309	7.99
医疗与工业设备	产值	705	680	677	707	4.43
	销售额	1110	1280	1192	1254	5.20
无线通信设备	产值	6967	8125	9673	11801	22.00
	销售额	12198	13533	13591	14474	6.50
电信设备	产值	1508	1523	1518	1594	5.01
	销售额	2096	2076	2075	2158	4.00
消费电子产品	产值	2651	2639	2617	2733	4.43
	销售额	4325	4271	4258	4444	4.37
电子元器件	产值	1558	1552	1597	1708	6.95
	销售额	5611	6868	8026	9143	13.92
总计	产值	18533	19885	21634	24669	14.03
	销售额	37174	40068	40729	43588	7.02

资料来源：*The Yearbook of World Electronics Data 2017*。

从电子信息产品产值来看，2017年，随着印度制造业的快速发展、移动通信产业的崛起以及本土消费市场的不断释放，无线通信设备、电子数据处理设备和控制与仪器设备产值占据了行业总产值的72.41%，构成了印度电子信息产品的主要组成部分。其中，无线通信设备产值118.01亿美元，占总产值的47.84%；电子数据处理设备产值33.24亿美元，占总产值的13.47%；控制与仪器设备产值27.38亿美元，占总产值的11.10%。

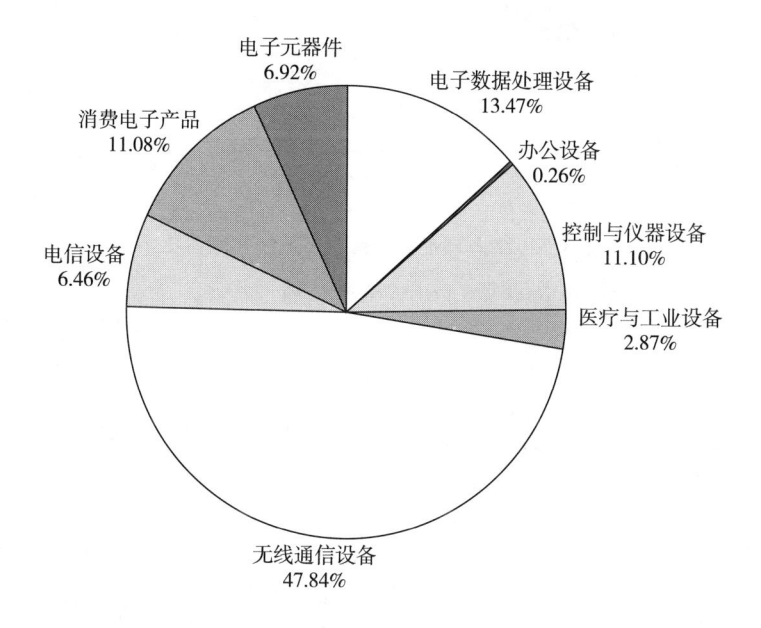

图2 2017年印度电子信息产品产值占比

资料来源：*The Yearbook of World Electronics Data 2017*。

从电子信息产品销售额来看，2017年，无线通信设备、电子元器件和电子数据处理设备销售额占据了总销售额的69.47%，占据市场主导地位。其中，无线通信设备销售额144.74亿美元，占总销售额的33.21%；电子元器件销售额91.43亿美元，占总销售额的20.98%；电子数据处理设备销售额66.59亿美元，占总销售额的15.28%。

电子数据处理设备 15.28%
电子元器件 20.98%
办公设备 0.33%
医疗与工业设备 2.88%
消费电子产品 10.20%
控制与仪器设备 12.18%
电信设备 4.95%
无线通信设备 33.21%

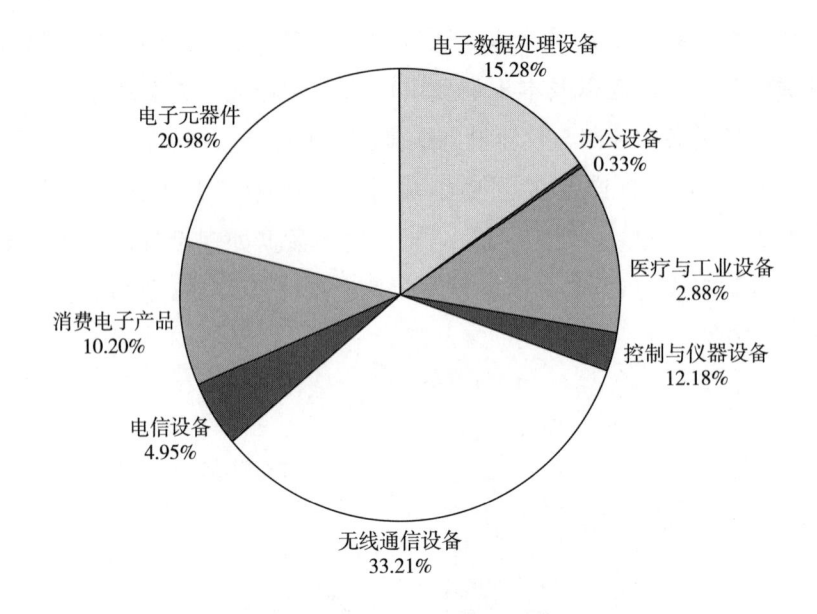

图3　2017年印度电子信息产品销售额占比

资料来源：The Yearbook of World Electronics Data 2017。

三　推动汽车电动化，加速布局新能源

印度是全球第五大汽车市场，在电动汽车全球市场占有率不断提升的背景下，印度政府也积极推进汽车电动化。2017年，印度政府发布了一份名为《印度移动转变解决方案》的报告称，印度政府计划于2018年底组建一家电池工厂，并在2032年之前实现所有汽车的电动化，全面停止以石油燃料为动力的车辆销售。同时，印度的政府智囊团还建议降低对电动汽车的征税额度和贷款利息，从而进一步提升电动汽车的销量。此外，为了减少城市车辆的污染排放，印度政府积极推动电动巴士在城市的运行，2017年，印度政府分别完成了对塔塔汽车旗下的电动巴士和金石公司的电动巴士的测试，目前，电动巴士已在印度德里、班加罗尔和普纳三个城市成功运行。

在政府一系列措施的推进下，印度本土及海外汽车企业也加速在印度布局电动汽车。2017年9月，印度马恒达汽车集团与美国福特集团签署合作协议，拟联合在印度建造一条电动汽车生产线，目前双方已就相关事宜进行了谈判。此外，美国最大的网约车服务平台Uber在2017年11月宣布，选择马恒达汽车集团作为合作伙伴，共同进行电动汽车的开发。Uber表示将在德里和海德拉巴先期投放数百辆电动汽车，而后将视情况逐步增加。深耕印度市场多年的日本铃木集团也在2017年宣布，将于2020年左右向印度市场投放电动汽车，并将在古吉拉特邦建造锂电池工厂。

四 本土公司与外企共同发力，积极推进智慧工厂建设

自执政以来，莫迪政府大力推进"印度制造"，2017年，印度本土公司与外国先进制造企业共同发力，通过设厂、自主研发、技术合作等方式推进智慧工厂建设。

2017年5月，瑞士机器人巨头ABB公司宣布在印度的两个新厂正式投产，以支持印度实现数字化转型、推广节能技术、提高工业生产率。此外，在班加罗尔，ABB设立了印度第一个针对节能变频器解决方案的数字化远程服务中心，并新增了一条数字化低压变频器生产线。该远程服务中心能够实现对客户工厂变频器的全天候远程访问，并为其提供支持，从而帮助电力、水泥、石油天然气、金属、食品饮料等行业的客户实现预测性维护和状态监测。

印度本土公司也积极加强自主研发。2017年8月，印度TAL制造解决方案公司通过自主研发的工业机器人Brabo展示了一种新型的焊接解决方案。Brabo不仅是TAL公司自主研发的首台工业机器人，也是首台印度制造的工业机器人，该机器人售价约为133000美元，是针对三级和四级供应商的极具性价比的解决方案。

此外，印度本土公司也积极与国外制造业先进企业开展合作，借助其在软件行业的重要地位，提升在智能制造领域的话语权。Infosys是印度顶级软

件企业，近年来，Infosys 在智能制造、工业互联网等领域动作频繁。一方面，Infosys 积极投身于理论标准的制定，与工业 4.0 概念的提出者——德国国家科学与工程院联合开展工业 4.0 成熟度模型研究，并在 2017 年 4 月汉诺威工博会上发布了该模型。另一方面，Infosys 强化和德国知名企业的结盟，如库卡公司宣布和 Infosys 结成工业 4.0 合作伙伴，联合打造工业 4.0 云平台，通过云技术来增强设备的连接，从而打造生产制造的智能生态系统。此外，Infosys 还与 SAP 公司在工业企业三维数据建模标准制定、与宝马公司在商业智能系统建设等方面开展合作，这些企业均为德国工业的标杆性企业，可见，印度软件公司介入智能制造领域的起点非常高。

参考文献

The Yearbook of World Electronics Data 2017.
中华人民共和国驻印度共和国大使馆，http：//www.fmprc.gov.cn/ce/cein/chn/。ww.india.gov.in.

B.8
2017年中国电子信息产业发展情况

邓 卉*

摘　要：	2017年，中国电子信息产业整体运行良好，出口形势明显好转。全行业效益水平不断提升，企业亏损面持续收窄。固定资产投资保持高速增长，通信设备和电子器件行业成为投资增长热点。华为、海尔、联想等龙头企业加速技术和产品创新以及服务化转型，积极推动我国电子信息产业由大变强。
关键词：	中国　电子信息制造业　通信设备　集成电路

2017年，世界经济缓慢复苏，但美联储加息、欧洲难民危机、贸易保护主义抬头、逆全球化潮流涌现等因素增加了未来经济增长的不确定性。我国经济发展已由高速增长阶段转向高质量发展阶段，正处在转变发展方式、优化经济结构、转换增长动力的攻关期，在"中国制造2025"、"一带一路"等重大国家战略，以及一系列稳增长、调结构、增效益的部署带动下，中国经济整体保持中高速增长，对世界经济增长贡献率超过30%。在这些国内外形势下，2017年，中国电子信息产业发展持续向好，出口逐渐回暖，经营状况得到持续改善。

一　产业发展持续稳中向好，出口形势明显好转

根据工业和信息化部运行监测协调局统计数据，2017年1～10月，规

---

* 邓卉，国家工业信息安全发展研究中心（工业和信息化部电子第一研究所）高级工程师，研究方向：信息通信产业与技术。

模以上电子信息制造业增加值同比增长13.8%，增速同比加快4.5个百分点，高出工业平均水平7.1个百分点，占规模以上工业增加值的比重为7.5%。

由于智能手机等产品的保有量不断提高，通信设备行业增速呈现放缓趋势。1~10月，生产手机161917万部，同比增长5.3%，增速较2016年下滑14.6个百分点，其中生产智能手机119799万部，同比增长3.6%，占全部手机产量的比重为74.0%，比重相比2016年同期提升3.2个百分点；生产移动通信基站设备23300万信道，同比下降18.4%。

计算机行业生产回暖，1~10月，生产微型计算机设备25004万台，同比增长8.2%，增速同比加快19.2个百分点，其中，生产笔记本电脑14134万台，同比增长8.2%；生产平板电脑7002万台，同比增长7.5%。

家用视听行业生产回落。1~10月，全行业共生产彩色电视机13781万台，同比下降1.3%，增速同比下降9.9个百分点，其中，生产液晶电视机12945万台，同比下降4.0%；生产智能电视8592万台，同比增长3.6%，占彩电产量的比重达62.3%，相比2016年同期增加2.3个百分点。

电子元件行业生产平稳增长，1~10月，生产电子元件35802亿只，同比增长18%，增速同比加快11个百分点。电子器件行业生产保持较快增长，1~10月，生产集成电路1284亿块，同比增长20.7%，增速同比加快1个百分点。

2017年1~10月，电子信息制造业出口实现平稳增长，出口交货值同比增长13.7%，增速同比加快14.9个百分点，通信设备、计算机、家用视听、电子元件、电子器件行业出口交货值分别实现同比增长8.5%、15.1%、13.4%、16%、16.2%。

二 行业效益水平不断提升，企业亏损面持续收窄

在电子信息制造业转型升级和供给侧改革的推动下，全行业效益水平持续提升。根据工业和信息化部运行监测协调局数据，2017年1~10月，电

子信息制造业主营业务收入同比增长13.1%，增速同比加快5.9个百分点；利润同比增长19.3%，增速同比加快5.7个百分点。主营业务收入利润率为4.69%，同比提高0.24个百分点；企业亏损面为19.7%，相比2016年同期收窄1.1个百分点。整体上看，进入2017年以来，全行业主营业务收入保持了稳步增长态势，行业利润保持高速增长，增速维持在两位数。

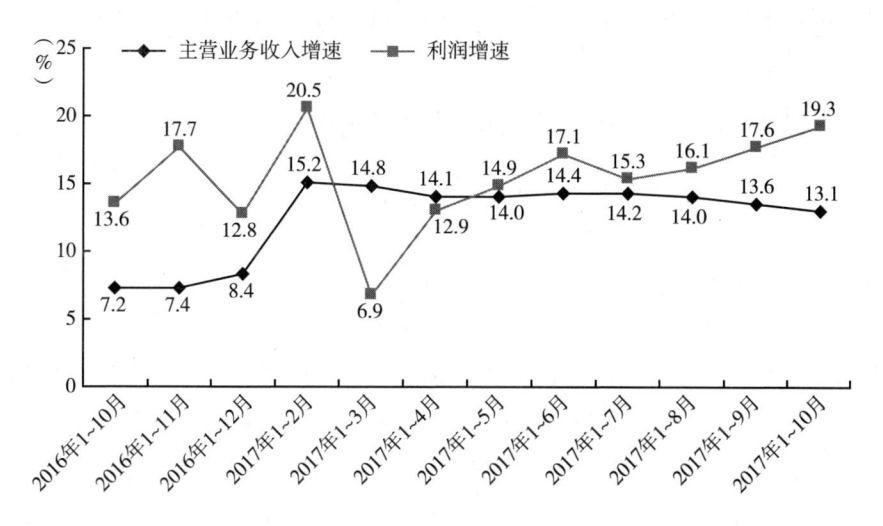

图1 中国电子信息制造业主营业务收入、利润增速变动情况

资料来源：工业和信息化部运行监测协调局。

三 固定资产投资高速增长，通信设备行业增速突出

2017年，电子信息制造业固定资产投资呈现高速增长态势，根据工业和信息化部运行监测协调局的统计数据，1~10月，电子信息制造业500万元以上项目完成固定资产投资额同比增长24.8%，增速同比提升12.1个百分点，电子信息制造业新增固定资产同比增长38.1%。

从细分行业看，1~10月，电子器件行业完成投资同比增长27.5%，特别是在各地集成电路投资基金逐步投入及多条生产线建设和扩产的带动下，集成电路行业投资高速增长；电子元件行业投资同比增长12.9%；受益于

信息基础设施建设的持续推进以及投资主体的显著增多，通信设备行业投资增速达48.6%，增速居各行业首位；家用视听行业投资增速达9.7%；电子计算机行业投资增速达3.1%。

从企业类型看，1~10月，内资企业投资同比增长30.3%，其中股份合作企业和国有企业增长较快，同比分别增长95.3%和54.4%；港澳台企业投资同比增长16.2%；外商投资企业投资同比增长0.6%。

四 百强企业引领创新发展，带动行业由大变强

近年来，我国电子信息产业蓬勃发展，一批规模效益突出、技术水平先进的大型龙头企业涌现，特别是电子信息百强企业已经成为引领我国电子信息产业发展、带动行业由大变强的重要力量。在2017年（第三十一届）中国电子信息百强企业中位列前十的企业为：华为技术有限公司、联想集团、海尔集团、TCL集团股份有限公司、中兴通讯股份有限公司、四川长虹电子控股集团有限公司、海信集团有限公司、比亚迪股份有限公司、北大方正集团有限公司和京东方科技集团股份有限公司。

面对错综复杂的国内外经济形势，我国电子信息企业积极调整发展战略，加快转型步伐。在核心关键技术方面，我国企业通过引进吸收与自主创新，在5G、集成电路、柔性显示等技术领域取得较快发展，华为联合德国电信推出全球首个5G商用网络，小米发布自研智能手机处理器芯片澎湃S1，联芯顺利导入28纳米制程并量产，京东方第6代柔性AMOLED生产线实现量产。在智能终端、视听产品、网络通信设备等整机制造领域，产品创新不断涌现，如中兴发布拥有双屏设计的折叠智能手机Axon M，创维发布仅有3.6mm的壁纸电视Wallpaper，联想推出拥有视觉识别功能的智能音箱SmartCast+等。在模式创新方面，百强企业加快由制造领域向服务领域延伸，华为、中兴等通信企业和海尔、创维、长虹等家电企业以及联想、方正等计算机企业纷纷加快服务化转型，将经营重心由出售硬件产品向出售软件、服务及解决方案转移，如海尔搭建的工业互联网平台COSMOPlat已对

外提供服务，其将企业和智能制造服务资源连接起来，帮助更多的企业去库存并实现个性化定制，现已连接1.5亿用户，服务规模级以上企业200多家。

参考文献

工信部运行监测协调局：《1~10月我国电子信息制造业增加值同比增长13.8%》，《中国电子报》2017年12月8日。

B.9
2017年中国台湾电子信息产业发展情况

孟 拓*

摘　要： 2017年，随着全球竞争日益加剧，新兴经济体迅速崛起，台湾地区本土供电能力受限，中国台湾电子信息产业发展愈加缓慢。受益于电子元器件出口的持续增加，台湾地区电子产品产值同比上升14.12%，回暖势头明显，电子产品市场同比上升1.27%，实现自2012年以来的首次正增长；受到大陆同行的挤压，IC产业整体产值与上年相比基本持平，仅同比增长0.45%，设计业降幅较大；台积电依旧是中国台湾芯片代工产业的主力，全球市场占有率维持稳定；面板行业受到中国大陆及韩国的夹击，亟须探寻新的出路，推进Micro LED的研发。此外，台湾当局"2025非核家园"计划的持续推进，更是将能源问题上升为制约本土半导体产业发展的重要因素。未来，中国台湾电子信息产业发展将面临巨大挑战。

关键词： 中国台湾　电子信息产业　IC产业　芯片代工

随着新技术（云计算、人工智能、汽车电子）的迅速发展，全球电子信息产业强势复苏。中国台湾的国际化程度深，受全球电子信息产业格局变动影响较大，尤其是近年来中国大陆、印度等新兴经济体电子信息产业的迅

---

* 孟拓，国家工业信息安全发展研究中心（工业和信息化部电子第一研究所）工程师，研究方向：电子信息与消费电子。

速崛起，对中国台湾的电子信息产业的发展产生了较大的影响，加之岛内供电能力有限，中国台湾的电子信息产业虽有增长，但较为缓慢。尤其是面板产业，受中国大陆和韩国的夹击，2017年中国台湾显示面板厂更是全面退出苹果供应链，正在探索新的发展方向。

一 电子产品产值和市场逐步回暖，电子元器件增长明显

据《世界电子数据年鉴2017》（The Yearbook of World Electronics Data 2017）的统计，2017年，中国台湾电子产品产值为753.68亿美元，同比上升9.36%，增速较上年提升7.45个百分点，回暖势头明显。其中，电子元器件仍然是最大门类，产值为630.69亿美元，占产值总额的83.68%；无线通信与雷达设备位居第二，产值为42.33亿美元，占产值总额的5.62%；医疗与工业设备紧随其后，产值为34.55亿美元，占产值总额的4.58%。与上年相比，电子元器件增长势头明显，占比较上年提升5个百分点，其他产品门类产值规模较上年均有所下降，消费类电子下降幅度最大，占比由上年的2.37%降至0.88%。

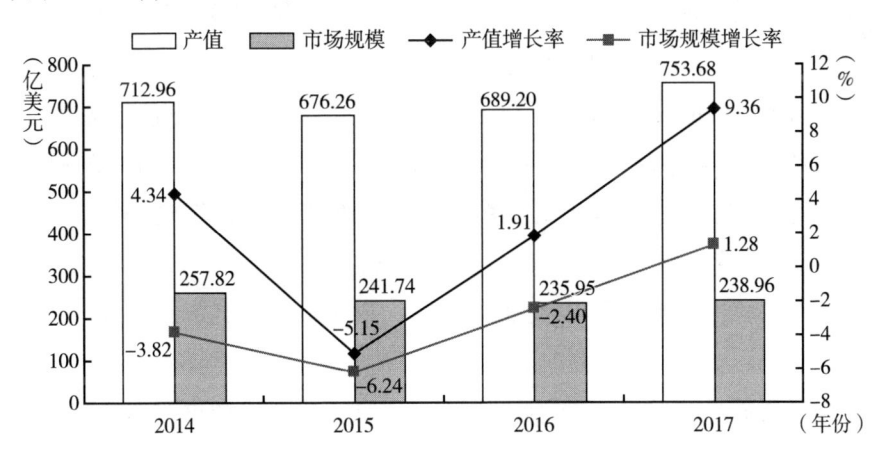

图1 2014~2017年中国台湾电子产品产值与市场情况

注：2014年、2015年数据采用当年汇率，2016年、2017年数据采用2016年汇率。
资料来源：The Yearbook of World Electronics Data 2017。

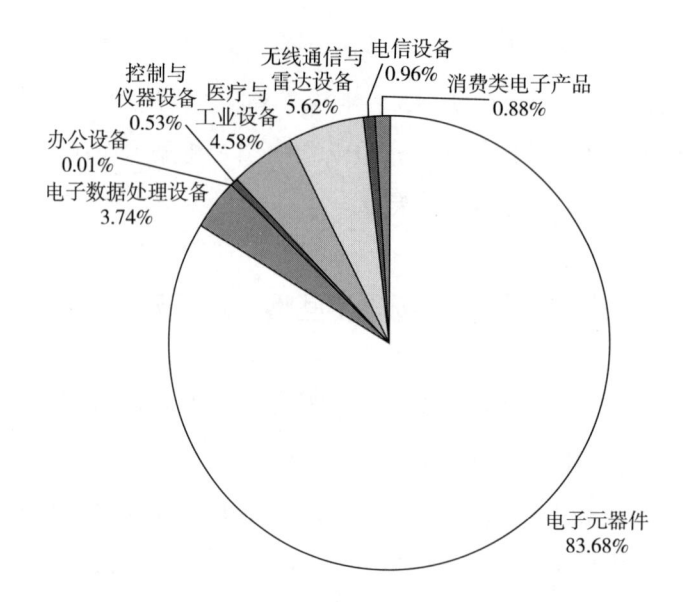

图2　2017年中国台湾各类电子产品产值份额情况

资料来源：The Yearbook of World Electronics Data 2017。

2017年，中国台湾电子产品市场总额为238.95亿美元，市场规模同上年相比基本持平，同比增长1.28%，产业进一步回暖，实现自2012年以来的首次正增长。从产品门类看，电子元器件稳居首位，市场规模为128.45亿美元，占市场总额的53.76%；电子数据处理设备位居第二，市场规模为40.75亿美元，占市场总额的17.05%；控制与仪器设备和无线通信与雷达设备紧随其后，市场规模分别为30.06亿美元和23.15亿美元，分别占市场总额的12.58%和9.69%。与上年相比，各产品门类市场份额基本保持稳定。

二　IC产业增长缓慢，设计业降幅较大

根据研调机构Gartner预估，2017年全球半导体产值可望达4111亿美元，将较上年增长19.7%，是7年来成长最强劲的一年。而在这一形势下，2017年中国台湾的IC产业增长与上年基本持平，增长缓慢。2012～2014年，随着智能手机及平板电脑等产品的热销，中国台湾IC产业发展形势大

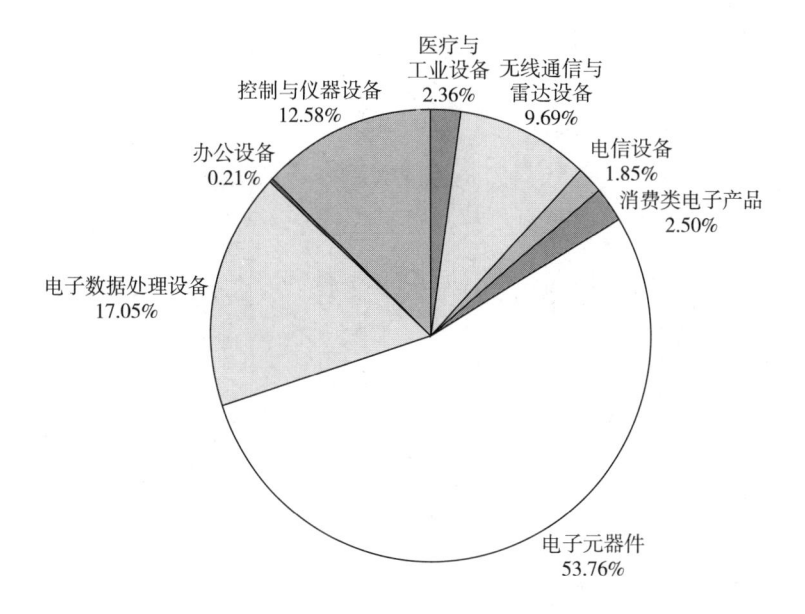

图3 2017年中国台湾各类电子产品市场份额情况

资料来源：*The Yearbook of World Electronics Data 2017*。

好，年产值增长率达15%以上。但自2015年开始，受中国大陆IC产业的迅猛发展、智能终端出货趋缓、台湾地区自身基础设施的承受能力限制，增长幅度锐减。据台湾工业技术研究院（IEK）预估，2017年，中国台湾IC产业整体产值与上年持平，全年产值为新台币2.4604万亿元（折合人民币5417.5亿元），年增长率仅为0.45%。

IC设计业衰退明显。受中国大陆IC设计业迅猛崛起的影响，IEK预测IC设计业产值为新台币6228亿元（折合人民币1371亿元），同比下降4.6%。

IC制造业增长逐年放缓。尽管近三年来存储器和其他制造业产值持续衰退，但随着芯片代工产业所占份额的逐年增加（2017年台湾地区芯片代工产业占IC制造业的87.7%，而这一数字在2013年为76.2%），中国台湾IC制造业依旧维持增长态势，但增速放缓。IEK预测，IC制造业产值为新台币1.3606万亿元（折合人民币2996亿元），年增长率为2.1%。

IC封装和测试业持续增长。IEK预计，IC封装和测试业产值为新台币

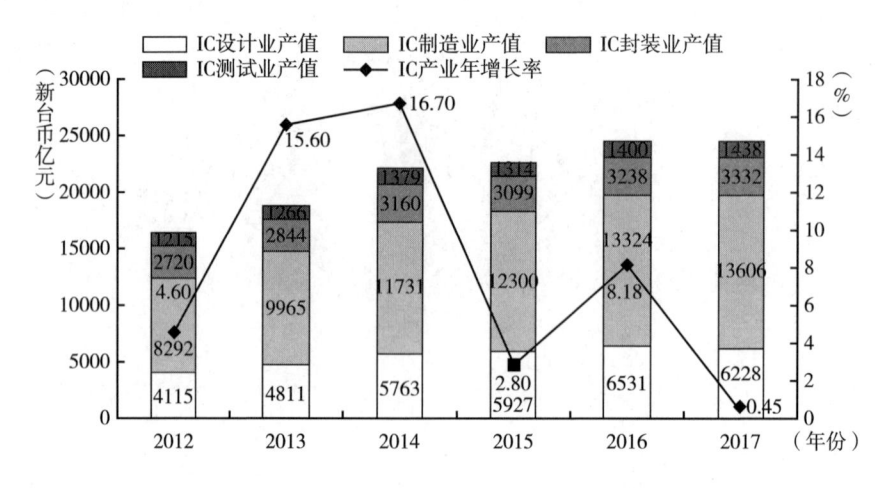

图 4　2012～2017 年中国台湾 IC 产业情况

注：2017 年数据为预测值。
资料来源：台湾工业技术研究院（IEK）。

4770 亿元（折合人民币 1050 亿元），同比增长 2.85%。其中，IC 封装业产值新台币 3332 亿元（折合人民币 733.7 亿元），同比上升 2.9%，IC 测试业产值新台币 1438 亿元（折合人民币 366.6 亿元），同比上升 2.7%。

三　芯片代工产业增长放缓，全球市场占有率稳定

2017 年，中国台湾芯片代工产业增长放缓，全年第一、第二季度未沿袭上年末产业迅速增长的势头，降幅明显，受益于第三、第四季度的产业回温，全年芯片代工产业实现 3.8% 的增长。

拓墣产业研究院最新报告指出，受到高运算量终端装置以及数据中心需求的带动，2017 年全球晶圆代工总产值约 573 亿美元，较 2016 年增长 7.1%，全球芯片代工产值连续五年的年增长率高于 5%。其中，中国台湾有 4 家芯片代工厂上榜，分别为台积电（台湾积体电路制造股份有限公司）、联电（联华电子股份有限公司）、力晶（台湾力晶半导体股份有限公司）和世界先进（世界先进积体电路股份有限公司），市场占有率高达 2/3。

2017年中国台湾电子信息产业发展情况

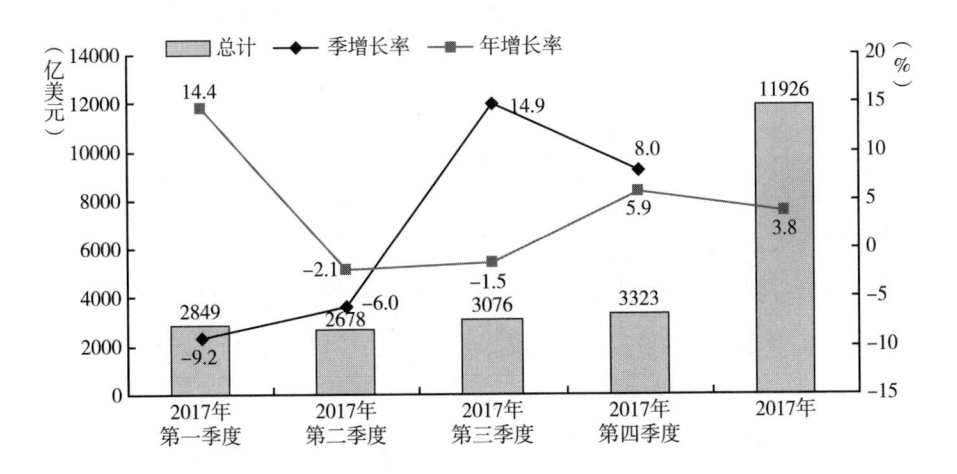

图5 2017年各季度中国台湾芯片代工产业发展情况

注：2017年第四季度数据为预测值。
资料来源：TSIA，台湾工业技术研究院（IEK），2017年11月。

表1 全球前十大芯片代工厂排行榜

单位：百万美元，%

排名	公司名称	2016年营收（百万美元）	2016年市占率	2017年营收（百万美元）	2017年市占率	年增长率
1	台积电	29437	55.0	32040	55.9	8.8
2	格罗方德	4999	9.3	5407	9.4	8.2
3	联电	4587	8.6	4898	8.5	6.8
4	三星	4284	8.0	4398	7.7	2.7
5	中芯	2914	5.4	3099	5.4	6.3
6	高塔半导体	1249	2.3	1388	2.4	11.1
7	力晶	870	1.6	1035	1.8	19.0
8	世界先进	801	1.5	817	1.4	2.0
9	华虹宏力	721	1.3	807	1.4	11.9
10	东部高科	666	1.2	676	1.2	1.5
	其他	2972	5.6	2735	4.8	-8.0
	总计	53500	100.0	57300	100.0	7.1
	台湾地区总计	35695	66.7	38790	67.7	

注：统计涵盖的IDM厂有三星和力晶，表内数据是对其芯片代工收入的预估。
资料来源：拓墣产业研究院。

四 台显示面板厂退出苹果供应链，大力发展 Micro LED

在苹果最新公布的 200 大供货商名单中，已再无中国台湾显示面板厂的身影，最后一家显示面板厂——友达光电显示股份有限公司（友达）被排除在供货名单之外。在触控面板方面，仅剩下宸鸿科技集团（TPK）和业成集团（GIS）两家中国台湾触控面板厂。

近年来，韩国面板厂大举推进 OLED 技术研发及生产线建设，中国大陆面板厂 LCD 产能大开，中国台湾面板厂面临的竞争加剧，亟须探寻新的出路。如今，台湾工业技术研究院及部分台厂开始致力于下一显示技术 Micro LED 的研发，以期寻求突破。LCD、OLED、Micro LED 显示技术特点比较具体如图 6 所示。

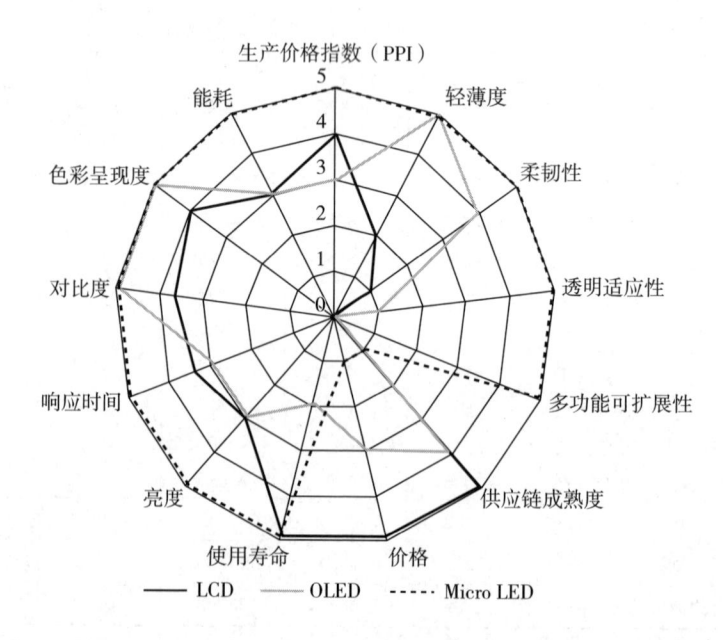

图 6 LCD、OLED、Micro LED 显示技术特点比较

资料来源：Trend Force LED inside。

五 "缺电"已成为制约半导体产业发展的重要因素

随着半导体产业的快速发展，对于电力供应的需求也与日俱增。在台湾地区半导体厂商中，台积电一直是用电大户。相关资料显示，过去五年，全台湾增长的电量中，1/3 都被台积电给消耗了。根据台积电发布的企业社会责任报告书，2016 年用电量高达 88.53 亿度，较前一年增加了 11%。台积电仅在竹科的代工厂耗电功率就已经超过 72 万千瓦。然而，随着半导体产业步入后摩尔时代，半导体的工艺推进也愈发困难，预计 5nm 工艺须引入新的极紫外光（EUV）微影技术才能实现。目前全球只有荷兰 ASML 一家可以生产 EUV 光刻机，而 EUV 的能源转换效率只有 0.02%，因此导致用电量持续剧增。如果电力供应跟不上，那么半导体产业的发展必将受到巨大的阻碍。

然而，台湾当局"2025 非核家园"计划的持续推进，使得台湾地区缺电问题更为严峻。按照"2025 非核家园"的规划，到 2025 年，台湾地区天然气发电占总发电的比例为 50%，燃煤为 30%，绿色能源为 20%。而截至 2017 年，台湾地区核供电占总电量的 16%（有资料显示为 14%），绿色能源供电在总电量中的占比不到 3%。为了保证供电，火电不断加码，且超标排放，这直接导致了台湾地区空气污染问题加剧，雾霾天气增加。台湾当局迫于压力，令台中火力电厂减少煤炭的使用量，这一举措直接导致电厂供电量减少，未来台湾地区供电形势会愈发严峻。"缺电"已成为制约台湾地区半导体产业发展的重要因素。

参考文献

The Yearbook of World Electronics Data 2017，2017.
台湾工业技术研究院（IEK）。

TSIA.
拓墣产业研究院。
Trend Force LED inside.
芯智讯。

行业篇

Industry Reports

B.10
2017年集成电路产业发展回顾与展望

陈 健[*]

摘 要： 2017年，受益于存储器价格持续高涨和新兴市场需求增长，全球半导体市场迎来全面爆发，市场规模增长20.6%，其中，集成电路市场增长最快，年增速为22.9%，存储器市场同比暴涨60.1%，是整体市场出现大幅增长的关键。三星超越英特尔成为全球第一大半导体企业，自20世纪90年代以来首次榜首易主。在存储器市场的带动下，韩系厂商借势崛起。相比2015年和2016年，企业并购势头显著减弱，但几起关键交易仍然对行业发展带来巨大影响。10纳米工艺稳定量产，多款旗舰机型搭载采用新工艺的移动芯片，人工智能硬件开始应用于智能手机。展望未来，半导体和集成电路市

---

[*] 陈健，国家工业信息安全发展研究中心（工业和信息化部电子第一研究所）工程师，研究方向：集成电路、半导体、电子信息。

场增速将大幅回落，但仍将保持较高增速，7纳米工艺竞争快速展开，有望在2018年实现量产。

关键词： 集成电路　存储器　10纳米工艺　人工智能　7纳米工艺

2017年，数据中心、物联网、车联网、汽车电子、人工智能等新兴市场持续成长，集成电路市场持续向好；受益于存储器价格的持续高涨，整体市场呈现爆发性增长态势。领先企业整体业绩提升，三星超越英特尔成为全球最大半导体企业。在市场较快增长的同时，一些关键事件正对行业带来重大影响。东芝拆分引发全球存储器格局变革，结果利好增势强劲的韩系厂商；博通强并高通再次引发行业震动，在5G即将商业化的节点，移动芯片领域走向值得关注。工艺技术继续演进，10纳米工艺芯片面市，新工艺竞争已然显现；人工智能硬件嵌入移动处理器成为行业亮点，并将持续影响整个行业。

一　2017年集成电路产业发展态势

（一）半导体市场全面爆发，集成电路市场增速最快

2017年全球半导体市场呈现全面爆发态势，市场规模增长20.6%，其中集成电路市场增速最快，增速高达22.9%，相比上年的微弱增长（0.8%），本年度彻底摆脱颓势。存储器市场同比暴涨60.1%，是整体市场大幅增长的关键。

根据WSTS的统计，2017年全球半导体市场规模突破4000亿美元大关，达到4086.91亿美元，同比增长20.6%，摆脱了2015年以来的颓势，并大幅超过2014年9.9%的增速。

从地区上看，各地区均实现高速增长。作为全球最大市场的亚太地区继

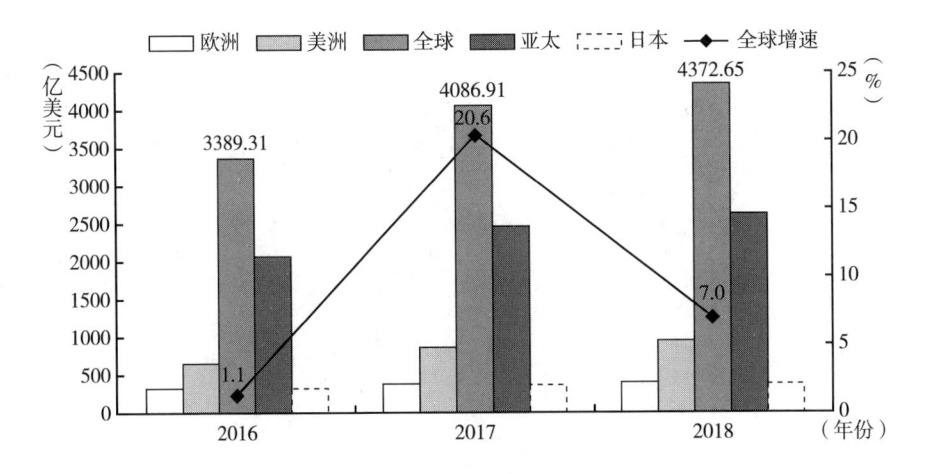

图1 2016～2018年全球半导体市场规模和增速

资料来源：WSTS，2017年11月。

续保持增长，增速为18.9%，比2016年的3.6%有大幅提升；日本市场保持增势，在上年摆脱衰退（3.8%）后，继续增长12.6%；欧洲市场强势增长16.3%，与上年的衰退（-4.5%）相比，复苏势头明显；美洲市场则成为表现最为强势的地区市场，增速由上年的-4.7%大幅提升为31.9%，创地区市场最快增速，彻底摆脱持续衰退态势。亚太地区凭借巨大的市场体量和较快增速，成为全球半导体市场高速增长的最大来源，美洲市场则凭借强劲的增长势头贡献了30%的增量。

从产品门类上看，各细分门类市场均实现快速增长，三类产品市场增速上双。上年度增长最快的传感器市场增速下滑6.8个百分点，但仍保持两位数增速，为15.9%；光电器件市场摆脱负增长（-3.8%），增速达到7.7%；分立器件市场增速由4.3%提高到10.7%；集成电路市场呈现爆发式增长态势，增速由0.8%大幅提升为22.9%，成为增长最快的细分市场。

作为规模最大的半导体细分市场，2017年集成电路市场规模为3401.89亿美元，同比增长22.9%。其中，存储器市场暴涨60.1%，增势最为强劲，相比上年的负增长（-0.6%），实现强势复苏，超过逻辑器件成为第一大

美洲 30.0%

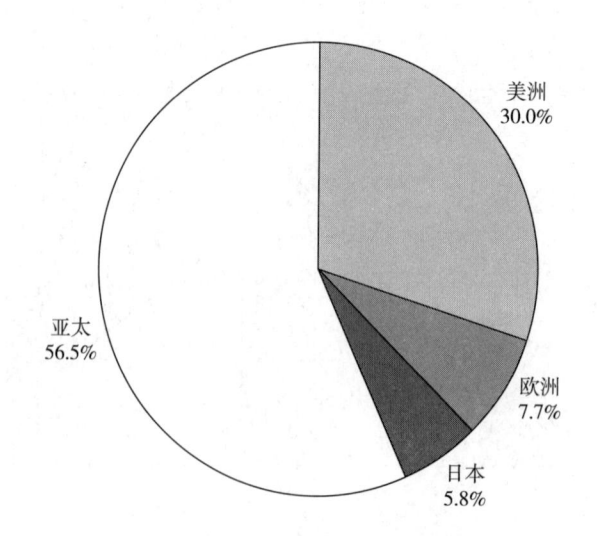

亚太 56.5%

欧洲 7.7%

日本 5.8%

图 2　2017 年全球主要地区半导体市场增量占比

资料来源：WSTS，2017 年 11 月。

细分市场；逻辑芯片市场实现加速增长，增速为 10.8%，比上年提高 10 个百分点；模拟芯片增长 10.2%，增幅有所扩大；微处理器实现正增长，增速为 4.2%，比上年提升 5.4 个百分点。前两大产品门类的高增速是本年度集成电路市场高速增长的主要驱动因素，而存储器市场的爆发是集成电路市场爆发的关键原因。

（二）领先企业排名变革，三星超越英特尔居首

在半导体市场强势增长的形势下，全球领先企业普遍实现高速增长，受细分市场差异化影响，企业排名发生较大变化，特别是长期占据榜首地位的英特尔被三星超越。

自 1993 年以来，英特尔长期占据半导体企业营收榜首，近十几年来，三星崛起，长期占据第二的位置。根据市场调研机构 IC Insights 的数据，2016 年第一季度，英特尔销售额高出三星 40%，至 2017 年第二季度，三星营收首次超越英特尔跻身榜首，IC Insights 11 月的最新数据预测，2017 年三星营收将暴涨 48.1%，达到 656 亿美元，英特尔营收

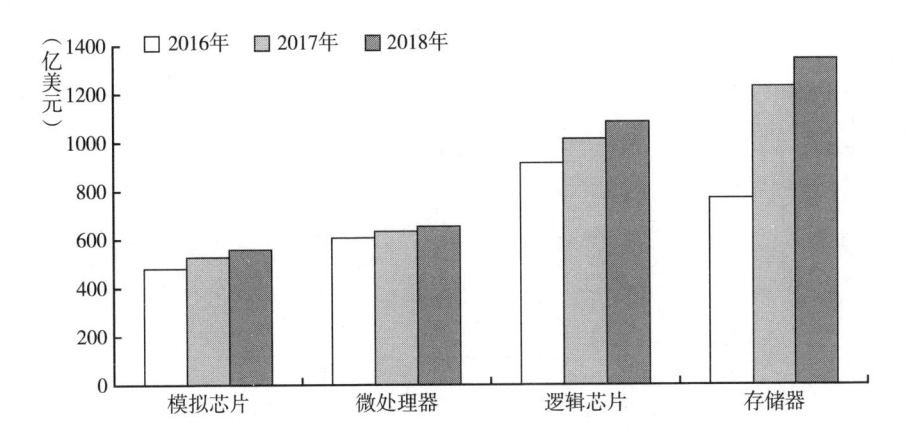

图 3　2016~2018 年集成电路细分市场规模

资料来源：WSTS，2017 年 11 月。

增长 7.0%，达到 610 亿美元，三星将超越英特尔成为最大的半导体企业。2017 年英特尔营收增速与上年基本持平，但在前十大企业中增速偏低。

另外两家存储器巨头 SK 海力士和美光营收实现快速增长，增速分别高达 75.8% 和 73.3%，成为前十大半导体企业中增速最快的企业，排名也均超过高通分列第三、四位。东芝营收也凭借存储业务获得 23.9% 的增速，稳住排名。除上述几家存储器供应商外，受益于数据中心和深度学习训练的拉动，GPU 供应商英伟达的崛起十分显著，2017 年营收将增长 46%，排名跃升 6 个位次，排名第 9，首次进入前十。与此同时，移动芯片企业联发科跌出前十，作为联发科竞争对手的高通虽然获得较高增长，增速为 11%，仅高于英特尔和恩智浦，但在半导体市场普遍向好的态势中，并不足以稳住排名，而是下滑 3 个位次居第 6。恩智浦则表现不佳，2017 年营收下滑 3.2%，成为前十大企业中唯一衰退的企业。此前恩智浦收购飞思卡尔成为全球最大的汽车电子公司，合并营收进入前十，但近两年来业绩持续下滑。博通营收增长 15.8%，与 2015 年的大衰退、2016 年的微弱增长相比，业绩实现强势反弹，超过高通位居第 5。

表1　2017年全球半导体企业10强

单位：亿美元，%

2017年预计排名	2016年排名	企业名称	2016年收入	2017年预计收入	2017年增速	2017年份额
1	2	三星	443	656	48.1	15
2	1	英特尔	570	610	7.0	13.5
3	5	SK海力士	149	262	75.8	6
4	6	美光	135	234	73.3	5.3
5	4	博通	152	176	15.8	4
6	3	高通	154	171	11.0	3.9
7	7	德州仪器	125	139	11.2	3.2
8	8	东芝	109	135	23.9	3.1
9	15	英伟达	63	92	46.0	2.1
10	9	恩智浦	95	92	-3.2	2.1

资料来源：IC Insights，2017年11月。

（三）企业并购势头减弱，关键交易影响行业格局

近两年全球半导体并购集中爆发的态势进入2017年后明显减缓。根据IC Insights年中数据，2017年上半年已经宣布的十几起并购案总金额不过14亿美元，即便考虑到未计入统计的英特尔153亿美元并购案，与2015年创纪录的726亿美元相比仍显著回落；进入下半年，虽然贝恩资本等以180亿美元收购东芝闪存业务，但总体上看，并未出现多个大额交易，与2016年相比并购势头减弱。

尽管全年并购额明显下降，但全球半导体领域的并购活动依然频繁，几起关键交易进展极大影响了行业未来格局。3月13日，英特尔宣布以153亿美元收购无人驾驶公司Mobileye，以强化英特尔在无人驾驶汽车领域领先技术供应商的地位，与英伟达、高通等抗衡，该典型交易代表了国际巨头竞相布局无人驾驶等人工智能领域。9月20日，东芝董事会与贝恩资本达成基本协议，将旗下闪存业务以2万亿日元（约合180亿美元）的价格出售

给由贝恩资本牵头的财团（包括苹果、戴尔、SK海力士、Hoya集团等），持续了8个月的东芝闪存并购案宣告结束，东芝是NAND闪存领域的领先供应商，工艺技术先进，此次并购将极大影响未来存储器的市场格局。高通收购恩智浦遭遇波折，欧盟宣布对该交易的审核将延续到2018年，打破了高通在本年内完成收购的原计划，高通跨界布局面临挑战。11月6日，高通证实接到收购要约，博通拟以创纪录的1300亿美元收购高通，一周后，高通拒绝了博通的报价，此后博通仍致力于完成收购，该交易一旦成功，将创造年营收超过300亿美元的全球第三大半导体企业，并将极大影响移动芯片、汽车电子、物联网芯片等领域的格局。

表2 2017年全球半导体主要并购案

单位：亿美元

序号	宣布时间	收购方	被收购方	收购金额
1	2月10日	联发科	络达	5.75
2	3月13日	英特尔	Mobileye	153
3	3月28日	TDK	ICsense	—
4	3月29日	MaxLinear	Exar	4.72
5	4月11日	超微	Nitero	—
6	9月8日	Littelfuse	IXYS	7.5
7	9月20日	贝恩资本等	东芝闪存业务	180
8	9月23日	Canyon Bridge	Imagination GPU部门	7.5
9	10月10日	Dialog	Silego Technology	2.76
10	10月25日	苹果	PowerbyProxi	—
11	11月20日	美满	Cavium	—

资料来源：根据新闻数据整理。

（四）存储器价格持续上涨，韩系厂商借势崛起

存储器市场的强势表现带动整个半导体市场高速增长，存储器价格的持续上涨是最重要的驱动因素。IC Insights数据显示，存储器平均售价自2016年第三季度开始上涨，2016年第四季度增速达到高峰，进入2017年，虽然

增速不断放缓,但全年价格保持上涨态势。2016年第三季度到2017年第二季度,DRAM售价的平均季度增速为16.8%,NAND为11.6%,预计DRAM售价全年增速将达到63%,创自1993年以来增速新高,驱动DRAM市场规模增长74%,预计NAND闪存售价年增长33%。在高价格的支撑下,全球存储器市场实现60.1%的高速增长,达到1229亿美元规模,巩固了第一大细分市场门类地位,与2016年相比,市场增量达到461.5亿美元。作为对比,2017年全球半导体市场增量为697.6亿美元,存储器市场贡献率达到66%。

存储器价格的持续高涨受益于两方面的因素,一方面,智能硬件对存储器的需求持续攀升,造成全球产能紧张,另一方面,三星、SK海力士、美光等企业在适当增产后,通过控制产能增长保持存储器价格高位,以赚取超常利润。数据显示,几大存储器供应商年度营收均实现暴涨,三星更凭借存储器业绩超过英特尔,成为全球最大的半导体企业。三星、SK海力士等韩系厂商借势崛起,随着SK海力士参与的财团收购东芝闪存业务,韩系厂商在存储器市场中的地位进一步加强。

(五)旗舰机型嵌入10纳米芯片,人工智能成亮点

进入2017年,各主要移动芯片品牌采用10纳米工艺的新一代产品陆续量产,第一季度,三星、台积电10纳米产品正式推出,骁龙835、Exynos 8895、Helio X30领先面市,进入9月,采用台积电10纳米工艺的麒麟970和苹果A11 Bionic先后面市。Galaxy S8、Galaxy Note 8、小米6、一加5、LG V30、魅族PRO 7、美图V6、华为Mate 10、荣耀V10、iPhone 8、iPhone X等旗舰机型嵌入10纳米处理器,智能手机正式进入10纳米时代。

随着专用芯片的成熟,人工智能计算硬件在移动端的应用落地成为行业亮点。2017年9月,华为和苹果相继推出新一代手机处理器,麒麟970搭载寒武纪NPU处理器,A11 Bionic内嵌"神经网络引擎"模块,人工智能硬件首次应用于智能手机,如华为Mate10、苹果iPhone X和iPhone 8。苹果A11 Bionic芯片中的"神经网络引擎(Neural Engine)"模块是苹果基于

ASIC 的深度学习解决方案，实现了高准确率，以及比基于通用芯片（GPU、FPGA）方案更低的功耗。该专用芯片聚焦语音识别和图像识别领域，支持 Face ID 技术，该技术采用结构光解锁方案，代替了传统指纹解锁的 Touch ID，安全性更高，Face ID 的错误率为百万分之一，而 Touch ID 的错误率高达五万分之一。该人工智能芯片还支持 AR 功能。

二 未来发展趋势

（一）半导体市场持续增长，集成电路保持高增速

随着汽车电子、车联网、物联网、人工智能等新兴市场逐渐成长，以及存储器市场增势的延续，全球半导体市场将继续保持较高增速。但新兴市场需求尚不足以支撑较高增速，而存储器市场的增长势头也将减缓，半导体市场的增速将有较大回落。集成电路市场也将同步进入增速调整期，整体上看仍保持较高增速。

根据 WSTS 的预测，2018 年，全球半导体市场规模将继续增长 7.0%，达到 4372.65 亿美元，增速与 2017 年相比将回落 13.6 个百分点。从地区看，预计各主要地区市场增速均呈回落态势，美洲市场保持最高增速，增长 10.3%，亚太地区增速回落到 6.6%，仍是整体市场保持较高速增长的最大贡献力量。从细分市场来看，2018 年，主要细分市场均大致呈回落态势，仅光电器件市场增速进一步提升，提升 0.5 个百分点，成为增长最快的细分市场。

集成电路市场增长势头大幅放缓，预计 2018 年增速回落 15.9 个百分点，到 7.0%，市场规模达到 3640.34 亿美元。从产品门类看，存储器市场增速由 60.1% 急剧滑落到 9.3%，但仍然是整体市场增长的最大来源，其他门类市场增速也不同程度放缓。

（二）工艺竞争持续深入，7 纳米工艺即将量产

2017 年，采用 10 纳米工艺的主流芯片不断面市，但 10 纳米工艺的量

产并不顺利，业界普遍认为10纳米仅为过渡性工艺，随着极紫外光刻设备的引入，7纳米工艺的开发提上日程。目前，台积电、三星、格罗方德、英特尔均发布了开发计划，7纳米正成为全球领先半导体厂商对市场主导权争夺的焦点。台积电计划从2017年开始测试7纳米芯片的制造工艺，年中宣布已有12个产品设计定案，赛灵思、Arm、Cadence等企业已与台积电宣布合作开发下一代芯片，并计划在2018年初试产，下半年开始量产；三星的规划图更加激进，计划在2018年年初下一代Galaxy S9上即使用新款7纳米工艺处理器；为追赶主流工艺，格罗方德跳过10纳米工艺，直接研发7纳米，2017年6月推出7纳米工艺平台，预计2018年上半年试产，2018年下半年实现量产；英特尔10纳米工艺芯片将在2018年出货，若能实现较高良率，仍将保持技术优势，其7纳米工艺处理器将在2020年量产。主流芯片品牌的下一代产品有望采用新一代工艺，比如苹果A12、麒麟980、高通840/845等，工艺良率和成本控制将成为量产的关键因素。

参考文献

WSTS：《2017年半导体市场预测》，www. wsts. org。
ICInsights：《2017年全球半导体企业营收排行》，www. icsights. com。
Gartner：《2017年技术成熟度曲线》，www. gartner. com。

B.11
2017年电子元器件产业发展回顾与展望

张 倩[*]

摘 要： 2017年电子元器件产值在上年企稳回升后快速上升，中国电子元器件产值仍然领跑全球。摩尔定律走向终结，半导体产业面临拐点，美国联合官产学研多方力量，启动三大项目，布局下一代半导体技术发展。宽禁带器件技术日益成熟，应用领域从军事快速扩展至商用领域，市场将呈现爆发式增长。光子学在项目推进、制造工艺、新型器件等领域获得丰硕成果。硬件安全重要性不断凸显，多个硬件安全研究项目启动，相关技术成果纷纷涌现，从底层保障电子系统安全。

关键词： 电子元器件 氮化镓器件 光子学

2017年电子元器件全球产值在上年企稳回升后快速上升，同比增长高达8.72%，美国、西欧和亚太地区各主要国家和地区均呈现增长态势，新加坡以21.65%的增速领跑全球，中国大陆仍是唯一产值规模超过1000亿美元的国家和地区。随着"摩尔定律"日益临近终结，半导体产业发展面临拐点，美国国防部联合产学研多方力量，启动"跳跃"（JUMP）、"电子复苏"（ERI）和"芯片"（CHIPS）三大项目，以重大应用需求为出发点，从技术创新和产业链重组两方面寻求突破，布局下一代半导体技术发展。光

---

[*] 张倩，国家工业信息安全发展研究中心（工业和信息化部电子第一研究所）工程师，研究方向：电子元器件、物联网。

子学在项目推进、制造工艺、新型器件等领域获得丰硕成果,沿着降低成本、提高技术成熟度、推动新型器件研发等方向继续迈进。宽禁带器件技术日益成熟,应用领域从军事快速扩展至商用领域,市场将呈现爆发式增长。硬件安全重要性不断凸显,多个硬件安全研究项目启动,相关技术成果纷纷涌现,从底层保障电子系统安全。

一 2016年电子元器件产业发展态势

(一)全球产值企稳回升,中国大陆地区领跑发展

全球电子元器件产值规模经历了2015年的短暂回落后,在2016年和2017年呈现快速上升态势,如图1所示。2014年、2015年、2016年和2017年产值分别达到5376.99亿美元、5251.61亿美元、5437.09亿美元和5911.23亿美元,2015~2017年同比增速分别为-2.33%、3.53%和8.72%。

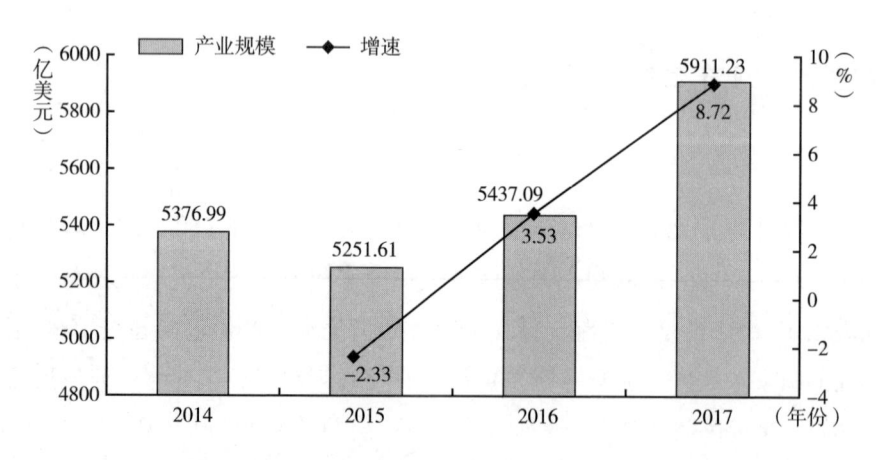

图1 2014~2017年全球电子元器件产值规模及增速

资料来源:*The Yearbook of World Electronics Data 2017*。

从地区来看,2017年美国、西欧和亚太地区各主要国家和地区均呈现增长态势。其中,新加坡以21.65%的增速领跑全球,韩国、中国台湾地区

分别以14.57%和12.67%两位数的增速居于增长率的第二位和第三位。中国大陆仍是唯一产值规模超过1000亿美元的国家和地区，2017年产值达到1514.74亿美元，较2016年增加8.69%，在全球总产值规模中的占比达到25%，远超过排名第二的韩国（14%），如图2所示。从2014~2017年复合年增长率（CAGR）看，新加坡和中国大陆分别以10.51%和7.62%位居第一名和第二名，韩国和中国台湾分别以5.79%和4.35%位居第三名和第四名，其他国家和地区则为负增长。全球主要国家和地区产值情况如表1所示。

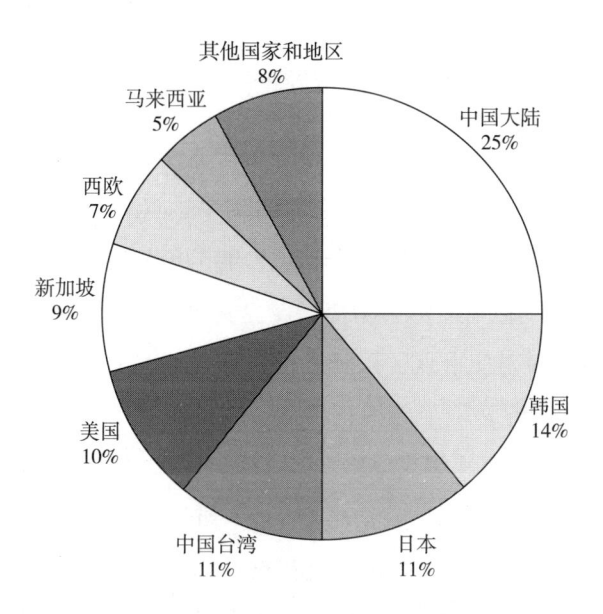

图2 2017年全球主要国家和地区电子元器件产值占比

资料来源：*The Yearbook of World Electronics Data 2017*。

表1 2014~2017年全球主要国家和地区电子元器件产值规模

单位：亿美元，%

国家和地区	2014年	2015年	2016年	2017年	2016~2017年增长率	CAGR
美 国	593.09	566.88	554.61	574.14	3.52	-1.08
西 欧	461.3	400.05	400.48	408.9	2.10	-3.94
中国大陆	1215.3	1315.05	1393.6	1514.74	8.69	7.62

续表

国家和地区	2014 年	2015 年	2016 年	2017 年	2016~2017 年增长率	CAGR
中国台湾	555.09	534.76	559.75	630.69	12.67	4.35
日　　本	676.89	628.84	634.68	641.09	1.01	-1.79
韩　　国	698.3	667.1	721.61	826.74	14.57	5.79
新 加 坡	381.85	367.19	423.6	515.3	21.65	10.51
马来西亚	346.3	310.75	307.41	330.47	7.50	-1.55
世界总和	5376.99	5251.61	5437.09	5911.23	8.72	3.21

资料来源：*The Yearbook of World Electronics Data 2017*。

（二）美国启动三大项目，布局下一代半导体技术研究

当前，"摩尔定律"走向终结，半导体产业发展面临拐点，下一代半导体技术成为美国产、学、研和军方共同的关注热点。美国半导体研究联盟（SRC）和半导体产业协会（SIA）于2017年3月底共同发布了《半导体产业发展愿景指南》（以下简称《指南》），全面梳理了半导体产业需优先发展的14个技术领域及对应重点、在研机构和项目等。美国国防先期研究计划局（DARPA）一直是美国半导体技术创新的组织推动者，从20世纪80年代起先后启动了"超高速集成电路"、"微波毫米波单片集成电路"和"宽禁带半导体技术"等一系列重大半导体技术研发项目，这次其再次发挥组织创新优势，在《指南》的基础上，从2016年底至2017年8月接连启动了"跳跃"（JUMP）、"电子复苏"（ERI）和"芯片"（CHIPS）三大瞄准不同定位的项目，大胆创新、点面结合，以重大应用需求为出发点，从技术创新和产业链重组两方面寻求突破，力图扫清产业发展面临的技术和经济障碍，开启半导体产业发展新纪元。

"跳跃"项目突出协同创新，设立"二横（基础）四纵（应用）"六个呈网状的研究中心，鼓励围绕下一代半导体技术开展跨校/跨学科创新研究；项目为期5年，年均投资超过0.3亿美元。"电子复苏"项目突出下一代半导体基础技术研究，强调"微系统"发展思路，开展全新器件材料、设计

和架构的系统性研发；项目为期4年，年均投资超过2亿美元。"芯片"项目突出系统级封装的灵活特性，大量引入商用先进知识产权和制造工艺，同时推进现有半导体器件的模块化和接口的标准化，实现多种具有先进功能、即插即用的"小芯片"。这些"小芯片"可根据特定军事用途快速、无缝拼接组装成所需"微系统"，将交付时间和成本减少70%，并支持系统的快速升级换代；项目为期4年，年均投资近0.2亿美元。

《指南》、"跳跃"和"电子复苏"项目技术发展重点如表2所示，美国将全面推进下一代半导体技术。基础研究从新器件和新系统架构两个层面同步展开。应用研究优先发展传感器和通信系统、分布式计算和网络、认知计算、智能存储系统等领域。"芯片"项目则着重完成现有器件/微系统的模块化及在未来系统中的最大程度复用，设计、验证和制造等传统产业链中的重要环节或可因此省略，还可实现商用先进技术和军用安全保障手段的优势互补，以及继续推进商/军用半导体产业链的深层融合。

表2 美国下一代半导体技术发展重点

分类	领域	研究内容	研究方向
基础研究	器件	先进材料和对应器件	Ⅲ-Ⅴ、锗硅、碳基、一维或二维、多铁、铁电、磁性、相变和金属绝缘体过渡材料及对应器件 利用电化学、电生物、光子等除电荷和自旋其他状态变量的器件
		先进制造和封装技术	芯片级封装、3D/2.5D扇出型晶圆级封装、异质集成 高吞吐量的原子淀积和去除（蚀刻和清洁）方法
		互连技术和架构	实现10纳米以下电子互连、金属通孔之外的层间新型互连、新型自对准和自组装技术、光子开关器件和互连、自旋互连、新型互连材料等
	系统	非传统架构和算法	近似计算、随机计算、香农启发计算 软硬协同设计 可扩展的异构架构和算法
		安全和隐私	威胁建模；安全感知软硬件协同开发；加密和加密实现

分类	研究内容	分类	研究内容
应用研究	射频到THz频段传感器和通信系统	配套支撑	针对特定应用和可快速实现的设计工具和方法
	极大规模分布式计算和网络		预测、表征和测试方法
	认知计算		材料与工艺的环境与安全
	智能存储系统和数据处理平台		能源管理

（三）光子器件持续成为研究热点，突破电子发展瓶颈

光子器件将有力推动光互联、光通信、光信号处理等器件的发展，数据传输速度有望达到每秒太比特，突破现有计算机、超大容量和超高速信息传输处理的发展瓶颈，带动从网络基础设施到数据中心，再到超级计算机的全方位发展，其发展受各国重视。2017 年，光子学在制造工艺、器件、项目等多方面都取得了大量进展。以下为 2017 年取得的部分重要成果。

在制造工艺方面，2017 年 10 月，美国麻省理工学院研究人员开发出硅光子与层状二碲化钼集成新方法，根据新方法制备的器件既可以作为发光二极管，又可以作为光电探测器。该技术首次将二维材料实现的电光源集成在无源硅光子晶体波导上，二维光源和探测器单元有望提高光子器件的通信速率。二钛化钼的辐射波长不在硅吸收波长范围内，从而大幅减少硅的吸收损耗。将光源与有效片上调制器结合，有望进一步提高光耦合效率，还有利于实现波分复用。与传统Ⅲ－Ⅴ族半导体光源相比，二碲化钼与硅集成制备出的器件尺寸更小。

在器件方面，2017 年 3 月，比利时微电子中心（IMEC）成功研制毫米级 896Gb/s 硅光子收发器，朝未来 TB 级互联超紧凑型多通道光纤收发器的实现迈进一大步。该双向 896Gb/s 硅光子收发器将高密度 56Gb/s 锗硅电吸收调制器阵列、锗硅波导探测器和多芯光纤接口集成到了一起。硅光子收发器内包含一个由 16 个锗硅电吸收调制器和 16 个锗硅光电探测器组成的阵列，该阵列的通道间隔为 100μm，阵列排布在单一的硅芯片上实现。锗硅电吸收调制器和锗硅光电探测器都是通过单一的锗硅外延生长工艺制造的，大大简化了硅光子收发器的加工方案。该芯片还集成了光功率分配器，并通过此方式实现了用单一激光源为多个发射通道提供光照。同时还集成了一个由美国 Chiral 光子公司生产的密集光纤光栅耦合器阵列，并与一个减距光线阵列（PROFA）相连接。

在项目方面，2017 年 7 月，欧盟硅光子学供应链开发项目——"光子库与制造技术"（PLAT4M）项目完成，在欧洲建立了硅光子学供应链。该

项目于2012年启动,目标是提高现有硅光子学制造技术,实现从技术研究到商业化生产的无缝过渡。该产业链基于三个特征不同但互补的技术平台,分别来自法国电子信息研究院(CEA-LETI)研究中心、意法半导体公司和IMEC。CEA-LETI研究中心在高电阻率硅衬底上的800nm掩埋氧化物上开发了基于1310nm硅膜的新型硅光子平台及专门用于多项目晶片(MPW)硅片光子技术的3种专业开发套件(PDK),满足O波段收发器和接收机的目标应用。意法半导体公司创建了结合最先进互补金属氧化物(CMOS)制造工具的先进光子纳米级环境,并开展功耗管理、降低光学超额损耗、信号复用和更高波特率器件实现更高数据速率传输等多种研究。比利时微电子研究中心巩固并进一步开发了基于200mm试验线的硅光子技术平台,以支持各种应用和市场的工业原型。

二 未来发展趋势

(一)市场规模持续增长,中国大陆仍领跑全球

对比2014~2017年全球电子元器件产值规模和2014~2020年已有和预期市场需求可以看出,如图3所示,产业规模一直未能有效满足市场需求。未来,在物联网、电子信息产业技术的持续发展下,电子元器件的市场规模将持续增长,预计在2020年达到6650.34亿美元,2017~2020年CAGR达到3.28%。

就地区来看,中国大陆市场规模仍领跑全球,2020年达到2744.8亿美元,2017~2020年CAGR将达到3.71%;美国位居第二,在2020年达到924.31亿美元;马来西亚超越中国大陆成为增速第一的国家,2017~2020年CAGR将达到5.41%,2020年市场规模达到188.17亿美元。中国大陆和韩国分列增速第二和第三位,2017~2020年CAGR将分别达到3.71%和2.59%。除中国大陆加速上涨外,全球主要国家和地区市场规模增长呈现总体平稳上涨的态势,如图4所示。

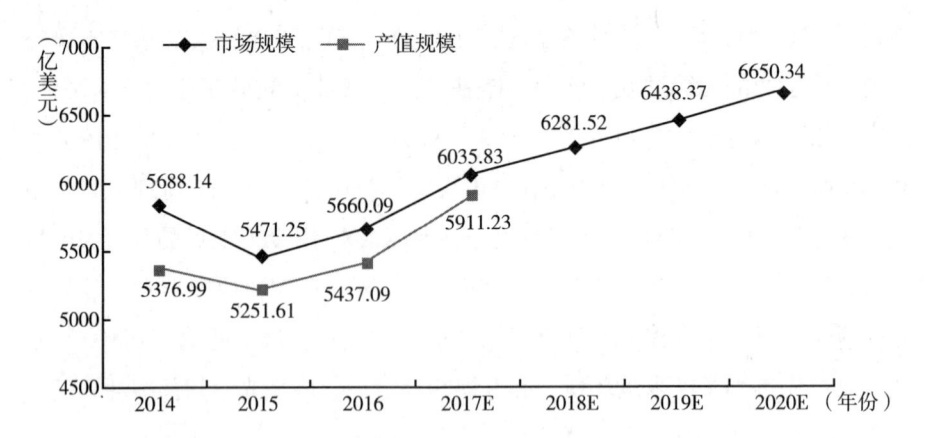

图 3　2014～2020 年全球电子元器件市场和产值规模对比

资料来源：*The Yearbook of World Electronics Data 2017*。

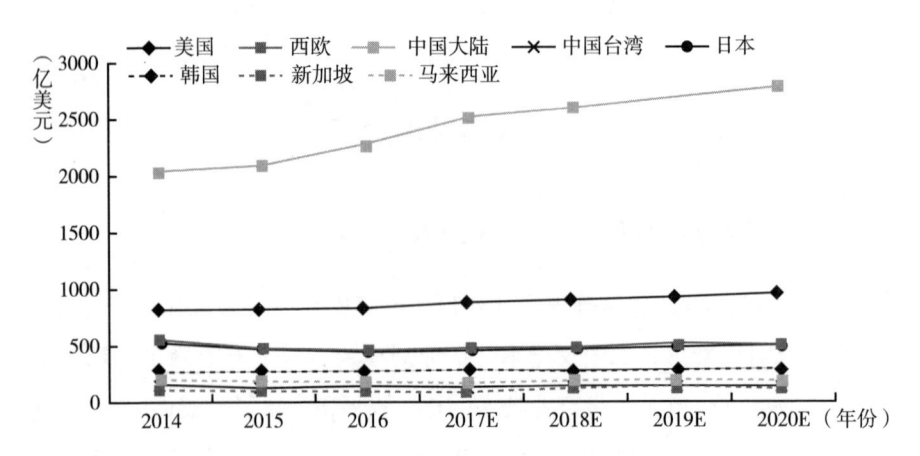

图 4　2014～2020 年全球主要国家和地区电子元器件市场规模

资料来源：*The Yearbook of World Electronics Data 2017*。

表 3　2014～2020 年全球主要国家和地区电子元器件市场规模

单位：亿美元，%

年份	2014	2015	2016	2017E	2018E	2019E	2020E	2017~2020 CAGR
美　　国	798.94	803.13	813.95	862.91	884.16	896.41	924.31	2.32
西　　欧	554.53	477.42	463	469.9	479.87	490.41	499.83	2.08
中国大陆	1997.79	2046.12	2232.92	2460.46	2573.48	2647.21	2744.8	3.71

续表

市场规模	2014	2015	2016	2017E	2018E	2019E	2020E	2017~2020 CAGR
中国台湾	143.05	134.01	127.58	128.45	128.43	126.02	124.5	-1.04
日本	539.06	466.36	482.94	490.57	501.88	510.67	519.89	1.95
韩国	277.25	266.58	259.88	272.13	280.56	286.52	293.85	2.59
新加坡	117.61	106.42	103.8	105.31	107.09	108.1	109.91	1.44
马来西亚	203.01	173.03	165.64	160.67	182	184.14	188.17	5.41
世界总和	5688.14	5471.25	5660.09	6035.83	6281.52	6438.37	6650.34	3.28

资料来源：The Yearbook of World Electronics Data 2017。

（二）宽禁带器件继续受各国重视，市场保持超高速增长

随着技术快速成熟，以氮化镓（GaN）、碳化硅（SiC）为代表的宽禁带半导体在实现更高工作温度、更高功率、更小尺寸、更低成本功率器件方面扮演更重要的角色，在军事、电力、消费类电子等领域得到越来越广泛的应用，市场规模将迅速增长，带动全产业链的发展。

各国持续重视和推动宽禁带器件的发展。2017年4月，美国功率电子产业联盟（PEIC）在美国国家标准和技术研究院先进制造技术协会（NIST AMTech）的资金支持下开展功率电子产业研究并发布报告，指出宽禁带半导体器件是美国重要的竞争优势，要保证美国在该领域的领导地位还需要在宽禁带半导体的技术研发方面开展更多的工作，包括SiC、处于商品化初期的硅基氮化镓（GaN-on-Si）和性能处于探索阶段的GaN，以及氧化镓（Ga_2O_3）、铝镓氮（AlGaN）和金刚石等。2017年8月，美国能源部先期研究计划局（ARPA-E）启动"使用创新的拓扑结构和半导体创造新型可靠电路"（CIRCUITS）项目，投资3000万美元资助21个子项目，通过聚焦新型电路拓扑结构和系统设计，实现宽禁带器件性能的最大化，形成对现有硅功率器件的替代。2017年7月，印度科学研究院也初步获准投资5亿美元建立硅基氮化镓制造厂，满足军事和工业发展需求。

对于碳化硅市场，法国市场研究公司悠乐（Yole）在2017年8月发布

数据，预测碳化硅功率电子器件市场将在2019年出现爆发，2020~2022年CAGR达到40%，2022年市场规模超过10亿美元。电源仍然是碳化硅最大的应用领域，光伏转换器、电动汽车及充电基础设施、轨道交通等都是重要的应用领域。目前碳化硅分立器件仍占市场主导位置，但全碳化硅模块已开始进入市场，并获快速发展。

对于氮化镓市场，悠乐公司在2017年10月发布数据，预测氮化镓功率电子市场将在2017~2022年迎来爆发式增长，CAGR达到84%，产值在2022年底将达到4.5亿美元。GaN器件的最大应用领域为功率电源，激光雷达、电动/混动汽车等将成为GaN应用增长最快的领域。

（三）电子元器件硬件安全担忧凸显，多种安全技术将不断涌现

电子元器件一旦被发现存在硬件漏洞，或遭受硬件攻击，将出现比软件攻击更大的危害，且无法像软件漏洞一样通过补丁或升级的方式来弥补，只能替换，耗时耗力。2017年2月，美国国防科学委员会（DSB）发布了名为《国防科学委员会网络空间供应链特别小组》的报告，指出美国国防电子元器件供应链面临严峻安全形势，不仅有伪冒元器件的大举泛滥，还可能出现软硬件漏洞的植入。

2017年各国继续加强电子元器件硬件安全的研究。美国DARPA分别于2017年4月和2017年11月启动"通过硬件和固件实现系统安全集成"（SSITH）和"配置安全"（ConSec）等项目。SSITH项目目标是设计出直接在硬件架构层级上保障安全的技术，能够保护硬件和电路级不受网络空间入侵者的攻击，而不再仅仅依赖基于软件的安全补丁。ConSec项目目标是提高军事领域可负担和通用商用现货电子器件和子系统的可信计算能力，以及减少网络空间攻击的薄弱环节。美国空军于2017年10月发布"可靠和可信的微电子解决方案"（ATMS）项目公告，保证商业代工厂制造的微电子产品可信、可获和受保护，使更广泛的商用现货电子元器件能够用于军事系统。2017年11月，英国也依托贝尔法斯特女王大学安全信息技术中心（CSIT）成立了新的安全硬件和嵌入式系统研究所（RISE），以改进包括元

器件在内的硬件安全，以及减少可实施网络空间攻击的薄弱环节。

在技术进展方面，2017年3月，法国CEA – LETI研发出"盾牌"技术，可帮助保护芯片不受来自芯片底面由红外激光器、聚焦离子束（FIB）、化学和其他方式实施的侵入式或半侵入式物理攻击，保护内嵌在联网设备、智能卡和其他系统中的芯片，为用户带来更多隐私、人身安全和财产安全保障。10月，美国空军研究实验室研发出嵌入式"迷你加密"（Mini Crypto）模块，可保卫无人机和爆炸军械处理机器人等系统间的通信和数据传输。该"迷你加密"是一个加密引擎，能够自主产生用于会话的"密钥"，设计小而轻，所需功耗与助听器相当，仅有400mW，符合美国国家安全局标准和最高加密标准，可保护最高秘密数据，可嵌入到多种通信设备中，用于保护数据和对通信设备的用户进行认证。未来，在各国的高度重视下，更多新型安全加密技术将不断涌现，以保障电子元器件硬件安全。

参考文献

Defense Science Board, "Task Force on Cyber Supply Chain", https：//insidedefense. com/login-redirect-cookie? destination ＝/sites/insidedefense. com/files/documents/mar2017/0313 2017_ dsb. pdf, February 2017.

"Semiconductor Research Opportunities：An Industry Vision and Guide", https：//www. semiconductors. org/clientuploads/Research_ Technology/SIA% 20SRC% 20Vision% 20Report% 203. 30. 17. pdf. March 30th, 2017.

Beyond Scaling, "An Electronics Resurgence Initiative", https：//www. darpa. mil/news-events/2017 – 06 – 01. June 1st, 2017.

JUMP Research Announcement, https：//www. src. org/compete/s201617/, 2017 – 6 – 19.

Rich Merritt. U. S. Seeks Life After Moore's Law-July events kick off ＄200M DARPA Project, http：//www. eetimes. com/document. asp? doc_ id = 1331974&page_ number = 1. July 5th, 2017.

B.12
2017年消费电子产业发展回顾与展望

梁冬晗*

摘　要： 消费电子是面向个人和家庭消费需求，以提高生活便捷度、舒适感、娱乐性为目标的一类电子产品的总称，是电子信息产业中创新最为活跃、市场竞争最为充分的领域，具备迭代周期快、时尚设计感强等典型特征。当前，全球消费电子市场处于下行态势，增长乏力。消费者的基本使用需求已被满足，产品的创新空间显著减少，技术之争愈演愈烈，传统消费电子行业亟待寻找新的增长点，智能硬件、虚拟现实、可穿戴产品等新兴业态仍需加快培育。

关键词： 消费电子　电视　智能手机　可穿戴设备

　　受贸易前景的不确定性影响，全球消费电子市场依旧处于下行态势，市场增长乏力，部分产品出现下滑局面。智能手机是消费电子产品销售额最大的产品类别，占比接近一半。智能手机由增量市场转为存量市场，市场格局逐渐趋于稳定，中国品牌的市场占有率不断攀升。产品创新空间显著减少，机身薄化、大屏幕、大内存容量、高像素摄像镜头、指纹辨识、大容量电池等都是主流高端智能手机硬件搭载趋势。受上游面板和元器件价格上涨的影响，整个电视市场重返低迷态势，市场从价格竞争回归到价

---

* 梁冬晗，国家工业信息安全发展研究中心（工业和信息化部电子第一研究所）工程师，研究方向：消费电子产业与技术研究。

值竞争。电视显示技术呈现多元化的趋势，OLED、量子点、8K电视、激光电视等大量涌现，电视产品朝着更大、更清晰、更轻薄、画质更出色的方向不断进步。可穿戴设备市场稳健增长，智能手表和健康指数监测是主要增长点。可穿戴设备领域投资较为活跃，交易一直呈上升趋势。各种可穿戴设备的设计更加像传统产品（如手表、眼镜）的同类，使得可穿戴设备需求得到释放。

一 2017年消费电子产业发展态势

（一）消费电子市场依旧下行，智能手机占消费电子产品支出近五成

美元升值及英国"脱欧"等因素将加大全球贸易前景的不确定性，不利于消费电子产品销量增长。全球消费电子市场2017年以来都在出现不同程度的下滑，消费电子核心产品，如PC、平板电脑、智能手机、电视和相机等产品市场增长乏力，甚至出现下滑局面。受智能手机市场挤压，平板电脑和PC市场销量预计下滑6%。据《世界电子数据年鉴2017》（The Yearbook of World Electronics Data 2017）统计，2017年，消费电子产品产值预计为1061.37亿美元，比2016年的1062.67亿美元微幅下滑0.12%。从市场情况来看，2017年，消费电子产品销售额为1012.68亿美元，同比下降1.56%。据美国消费技术协会数据，从产品类别看，2017年智能手机消费额将达4320亿美元，占全球消费电子产品支出的47%。其中，新兴市场智能手机消费额占全球的近60%；电脑产品（平板电脑、便携式电脑和台式电脑）的销量2017年将下降6%至3.8亿台；平板电脑销量预计降至1.36亿台，同比下滑10.3%。

（二）智能手机由增量市场转为存量市场，创新空间显著减少

智能手机由增量市场转为存量市场，市场格局逐渐趋于稳定。据

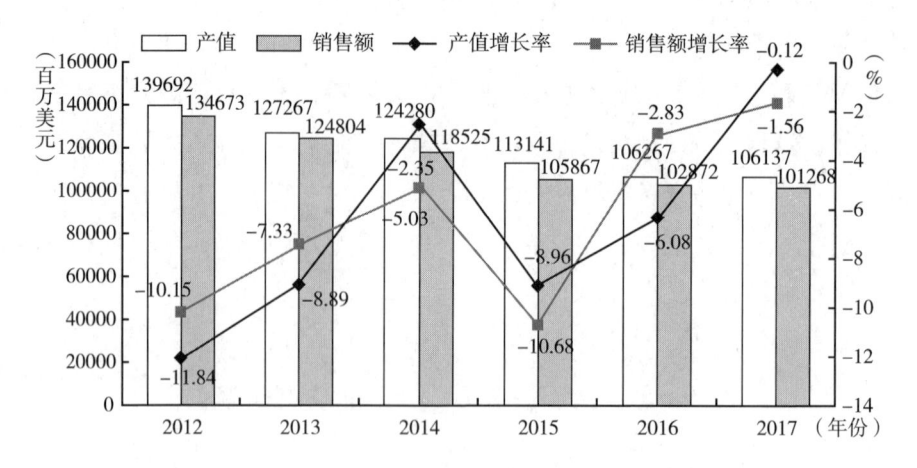

图1 2012~2017年消费电子产品产值与销售情况

注：2017年为预测值。消费电子产业涵盖音视频设备、个人消费电子、彩电、数码相机、DVD等产品。

资料来源：The Yearbook of World Electronics Data 2017。

Trendforce预计，2017年全球智能手机产量将达14.6亿部，同比增长7.35%。位列前三名的品牌是三星、苹果和华为，产量分别为3.22亿部、2.16亿部和1.52亿部，市场占有率分别达22.1%、14.8%和10.4%。中国智能手机品牌表现突出。华为、OPPO、VIVO和小米合计占全球市场份额达31.6%。据IDC数据预计，2017年智能手机的平均售价将增长7%以上，这要归功于三星Galaxy Note 8、苹果iPhone周年纪念版、全新的Google Pixel和Essential手机等新品上市。5.5英寸以上屏幕的设备增长将超过34%。OLED面板日益受到智能手机行业的青睐，预计2017年OLED在整体智能手机市场的搭载率达到28%。18∶9全面屏推广迅速，在智能手机市场的渗透率达到9.6%。

智能手机产品的创新空间显著减少，机身薄化、大屏幕、大内存容量、高像素摄像镜头、指纹辨识、大容量电池等都是主流高端智能手机硬件搭载趋势。迭代产品的突破点主要在更精致的外观、双摄像头的技术以及更智能的语音助手和应用系统。此外，快充技术和无线充电技术不断成熟，更高的防护等级，VR、AR的适配成为2017年的新趋势。综观2017年各大智能手机品牌搭载的新技术,苹果在新机 iPhone X 上运用了人脸识别和无线充电等技术;华为率先发布了全球首款人工智能手机芯片——麒麟970,并用于 Mate10 上;三星 Note 7 搭载虹膜识别技术;LG 也正在研发虹膜识别技术;诺基亚申请可折叠屏幕手机的专利;华硕推出 AR 手机。

(三)电视市场重返低迷态势,显示技术成为厂商竞争焦点

受上游面板和元器件价格上涨的影响,主打价格战的互联网电视丧失了价格优势,呈现疲软态势,整个电视市场重返低迷态势。据 WitsView 统计,2017 年全球电视出货量约为 2.1 亿台,同比减少 4.2%。从品牌出货量来看,三星电子和 LG 电子出货量依然位居前两名,2017 年前三季度,二者合计出货量达 4945 万台,占全球市场份额达 33.8%。据 CTA 预计,4K UHD 电视是电视机行业增长最快的部分之一,2017 年 4K 超高清电视销量将达到 1670 万台(同比增长 59%),将创造 146 亿美元的收入(同比增长 45%)。

电视市场从价格竞争回归到价值竞争。全球彩电业技术之争愈演愈烈,显示技术呈现出多元化的趋势,包括 OLED、量子点、8K 电视、激光电视、壁纸电视等在高端市场大量涌现,电视产品朝着更大、更清晰、更轻薄、画质更出色的方向不断进步。

OLED 电视渗透率稳步提升。以韩国 LG 电子、日本索尼和中国创维为代表的企业不断发力于探索 OLED 显示技术,让 OLED 电视快速实现市场化。OLED 市场正逐渐形成完整的产业链。荷兰的飞利浦、德国的美兹、丹麦的 Bang & Olufsen,以及日本的松下、索尼等国外家电巨头也纷纷研发和推出 OLED 电视产品。根据 Digitimes 数据,预计 OLED 电视全球出货量将达 200 万台,同比翻番。

量子点技术关注度日益增加。以韩国三星电子和中国 TCL 为代表的企业将量子点技术应用于彩电领域。苹果公司也积极投入量子点应用相关专利研发,从近期量子点相关专利的获得情况来看,苹果公司正积极研究量子点技术导入消费电子产品的可能性,将量子点技术作为强化显示效果的关键技术。量子点广色域技术产品的研发日益受到重视,加速了材料和产业链的发

展，三星斥资 7000 万美元收购了美国量子点材料公司 QDVision，同时三星还是拥有超过 300 项量子点技术专利的德国 Nanosys 公司的主要投资人。

（四）可穿戴设备市场稳健增长，智能手表和健身监测是主要增长点

可穿戴设备市场正随着智能手表、健身追踪设备以及其他一系列产品，从初期概念阶段演进为更加成熟的产品类别而加速发展，每年都有大量可穿戴新产品问世，从运动手环、智能手表到各种基于虚拟现实、增强现实技术的头戴设备。可穿戴设备领域投资较为活跃，交易一直呈上升趋势。据 CB Insights 预计，2017 年，可穿戴设备领域将实现 150 宗交易，投资额约为 6.28 亿美元。

受益于智能手表添加了蜂窝通信功能，以及各种可穿戴设备的设计更加像传统产品（如手表、眼镜等）的"同类"，而不是作为一种电子设备形态出现，例如大量传统手表厂商参与到智能手表市场中，研发的智能手表在外观上看起来与传统机械表无异，可穿戴设备需求得到释放。据 Gartner 预计，2017 年全球可穿戴设备销量将达 3.1037 亿台，同比增长 16.7%；销售额将达 305 亿美元，同比增长 17%。其中，全球智能手表销量将达到 4150 万件，同比增长 19.3%，销售额将达 93 亿美元；头戴显示器销量将达 2201 万台，同比增长 36.8%；穿戴式摄像机销量将达 105 万台，同比增长 517.6%；蓝牙耳机销量将达 1.5 亿支，同比增长 16.7%；智能手环销量将达 4410 万支，同比增长 26.1%；运动手表将达 2143 万件，同比增长 9.1%；其他健身监测器将达 3028 万台，同比增长 0.5%。

二 未来发展趋势

（一）全球贸易前景不确定，消费电子领域增长依然乏力

全球经济增长势头受诸多因素的制约和负面影响，如经济发展失衡严

重、贸易保护主义蔓延、石油等（刚需）日用品价格上涨、各国通胀压力加大和全球利率普遍上调等因素，增加了全球贸易前景的不确定性，导致消费环境不利于消费电子需求增长。预计2020年消费电子产品销售额将实现979.93亿美元，较2016年下滑4.74%，降幅有所收窄。中国、印度等亚洲新兴市场在消费电子领域仍然存在巨大潜力。

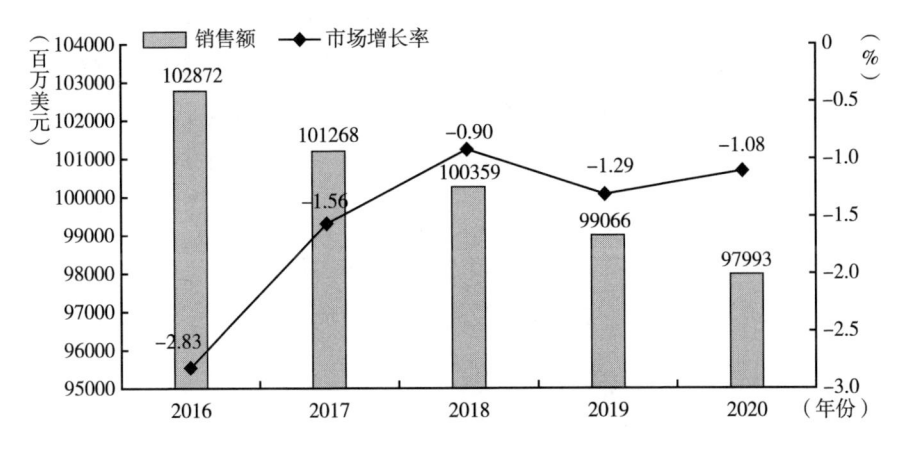

图2 2016~2020年世界消费电子产业销售额变化趋势

注：2017~2020年为预测值。
资料来源：*The Yearbook of World Electronics Data 2017*。

（二）智能手机市场将持续增长，中国品牌市场地位更加稳固

全球智能手机市场将持续增长，IDC的数据显示，至2021年年均复合增长率约为3.3%。2018年全球智能手机普及率将达66%，全球五个国家和地区的智能手机普及率将超过九成，分别是荷兰（94%）、中国台湾（93%）、中国香港（92%）、挪威（91%）和爱尔兰（91%）。

智能手机市场格局将被改写。三星电子在高端市场受苹果挤压，在中低端市场受中国手机品牌围剿，市场占有率下滑。据Strategy Analytic公司预测，2018年三星智能手机的出货量约为3.15亿部，市场占有率将会下降到19.2%。中国的华为、小米、VIVO以及OPPO等手机厂商的市场地位将愈加稳固。

（三）彩电将恢复增长趋势，大屏高端彩电需求激增

随着各大液晶面板厂产能陆续释放，面板供应紧张局面得到改善，面板价格进入回落区间，预计2018年电视市场进入调整期，世界杯、冬奥会都会引发彩电换机潮，电视市场将恢复增长趋势。4K、曲面、超薄产品在未来仍是市场的主流产品。消费能力的提升推动消费结构升级，大屏高端彩电的需求量正在激增。越来越多的8K产品开始出现，目前各面板厂商在产或在研中的8K面板产品多达40余款，尺寸范围从65寸覆盖到110寸，显示了市场对于8K面板产品前景的乐观态度。2017年人工智能初见成效，带有人工智能功能的电视将进入市场。

OLED、量子点、激光电视未来几年将出现大幅度增长。随着越来越多的电视品牌进入OLED电视市场，目前包括LG显示、索尼在内的13家电视厂商推出了OLED电视，加上显示器良品率提升，预计2018年OLED电视在高端电视市场的出货量有望持续翻番。据IHS预计，到2020年OLED电视出货量将达到520万台，份额约为2.1%，销售收入将达到64亿美元，市场份额约为7.4%。量子点电视在三星、TCL、海信等厂商的大力推动下，未来增长潜力巨大。NPD DisplaySearch的数据显示，到2020年全球量子点市场规模将达到25亿美元。激光电视将占领超大尺寸市场，据奥维云网数据，预计到2020年，激光电视销量23.2万台，年复合增长率达51%，销售额43.1亿美元，年复合增长率达27%。

（四）可穿戴设备市场前景广阔，智能手表市场规模不断扩大

随着社会经济的发展和大数据时代的到来，以及传感器、柔性电子、太阳能电池等技术的不断改进，可穿戴设备应用范围将越来越广泛，市场前景广阔。医疗保健和健康被视为可穿戴设备在下一个阶段的主要驱动力。可穿戴设备公司不仅关注健身和活动跟踪领域，还针对慢性病进行健康管理，如糖尿病和心脏问题。随着AI、VR、AR等技术的逐渐普及，可穿戴智能设备在生物识别、安全和数字支付等领域也将扮演越来越重要的角色。

智能手表将成为最大的可穿戴设备类别，紧跟其后的是健身追踪器和身体传感器。据 Gartner 预计，到 2021 年，全球可穿戴设备销量将达 5.05 亿台，其中智能手表销售量将接近 8100 万支，占整个可穿戴设备市场的 16%；到 2021 年，全球可穿戴设备的销售收入将达到 550 亿美元，其中智能手表销售收入将高达 174 亿美元，是所有可穿戴设备中最具潜力的类别之一。儿童智能手表将成为增幅最明显的产品，在 2021 年将占整个市场的 30%。

参考文献

中国财经，http：//finance.china.com.cn/roll/20170222/4107785.shtml。
中文互联网数据资讯中心，http：//www.199it.com/archives/627179.html。
豆豆头条，https：//www.ddvip.com/weixin/20170707A064V800.html。

B.13
2017年通信产业发展回顾与展望

王慧娴*

摘　要： 2017年全球通信产业保持平稳增长态势，产值及市场规模较上年均有所提升。欧美厂商发展呈现疲软态势，中国通信企业快速发展。全球LTE网络的建设进程持续加快，商用网络数量大幅增加。通信技术不断取得新突破，带动了行业的全面发展。未来三到五年，通信技术将继续快速演进，相关应用持续拓展，产业总体规模也将稳定增长。

关键词： 5G　光通信　通信产业

2017年，全球通信产业保持平稳增长态势，总体产值与市场规模均较2016年实现提升。其中，欧美通信企业销售情况不佳、利润大幅下滑，中国通信企业发展势头良好。在LTE网络建设方面，全球相关进程持续加快，2017年11月全球移动供应商联盟（GSA）发布的数据预计，到2017年底，全球将有680~700张LTE网络实现商用。与此同时，第五代移动通信（5G）、光通信等技术不断取得新突破，引领了行业更多的创新与变革。

预计未来通信产业将呈现以下三大特点：一是受到全球人工智能、大数据及物联网高速发展的带动，行业将实现持续增长；二是在网络传输速率及容量需求大幅增长的带动下，通信技术将持续快速演进；三是5G、智能

---

*　王慧娴，国家工业信息安全发展研究中心（工业和信息化部电子第一研究所）工程师，研究方向：通信技术与产业研究。

传感器、虚拟现实（VR）、射频识别（RFID）、近场通信（NFC）等技术的日趋成熟，有望推动通信产品应用的持续延伸。

一 2017年通信设备产业发展态势

（一）产业持续快速增长，市场规模不断扩大

全球通信设备市场在2017年保持扩张态势，打造了促进产业发展的优良环境。《世界电子数据年鉴2017》的数据预计，2017年全球无线通信与雷达设备的市场规模将达到3184.14亿美元，同比增长1.6%；电信设备的市场规模将达到806.38亿美元，同比增长2.0%。

表1 2014~2017年世界通信产品市场情况

单位：亿美元

年份	2014	2015	2016	2017
无线通信与雷达设备	3230.06	3134.99	3134.33	3184.14
电信设备	837.57	786.22	790.91	806.38
总计	4067.63	3921.21	3925.24	3990.52

注：2017年数值为预测。

资料来源：The Yearbook of World Electronics Data 2017。

从产品的产值情况分析，2017年全球无线通信与雷达设备的产值将为3823.12亿美元，较2016年增长3.1%；电信设备产值达到784.16亿美元，较2016年同比增长2.8%，如表2所示。

表2 2014~2017年全球通信产品产值情况

单位：亿美元

年份	2014	2015	2016	2017
无线通信与雷达设备	3663.59	3675.40	3708.05	3823.12
电信设备	764.20	738.65	762.79	784.16
总计	4427.79	4414.05	4470.84	4607.28

注：2017年数值为预测。

资料来源：The Yearbook of World Electronics Data 2017。

（二）欧美企业呈现疲软态势，中国厂商势头良好

2017年欧美通信设备厂商的发展呈现疲软态势，销售额及利润均大幅下滑，中国通信企业则快速发展，营业收入及利润均实现增长。

欧洲通信设备厂商方面，爱立信公布的财报显示，受市场经济环境不佳、企业处于转型周期等因素影响，爱立信2017年前三季度销售额为1441亿瑞典克朗，较上年同期降低8.5%；与此同时，在大规模4G网络部署后市场趋于平稳，2017年前三季度爱立信净亏损163亿瑞典克朗，较上年同期17亿瑞典克朗的净利润同比转亏，这也是爱立信自2016年第三季度首次出现亏损以来连续五个季度出现亏损。而诺基亚发布的2017年第三季度业绩报告显示，受通信设备业务下滑的影响，其于2017年第三季度实现销售额55亿欧元，同比下降7%，净亏损为1.9亿欧元，较上年同期的净亏损1.19亿欧元增长60%。

美国通信设备厂商方面，受制于业绩的疲软以及转型的步伐缓慢，思科公司的业绩呈现下滑态势。思科发布的2017财年全年业绩报告显示，2017财年公司实现净销售480亿美元，较2016财年的492亿美元下降2.4%，实现净利润96亿美元，较2016财年的107亿美元下降10.3%。

中国企业方面，全球最大的通信设备生产商华为公司，2017年上半年实现销售收入2831亿元人民币，较上年增长15%，营业利润率约11%。中兴通讯凭借对海外市场的持续拓展，实现营业收入和利润的双提升。中兴通讯公布的财报显示，2017年上半年，公司实现营业收入540.11亿元人民币，同比增长13.09%；实现营业利润32.94亿元，同比增长564.83%；实现净利润22.94亿元，同比增长29.85%。

（三）LTE商用持续较快布局，运营商力推5G发展

2017年，全球LTE商用部署范围持续扩大。GSA发布的统计数据显示，截至2017年9月底，全球已经有644张LTE网络在200个国家实现商用。GSA预计到2017年底，全球将有680~700张LTE网络实现商用，如图1所示。

2017年通信产业发展回顾与展望

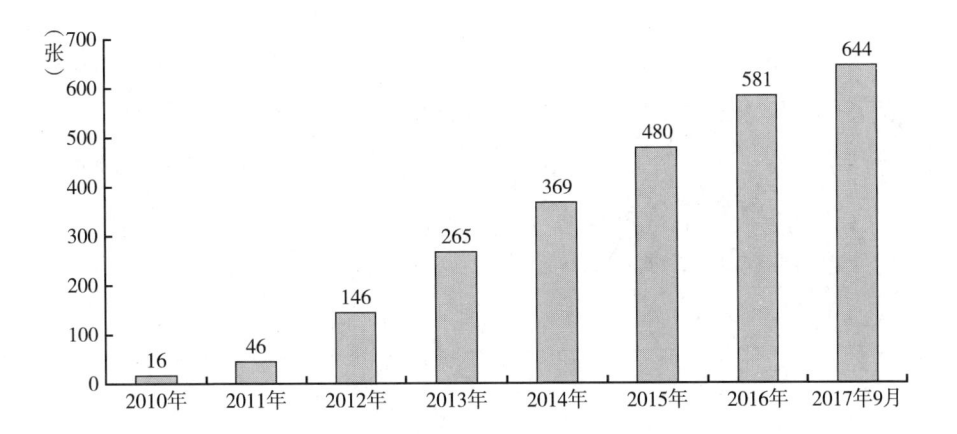

图1 2010年至2017年9月全球LTE网络数量

年份	数量（张）
2010年	16
2011年	46
2012年	146
2013年	265
2014年	369
2015年	480
2016年	581
2017年9月	644

资料来源：*Global Mobile Suppliers Association*。

在LTE商用网络快速布局的同时，5G的发展日新月异。GSA发布的数据显示，截至2017年9月初，全球已有42个国家的81家运营商开展了5G相关的测试和试验。这些测试和试验主要涉及5G关键技术，如网络切片技术、大规模多输入多输出（MIMO）技术、复杂波束赋形技术、边缘计算技术等。与此同时，更多的运营商开始公布明确的5G或pre-5G商用时间表，如俄罗斯MTS宣布将于2018年世界杯期间在莫斯科提供5G服务；韩国KT宣布将于2018年在平昌冬奥会推出5G的外场试验，并计划在2019年实现正式商用；日本KDDI、软银和NTT DoCoMo都计划在2020年实施5G商业部署；美国T-Mobile和Sprint均计划在2019年实施5G商业部署；Telefonica将于2020年或2021年在英国开始提供5G服务，德国和西班牙的服务也会随后开展。

（四）通信技术持续发展，迎来更多创新与变革

2017年通信技术不断取得新突破，带动行业全面提升。在智能手机领域，OLED屏幕与人工智能逐渐成为各大厂商聚焦重点。三星公司2017年发布的S8系列和Note 8均搭载OLED面板，利用材料优势，可实现弯曲屏

幕、裸眼3D屏幕、屏内指纹识别等功能，同时，还具有虹膜识别、防尘防水等功能及全新的 Bixby 人工智能助手。苹果公司 2017 年推出的 iPhone X 搭载了最新的 A11 仿生芯片，拥有一个每秒运算次数最高可达 6000 亿次的神经网络引擎，中央处理器的四个能效核心速度较 A10 Fusion 最高提升 70%。华为公司 2017 年发布的 Mate 10 以及 Mate 10 Pro 采用华为首款人工智能处理器麒麟 970，麒麟 970 芯片采用 10nm 工艺制程，其最大的特征是内置独立神经网络单元（NPU），专门处理海量 AI 数据。此外，麒麟 970 采用了 HiAI 移动计算架构，在处理同样的 AI 应用任务时，新的异构计算架构能够提高 25 倍的 CPU 性能和 50 倍的能耗表现。

在 5G 领域，2017 年爱立信、华为、中兴通讯等厂商积极开展相关研究与测试试验，取得了良好成效。爱立信与西班牙运营商 Orange 在室外环境中完成了 5G 测试试验，使用一个重达 300 公斤的基站，以及多用户 MIMO（MU-MIMO）和波束形成技术来模拟街道上的客户体验，该测试成功实现了 12Gbps 到 17Gbps 级别的传输速率。华为公司与日本电信公司 NTT DoCoMo 合作开发了全球首个 4.5GHz 系统，也是全球首个针对超可靠低延迟通信（URLLC）的 5G 移动技术的室外测试试验，测试的数据包传输成功率超过了 99.999%，实现了小于 1ms 的空中延迟。中兴通讯与日本电信运营商软银在日本长崎的商用网络上，通过使用预标准的 5G TDD 大规模 MIMO 技术成功验证了 24 流的空分复用技术（24-stream space division multiplexing technology）。

在光通信领域，100G 产品已经普及为市场主流，400G/600G 成为厂商新的关注焦点。2017 年 3 月，NeoPhotonics 公司展示其 400G 及更高速率的可插拔相干 CFP2-ACO 模块，产品隶属 ClearLight CFP2-ACO 平台，可以帮助数据中心实现 200G/400G/600G 跨城域传输互联。2017 年 9 月，Oclaro 公司推出了针对 400G/600G 光子集成的相干发射器 ICT 和内差相干接收器 ICR，这些高性能的器件可以支持多种速率，支持从 DCI 到超长距离传输各种应用。与此同时，SiFotonics 公司正式发布其基于硅光集成技术的 100G/200G 相干接收器（Micro-ICR），此款产品可满足高速增长的骨干网、城域网、DCI 市场 100G/200G DWDM 端口对小尺寸、低成本、高性能器件的需求，其 400GICR 芯片也已全面就绪，将满足 400G/600G DCI 市场应用的需求。

二 未来发展趋势

（一）行业保持平稳增长

伴随着物联网、大数据、人工智能的普及和发展，传统通信行业逐渐向综合信息服务业转型升级的趋势将进一步明显，全球下一代移动通信网络建设的步伐将继续加快，5G 商用网络有望在未来 3~5 年内开展广泛部署。届时，全球 5G 网络的覆盖率有望快速提升，5G 终端市场也将出现强劲的爆发。在相关趋势的带动下，预计未来通信行业将继续保持平稳增长。《世界电子数据年鉴 2017》的数据显示，到 2020 年全球通信市场规模有望达到 4335.29 亿美元，如图 2 所示。

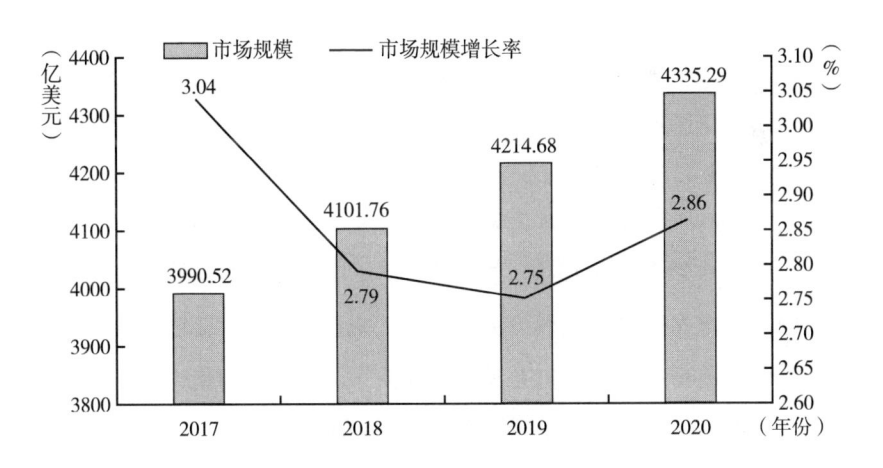

图 2 2017~2020 年通信行业市场情况

注：2017 年数值为预测。
资料来源：*The Yearbook of World Electronics Data 2017*。

（二）技术创新持续加快

随着网络传输速率及容量需求的大幅提升，通信技术也将继续快速发展与演进。比如，在光通信方面，受到用户未来多样化需求的带动，100G系统将很难满足数据流量的快速发展规模，超100Gb/s技术将逐渐发展普及，可以预见的1~2年内Pbit多芯空分复用以及光子轨道角动量复用将成为研究热点，高级正交幅度调制、相干接收、数字信号处理、多载波技术和光电集成工艺等新技术将逐步引入、普及并持续优化，不断提升光传输性能，降低光传输成本，相关产品也有望在性能、体积、功耗等方面持续改进和优化，规模化商业应用的速度也将进一步加快。再如，在移动通信领域，当前的5G技术仍处于发展初期，以测试研究为主，未来5G的相关核心技术将实现全面突破，特别是在大规模阵列天线技术、高频段传输技术、极密集网路技术等核心领域，全球的各大通信设备厂商、相关研究机构及行业组织都有望取得一批突破性研究成果。

（三）相关应用持续拓展

持续的创新将进一步推动通信产业纵向耦合与横向融合的进程。未来的通信网络将支持更加广泛的覆盖，提供不受制于时间、地点的接入，并实现多业务系统的并行支持。与此同时，现有的系统将实现空口接入的优化、协议栈与流程的适应性修改以及接入架构的扩展等，从而高效支持机器对机器（M2M）、公众保护与救灾通信（PPDR）以及三维地图（D2D）等领域的规模化应用。随着MEMS传感器、人工智能、VR等技术的日趋成熟，智能硬件的应用也将逐步扩展，并向更多领域延伸渗透，从而打造出前所未有的新型化智能硬件产品，如将高性能计算和5G通信等技术融合，应用于日常生活中，向可穿戴、智能化等方向延伸。通信网络也将在智能硬件应用的带动下，孕育新一轮的创新与变革。移动教育、移动医疗、移动工业、移动生活等将逐渐普及，通信行业与传统产业的融合随之进一步深入。新技术、新产业、新业态、新模式、新应用、新产品和新生态也将不断涌现。

参考文献

Reed Electronics Research，*The Yearbook of World Electronics Data 2017*，2017.
爱立信2017年Q3财报，2017年10月。
诺基亚2017年Q3财报，2017年10月。
思科2017财年全年业绩报告，2017年8月。
华为公司2017年上半年业绩报告，2017年7月。
中兴通讯2017年半年度财务报告，2017年8月。
汪卫国：《全球运营商移动宽带网络发展进展》，2017年11月28日。

B.14
2017年计算机及网络产业发展回顾与展望

崔学民[*]

摘　要： 2017年全球PC市场出货量再创新低，服务器市场则出现回暖迹象，受人工智能等因素影响，整个计算机行业有望进入低速增长阶段。中国在高性能计算领域成果显著，绿色环保将成为超级计算机领域的重要衡量指标。受云服务、大数据等影响，以太网设备市场持续稳定增长。

关键词： 计算机　服务器　高性能计算　交换机　路由器

2017年，计算机行业整体仍处在调整期，PC市场持续低迷，预计全年出货量仅为2.63亿台，是近几年出货量最低的一年；在中国市场的带动下，服务器市场出现回暖迹象，x86架构设备在市场上仍占有绝对优势；高性能计算技术增速稳定，神威太湖之光为中国赢得了全球超级计算机500强排行榜的十连冠；受工业互联网、大数据、云计算、物联网等快速发展的影响，以太网交换机与路由器市场稳步增长。

一　2017年计算机产业发展态势

（一）PC行业持续低迷，出货量继续向大厂集中

2017年，全球PC市场持续下滑。截至2017年第三季度，由于组件短

---

[*] 崔学民，国家工业信息安全发展研究中心（工业和信息化部电子第一研究所）高级工程师，研究方向：计算机与网络。

缺导致价格上涨等原因,整个 PC 市场出货量呈现低迷态势。研究机构 Gartner 预计,2017 年全球 PC 出货量将从 2016 年的 2.70 亿台降至 2.63 亿台。不过,随着越来越多的公司升级至搭载 Windows 10 系统的 PC,整个 PC 市场有望在 2018 年恢复增长态势。

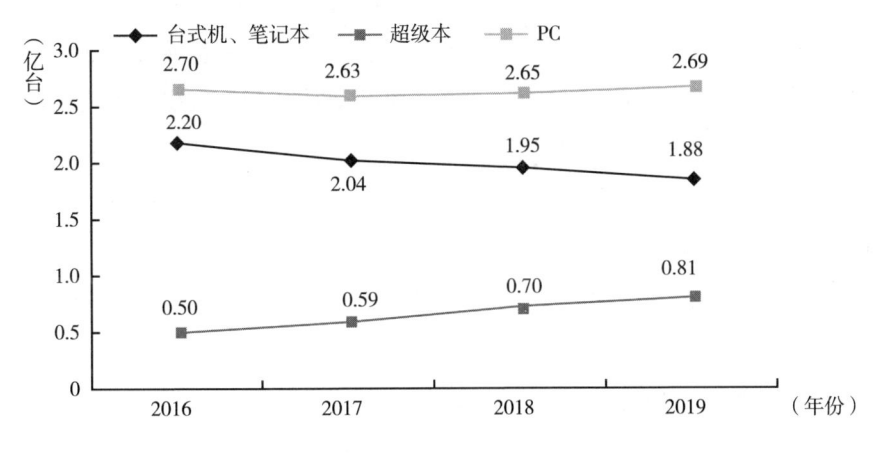

图 1　全球 PC 产品出货量统计与预测

注:2017～2019 年为预测数据。
资料来源:根据 Gartner 统计数据整理,2017 年 10 月。

PC 市场持续向大厂集中的现象更加明显。前六大厂商(惠普、联想、戴尔、华硕、苹果、宏碁)的 PC 出货量在 2017 年第三季度达到了全球总出货量的 84%,创下历史新高,而这一数字在 2016 年同期为 78%。惠普超过联想成为全球最大的 PC 厂商,2017 年第三季度其出货量占全球 PC 市场的 21.8% 以上,联想以 21.4% 的占比紧随其后。

Windows 仍是 PC 市场的主流操作系统,研究机构 Net Applications 2017 年 12 月的统计数据显示,Windows 操作系统占据着 PC 市场 88.39% 的份额,比上年同期的 90.89% 略有下降,苹果 Mac 操作系统的市场份额为由上年同期的 7.50% 增至 9.05%。从具体操作系统的版本看,年初 Windows 7 的市场份额为 45.75%,11 月底则降至 43.12%,年初 Windows 10 的市场份额为 24.19%,11 月底则增至 31.95%,Windows 10 的这一增长趋势仍将持续。

（二）服务器行业回暖，中国市场增速明显

2017年，全球服务器市场出现回暖迹象。受全球范围内市场需求不振的影响，2017年第一季度市场仍是下滑态势，出货量为260.2万台，同比下滑4.14%，中国市场的需求仍较稳定，全年共出货57.9万台，销售额达到23.2亿美元。进入第二季度，受数据中心升级改造与扩建等影响，世界各地市场均表现出不同程度的增长，收入同比增长2.8%，出货量则同比增长2.4%。第三季度，虽然各地区市场增长情况不同，但云基础设施的扩建等推动了全球整体出货量和收入的持续增长，收入同比增长16%，出货量则同比增长5.1%。

惠普与戴尔仍是全球最大的两个服务器厂商，其市场份额均超过21%，IBM在大型服务器市场仍占有非常重要的位置，浪潮则保持超过100%的增速，成为市场增速最快的厂商。

整个服务器市场的收入仍然主要来自x86市场。2017年前三季度，x86服务器的出货量和收入继续保持增长，其中第三季度分别增长了5.3%和16.7%。RISC/Itanium Unix服务器市场处于下滑阶段。大型服务器市场在上半年持续下滑，进入第三季度后，整个市场的收入同比增长了54.5%。

（三）高性能计算能力稳定增长，中国实现十连冠

全球高性能计算能力持续大幅增长。在2017年11月发布的全球超级计算机500强排行榜中，上榜的超级计算机总的计算能力达到了每秒845千万亿次，同比增长了25.7%。

由国家并行计算机工程技术研究中心研制、位于国家超算无锡中心的神威太湖之光第四次居于全球超级计算机500强排行榜首位，实现了中国超算在500强的十连冠，其峰值性能达到了每秒125.43千万亿次，持续性能为每秒93.01千万亿次。

表1 超级计算机500强排行榜前十名

单位：个，万亿次/秒

排名	名称	安装地点	制造商	处理器数	运算速度
1	神威太湖之光	国家超算无锡中心,中国江苏	国家并行计算机工程技术研究中心	10649600	93014.59
2	天河二号	国家超算中心,中国广州	国防科学技术大学	3120000	33862.7
3	Piz Daint	国家计算中心,瑞士	克雷	361760	19590
4	Gyoukou	横滨研究院,日本	ExaScaler/PEZY	19860000	19135.8
5	泰坦(Titan)	橡树岭实验室,美国能源部	克雷	560640	17590
6	红杉(Sequoia)	劳伦斯－利弗莫尔国家实验室,美国	IBM	1572864	17173.224
7	Trinity	美国能源部	克雷	979968	14137.3
8	Cori	国家能源研究科学计算中心,美国	克雷	622336	14014.7
9	Oakforest-PACS	东京大学高性能计算联合中心(JCAHPC),日本	富士通	556104	13554.6
10	京(K)	理化高级研究所(AICS),日本神户	富士通	705024	10510

资料来源：http://www.top500.org,2017年11月。

中国进入超级计算机500强的数量大幅增加，在11月的榜单中，中国以202套超过美国的143套排名第一，而在6月的排行榜中，美国有169套超算入围，而当时中国仅有160套入围。排在第三到第六位的依次是日本、德国、法国和英国，上榜数量分别为35套、20套、18套和15套。

英特尔处理器在排行榜中仍占有绝对优势，500强中使用了英特尔处理器的个数由上年同期的462套增至471套，使用了IBM处理器的个数由上年同期的22套降至15套，使用了AMD处理器的个数由上年的7套降至5套，使用了Sparc处理器的有7套，还有两套使用了神威处理器。值得注意的是，本次500强中全部使用了Linux操作系统。采用加速器/协处理器技术的系统有102套，其中86套使用NVIDIA GPU，12套使用英特尔Xeon Phi协处理器技术，5套使用PEZY计算加速器，不过，其中有两

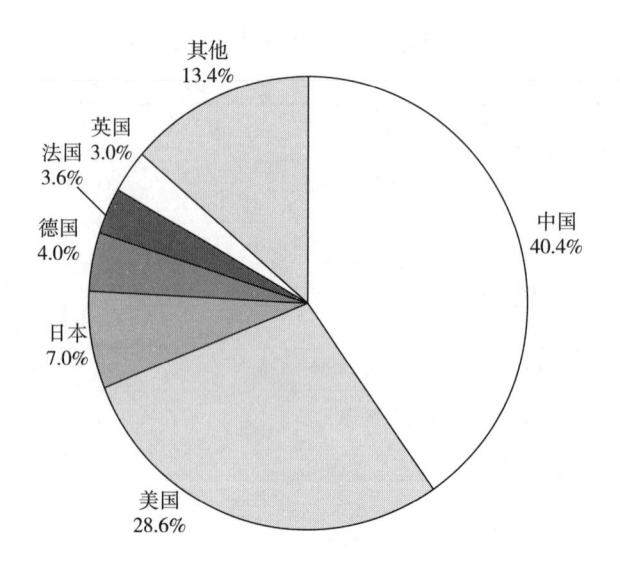

图 2　全球超级计算机 500 强的国家与地区装机数量分布

资料来源：http：//www.top500.org，2017 年 11 月。

套系统组合使用了 NVIDIA GPU 和英特尔 Xeon Phi 处理器，另有 14 套系统使用 Xeon Phi 芯片作为主处理单元。

网络连接方面，本次 500 强中使用 10G 以太网的有 204 套，使用 InfiniBand 技术的系统有 163 套，使用英特尔 Omni-Path 技术的是 35 套，使用 25G/40G/100G 以太网的有 23 套。

惠普共有 122 套系统，相比上年同期的 140 套再次下降，但仍是 500 强中最大的供应商；联想从上年同期的 96 套降至 84 套，排名第二；浪潮以 56 套排名第三；克雷则由上年同期的 56 套降至 53 套，排名第四；曙光有 51 套。

与超级计算机 500 强同时发布的还有绿色 500 强，世界各国更加重视超级计算机的能耗与环保，在这一领域，日本的成绩较为突出。2017 年 11 月，在绿色 500 强中排名前三位的系统均部署在日本，分别是 Shoubu system B、Suiren2 和 Sakura，均由日本 ExaScaler/PEZY 公司建造，前十位中有八套都来自日本。另外，在超级计算机 500 强中第四名的 Gyoukou 在绿色 500 强中排第四位。

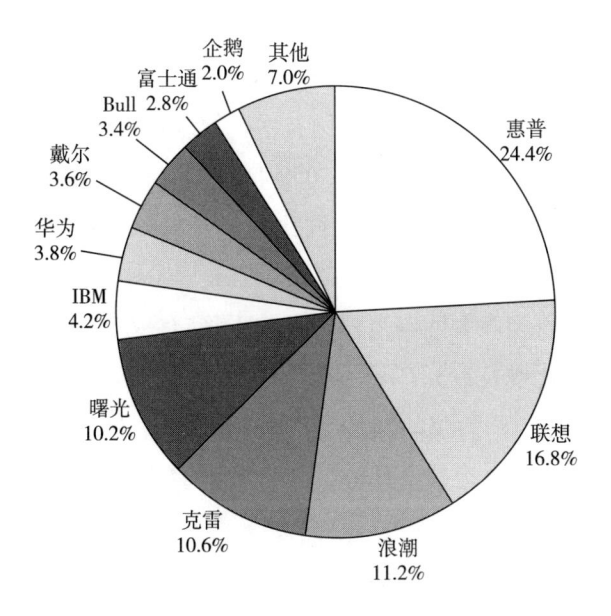

图 3 全球超级计算机 500 强的供应商分布

资料来源：http://www.top500.org，2017 年 11 月。

（四）市场需求持续增长，以太网设备市场增速稳定

在大数据、工业互联网、云计算等技术与相关产业的推动下，以太网设备市场仍然需求旺盛。市场研究机构 IDC 的数据显示，2017 年，全球 2~3 层以太网交换机市场增速稳定，前三季度的销售收入分别达到了 56.6 亿美元、64.3 亿美元和 67.5 亿美元，同比增长分别为 3.3%、7.8% 和 9.4%。

100Gb 以太网设备已经成为大型云服务商和大型企业等的采购重点。2017 年第三季度，100Gb 以太网交换机的出货量达到了近 120 万个端口，销售收入为 6.08 亿美元，占市场总收入的 9.0%，高于 2016 年同期的 3.6%。25Gb/50Gb 以太网交换机产品也开始获得推动，并且在 2017 年第三季度出货量超过 75 万个端口，销售收入达到 8500 万美元。25Gb、50Gb、100Gb 设备市场的增长对 40Gb 部分产生了负面影响，第三季度

40Gb 出货量同比下降 36.7%，收入同比下降 20.0%。另外，10Gb 交换机出货量同比增长 49.6%，收入同比增长 5.2%；1Gb 交换机作为企业与产业园区和分支机构部署的主要连网技术，继续占据以太网交换市场的大部分份额，三季度的出货量达到 1.059 亿端口，同比增长 10.6%，占三季度全部端口的 66.6%，销售收入同比增长 2.4%，占三季度全部端口的 42.6%。

2017 年前三季度以太网路由器市场基本稳定，第一季度的销售收入为 33.5 亿美元，同比增长 -3.7%；第二季度的销售收入为 39.2 亿美元，同比增长 6.7%；第三季度的销售收入为 39.1 亿美元，同比增长 9.4%。路由器的市场增长主要来自运营商部分，同比增长 14.8%，而企业市场部分则同比下降 6.4%。

思科仍然是全球最大的以太网设备商。根据市场研究机构 IDC 的统计，思科在 2~3 层以太网交换机领域，其市场份额仍超过 60%。

二 未来发展趋势

（一）计算机市场有望进入低速增长阶段

受企业更新设备等的带动，以及中国市场等区域增长的推动，全球计算机行业有望止跌回暖，进入低速增长阶段。PC 市场在持续了几年的低迷状态后，2018 年的出货量将会出现微量增长。惠普、联想、戴尔、华硕、苹果、宏碁等 PC 大厂的出货量总和仍会继续增加，全球范围内的并购仍将继续。在数据中心升级改造等因素的推动下，服务器市场将继续保持增长，x86 设备作为主流产品仍会继续巩固其相对于其他架构服务器的领先地位。随着世界各国对节能环保的要求不断提高，绿色高性能计算仍是未来几年的关注热点，计算机行业也将会迎来新一轮的创新发展，尤其是在高性能计算等领域，绿色节能等将成为衡量综合计算能力的重要指标，中国、日本、美国等将继续加大在这一领域的科研投入。

（二）人工智能将成为计算机行业创新发展的突破口

人工智能快速发展，为计算机行业带来了机遇。深度学习是人工智能的重要组成部分，大规模的深度学习对数据的收集、处理、分析与应用都提出了更高的要求，由此带来了巨大的计算能力的需求。目前，各大IT巨头都在通过处理器产品等，以提高智能计算为突破口迅速切入人工智能领域。2017年5月，英伟达发布了Volta架构产品，该产品的峰值性能为120TFLOPS/S，谷歌同期发布的TPU二代产品，其峰值性能更是高达180TFLOPS/S，IBM的AlphaGo2.0计算机战胜围棋选手柯洁，其所用的计算量仅有AlphaGo1.0的十分之一。此外，IBM最新发布的POWER 9处理器也提高了通用AI框架的性能。在人工智能大量计算的需求下，处理器的计算能力仍将持续大幅提升，并进一步推动计算机领域的创新发展，为整个产业的发展带来新的机遇。

参考文献

Net Applications，《桌面操作系统市场份额》，https：//netmarketshare.com。

《超算500强排行榜》，http：//www.top500.org。

《绿色超算500强排行榜》，http：//www.green500.org。

Gartner，Gartner Says Worldwide Device Shipments Will Increase 2 Percent in 2018，Reaching Highest Year‐Over‐Year Growth Since 2015，https：//www.gartner.com/newsroom/id/3816763.

Gartner，Gartner Says Global IT Spending to Reach ＄3.7 Trillion in 2018，https：//www.gartner.com/newsroom/id/3811363.

Gartner，Gartner Says Worldwide Server Revenue Grew 16 Percent in the Third Quarter of 2017；Shipments Grew 5.1 Percent，https：//www.gartner.com/newsroom/id/3837163.

Gartner，Gartner Says Worldwide PC Shipments Declined 3.6 Percent in Third Quarter of 2017，https：//www.gartner.com/newsroom/id/3814066

IDC，IDC's Worldwide Quarterly Ethernet Switch and Router Trackers Show Surprisingly Strong Growth in Third Quarter of 2017，https：//www.idc.com/getdoc.jsp？containerId＝

prUS43275017.

《财务与经营状况》，惠普企业，http：//www.hpe.com。

《财务与经营状况》，惠普公司，http：//www.hp.com。

《财务与经营状况》，戴尔，http：//www.dell.com。

《财务与经营状况》，思科，http：//www.cisco.com。

《财务与经营状况》，联想公司，http：//www.lenovo.com。

《财务与经营状况》，IBM，http：//www.ibm.com。

《财务与经营状况》，甲骨文公司，https：//www.oracle.com。

Exascale Computing Project，https：//www.exascaleproject.org.

B.15
2017年物联网产业发展回顾与展望

方 颖[*]

摘 要： 2017年，全球物联网市场规模持续扩大，物联网连接设备数保持增长，全球物联网支出稳步上升。各国积极发布物联网相关规划，部署物联网信息基础设施，推进物联网相关通信技术发展，为物联网的发展营造良好的产业生态。未来数年，物联网技术将被广泛应用于电子产品，相关电子信息产业将稳步增长，各通信技术可能在不同的物联网应用场景中被应用。目前，物联网在产业界扩张的同时缺乏充分及正确的风险评估方法，难以保障部分物联网产品在未来的安全性，这将成为未来物联网安全支出大幅增长的原因之一。

关键词： 物联网 电子信息 通信技术 物联网安全

2017年，全球物联网市场规模预计达到798亿美元，全球物联网连接设备数预计达到84亿，全球物联网支出超过8000亿美元，并有逐年增长的态势。各国持续推进物联网发展：美国发布《物联网信任框架》作为未来物联网认证计划的基础，俄罗斯计划部署人造卫星作为物联网信息基础设施，韩国电信与研华科技合作进军工业物联网领域，我国发布物联网相关规划并持续推进物联网相关通信技术的发展。到2020年，物联网技术将被

---

[*] 方颖，国家工业信息安全发展研究中心（工业和信息化部电子第一研究所）工程师，研究方向：物联网等新兴信息技术。

广泛应用于95%的电子产品中以实现产品的新型设计，相关电子信息产业将稳步增长。更多新兴物联网—通信技术得到关注，未来可能在不同应用场景中互补。随着跨行业安全方案在物联网安全架构中越来越成熟，物联网安全支出将大幅增长。

一 2017年物联网产业发展态势

（一）市场规模持续扩大，全球物联网支出保持增长

全球物联网市场规模持续扩大。根据IC Insights 2017年数据分析，2017年全球物联网市场规模预计达到798亿美元，同比增长14%；2018年全球物联网市场规模将加速扩大，以30%的增长率突破千亿美元。同时，全球物联网连接设备数正逐年上升，Gartner预计到2020年这一数字将达到204.15亿。2016年，全球物联网连接设备数为63.82亿，此后将保持稳步上升态势。2017年全球物联网连接设备数预计达到83.80亿，同比增长31%。其中，消费类设备一直保持为占比最大的一部分，预计在2020年全球204.15亿物联网连接设备中有128.63亿是消费类设备。据移动通信商爱立信的数据分析，2015～2021年，全球物联网设备增长速度预计约为传统移动业务的7倍，基于蜂窝物联网和非蜂窝物联网的物联网设备增长率分别将达到27%和22%。

2017年全球物联网支出超过8000亿美元，并有逐年增长的态势。IDC数据显示，2017年全球在物联网方面的支出预计超过8000亿美元，同比增长16.7%，到2021年，这一数据将达到1.4万亿美元，包括全球企业在物联网软硬件、服务及连接解决方案上的投资。在应用方面，生产制造、货运监控和生产性资产管理将成为投资最多的细分领域，智能家居、新能源汽车等细分领域的投资将大幅增加；在技术方面，物联网硬件将成为投资最多的细分领域，这部分投资将集中于物联网网络模块和传感器。

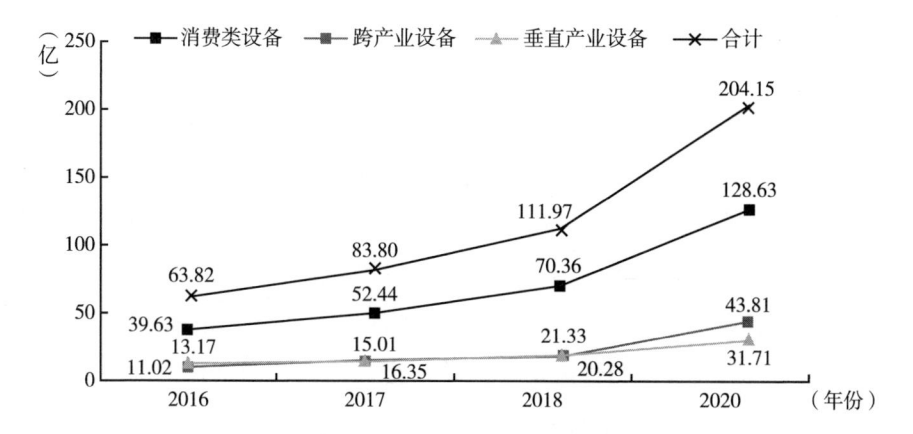

图 1 2016～2020 年全球物联网设备数

注：2017 年、2018 年、2020 年为预测值。
资料来源：Gartner，2017 年 2 月。

（二）各国稳步推进物联网发展，力争营造良好产业生态

2017 年，各国持续推进物联网发展。美国产业联盟发布的《物联网信任框架》可作为未来物联网认证计划的基础，俄罗斯计划部署人造卫星作为物联网信息基础设施，韩国电信与研华科技合作进军工业物联网领域，我国发布物联网相关规划并持续推进物联网相关通信技术的发展。

美国在线信任联盟（The Online Trust Alliance，OTA）于 2017 年 1 月发布新版《物联网信任框架》，为未来物联网认证计划奠定基础。这一版《物联网信任框架》是在 2016 年 3 月发布的第一个版本的基础上进行了更新，包含了大量公共及私有部门在物联网设备的保护方面取得的成果，并对美国政府机构如美国商务部、国土安全部等在物联网安全方面的建议进行了整合。该框架不仅可以作为物联网设备开发商、采购商和零售商的产品开发与风险评估指南，还有助于消费者作出物联网设备的购买决策。

俄罗斯计划到 2025 年在近地轨道部署约 200 颗人造卫星，用于保障物联网地面用户的数据通信，并承担将数据传输至控制中心的任务。这项信息基础设施被命名为"脉冲星"，现已引起俄罗斯航天集团公司和俄罗斯电子

公司的关注，建成之后，预计能保障多达5亿地面用户的终端连接。这项工作的最终目标是建立一个全球信息基础设施，为物联网相关应用和服务的爆炸式增长提供保障。

韩国电信（Korea Telecom）与中国台湾地区的研华科技（Advantech）于2017年6月签订合作备忘录，进军工业物联网。韩国电信与研华科技计划合作推出支持LTE-M通信技术的物联网闸道器，不仅可应用于智慧城市、智慧环境等领域，还可适用于各种严苛的工业自动化领域，如工业资产管理、状态式监控及预测性维护等，并可直接连接韩国电信的物联网平台"IoT Makers"，进一步开展设备连接、数据收集等物联网服务。

我国发布物联网相关规划，并持续推进物联网相关通信技术的发展。2016年12月，工业和信息化部（以下简称"工信部"）发布《信息通信行业发展规划（2016~2020年）》，该规划包含《物联网分册》，提出了未来五年我国物联网发展的方向、重点、路径和目标。2017年2月，工信部召开发布会，表示将加快5G等重点频率的规划进度，包括提出5G在6GHz以下频段的规划方案、做好5G技术试验毫米波段用频协调等工作。2017年6月，工信部办公厅发布《关于全面推进移动物联网（NB-IoT）建设发展的通知》以推进窄带物联网的部署和物联网行业应用的拓展。

二 物联网产业未来发展趋势

（一）物联网技术将被广泛应用于电子产品，相关电子信息产业将稳步增长

据Gartner 2017年预估，到2020年，物联网技术将被广泛应用于95%的电子产品中以实现产品的新型设计。包含物联网解决方案的产品不仅能降低设备的管理维护成本，还可以为用户提供附加的功能和服务。相关由智能手机启用的物联网电子产品很可能在2019年初出现。一旦支持物联网应用的产品出现，用户对产品功能的兴趣和需求将迅速增长，进一步促使大部分

供应商将物联网技术应用到产品中，届时，在相关电子产品中使用配套的物联网设备将会是一种非常经济的选择，且大部分产品很可能被设计为采取软件如智能手机应用程序来启用，部分电子产品如咖啡机、洗衣机、空调等将很快受到物联网技术的影响。

随着全球物联网架构越来越完善，大规模物联网应用服务将部署在城市环境中，相关电子信息产业将获得稳步增长。据 IC Insights 2017 年数据分析，2016～2020 年全球物联网用半导体销售额将保持 10% 以上的年增长率。在经历 2017 年 16% 的增长后，全球物联网用半导体销售额在 2017 年预计达到 213 亿美元。到 2020 年，全球物联网用半导体销售额预计达到 311 亿美元。其中，智能汽车领域的物联网用半导体在 2015～2020 年的复合年增长率在所有细分领域中最高，达到 32.9%。

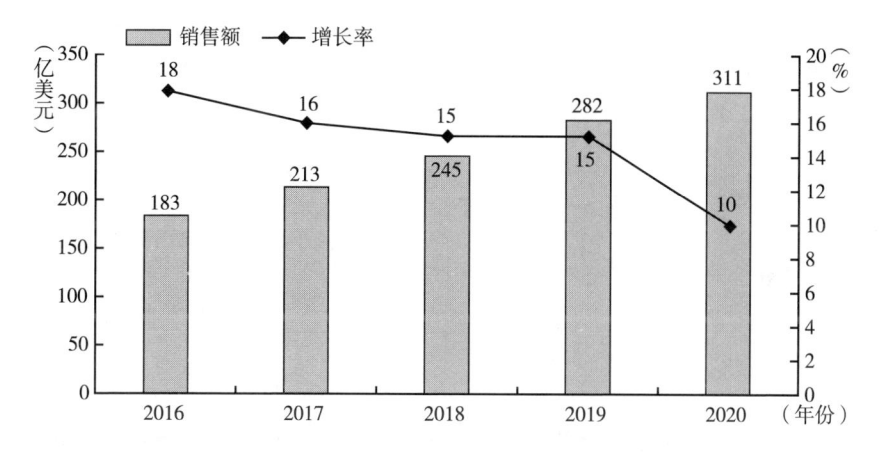

图 2　2016～2020 年全球物联网用半导体销售额

注：2017～2020 年为预测值。
资料来源：IC Insights，2017 年 6 月。

（二）更多新兴通信技术得到关注，将在不同应用场景中互补

物联网解决方案及终端设备以定制化为主，协议标准尚未统一，更多新兴通信技术正受到关注。根据 Gartner 2017 年发布的《物联网标准协议成熟度曲线》（*Hype Cycle for IoT Standards and Protocols 2017*），LoRa、窄带物联

网（NB-IoT）、Sigfox 这 3 种低功耗广域网通信技术处于 2017 年物联网标准协议成熟度曲线的顶峰，正受到产业界的关注，被各厂商竞相营销炒作。据 Gartner 预估，LoRa 的市场份额将在 2018 年达到峰值，占低功耗广域网市场总量的 1/3，在未来 10 年内，通过 LoRa 连接物联网的设备数将保持增长态势；NB-IoT 到 2022 年将至少占低功耗广域网市场总量的 1/3。

在物联网领域，目前尚无某一种低功耗广域网通信技术能够完全取代其他技术，未来各通信技术可能形成互为补充之势。NB-IoT 适于部署运营商级网络，在未来可与其他部署企业级或行业级网络的低功耗广域网通信技术互为补充。目前，已有在非授权频段的广域网通信技术如 LoRa 在智慧城市、行业或企业中得到应用，其产业规模和技术成熟度均高于 NB-IoT。LoRa 在非授权频段能够满足个性化的专用需求，可以快速进行热点覆盖，形成低功耗广域网络。截至 2017 年 6 月，Sigfox 的网络部署已覆盖美国 100 多个城市，预计 2017 年底将占美国网络覆盖率的 40%。NB-IoT 在授权频段，在处理干扰和网络重叠方面特性更好，能够提供与蜂窝协议网络一样的服务质量，在主流运营商和设备厂商的积极推动下，NB-IoT 有望具备部署全国性广覆盖网络的技术和产业基础。基于现有产业发展态势，各低功耗广域网通信技术无法完全被替代。在多样化的物联网应用场景中，NB-IoT 可以主攻运营商级网络，而以 LoRa、Sigfox 为代表的非授权频段广域网通信技术可在企业级或行业级网络中灵活部署，共同完善物联网的网络层。

（三）安全支出将大幅增长，半数预算将用于产品修复或召回

物联网安全解决方案还没有完全成熟，安全问题持续发生。2017 年 2 月，美国一所大学遭到 DDoS 攻击，攻击源自校内多达 5000 台的贩卖机、路灯等物联网装置；2017 年 3 月，俄罗斯银行的自动取款机在恶意程序的攻击下自动吐钞。种种事故表明物联网被入侵后将危害系统运行和数据安全，保障物联网安全已成为物联网持续发展的必要条件。

物联网在产业界扩张的同时缺乏充分及正确的风险评估方法，未来半数安全预算将用于产品修复或召回。物联网技术在楼宇自动化、汽车系统、工

业流程等物理安全至关重要的环境中的使用将会大幅增加；物联网在商业、工业等领域的快速扩展将会超过变更补丁等系统支撑的能力。其中，嵌入式物联网设备将会出现更多缺口，企业将不得不召回那些无法通过网络进行补丁修复的组件。在涉及生产、运营和安全的工业物联网用例中与涉及物理系统和网络系统整合的商业物联网用例中，一旦出现问题，数百万台设备将需要被更新。在低成本消费领域中，物联网的扩张同时引入了大量多样化无线网络，这些网络充满着被用以进行拒绝服务攻击的风险，一旦更新无法顺利进行，大量产品将被召回。据 Gartner 预估，到 2022 年，半数物联网安全预算将用于产品故障修复、召回等弥补措施而非预防保护措施。

随着跨行业安全方案在物联网安全架构中越来越成熟，物联网安全支出将大幅增长。根据 Gartner 2017 年提出的十大热点战略预测（Top Strategic Predictions for 2018 and Beyond：Pace Yourself, for Sanity's Sake），从 2016 年到 2020 年，物联网安全市场将以 24% 的年复合增长率（CAGR）持续扩大，到 2020 年，物联网安全市场总额预计达到 8.405 亿美元。物联网安全支出预计在 2020 年之后以超过 50% 的年复合增长率（CAGR）增加。届时，预估和管理风险方法的改进，一方面会使物联网在安全上的支出增长，另一方面会吸引更多针对物联网基础设施和系统的攻击。包括物联网安全服务、安全系统和物理安全保障，以及对物联网攻击的修复，企业在物联网安全方面的支出将出现爆发性增长，这一数字在 2020 年底将超过 50 亿美元。

参考文献

Gartner, Hype Cycle for IoT Standards and Protocols, 2017.

Gartner, Top Strategic Predictions for 2018 and Beyond：Pace Yourself, for Sanity's Sake, 2017.

Gartner, Market Guide for IoT Integration, 2017.

B.16
2017年传感器产业发展回顾与展望

张 倩[*]

摘 要： 2017年，传感器在物联网快速发展和巨大需求的推动下，继续保持高速发展态势。在基础研究领域，新原理、新材料和新工艺带来了更多的新型传感器；在现有传感器类型领域，光电传感器和低功耗传感器成为研究热点。下一步，随着物联网产业整体保持快速增长态势，以及在消费类电子、汽车电子等领域的大力推动下，运动传感器和指纹传感器市场将实现快速增长。大量传感器应用进一步带来了对架构开发、安全保障的巨大需求。

关键词： 光电传感器 石墨烯 低功耗传感器

2017年，物联网持续向各应用领域深入发展，在此带动下传感器产业继续保持高速发展。在基础研究领域，新原理、新材料和新工艺带来了更多的新型传感器，如加入石墨烯材料、引入3D打印技术、借助植物实现监测等。在传感器传统类型的发展上，光电传感器和低功耗传感器成为研究热点，以满足高精度、大面积、长时间、低功耗无线传感网络铺设的需要。下一步，在物联网产业的带动下，传感器产业将保持高速增长，其中指纹传感器和运动传感器增速最快，进而有力地推动和扩展其在消费电子、汽车等领

---

[*] 张倩，国家工业信息安全发展研究中心（工业和信息化部电子第一研究所）高级工程师，研究方向：电子元器件、物联网。

域的应用。而大量的传感器的应用也进一步带来了对开发架构、安全保障的巨大需求。

一　2017年传感器产业发展态势

（一）新原理、新机制、新工艺助力新型传感器发展

为了满足未来更多的发展需求，除了针对特定类型进行开发外，产业界和学术界还积极采用新材料、新原理和新工艺等方式探索前沿传感器技术，如实现超高工作温度、引入3D打印技术和借助自然界无处不在的植物等。

1. 可工作在超高温的传感器

2017年5月，德国夫琅禾费研究所硅酸盐研究分所（ISC）的研究人员通过实现能够在高温部件上维持超声传感器运行的标准压电晶体，以及可耐高温和耐高温差的玻璃焊剂，成功开发出可在900摄氏度高温下持续工作的耐高温压电传感器，如图1所示，在所有应用中可至少稳定工作两年，而在部分领域寿命还可进一步达到数十年。当使用多个传感器用作发射器和接收器，缺陷的位置可精确至数毫米，或覆盖数米的监测范围。

图1　可耐受900摄氏度的超声传感器

2. 借助3D打印技术的传感器

2017年7月，英属哥伦比亚大学—奥肯那根分校的研究人员采用3D打印技术设计了一款小型化水质传感器，可实时、不间断监测多种水质参数，如浑浊度、pH值、电导率、温度和余氯等；制作成本低，可连续操作，并部署在供水系统的任一节点；无论水压或温度如何，都能提供精准的读数；支持无线功能，可独立工作并将数据报告传回测试站；即使其中一个传感器停止工作，也不会牵连到整个系统；采用3D打印技术，具有快速、便宜且易于制造的特性。

3. 植物变身传感器

2017年10月，美国国防先期研究计划局（DARPA）拟启动"先进植物技术"（APT）项目，寻求将看起来简单的植物作为下一代情报搜集工具。该项目将通过修改植物的基因组，设计出健壮、基于植物的传感器，利用植物的自然机制来实现对环境刺激的感知和反馈，并拓展其来检测化学物质、病原体、辐射和出现的电磁信号，且不会对植物的生存能力造成损伤。这些传感器在其生存环境中可自持续，并可使用现有硬件进行远程监控。

（二）石墨烯材料赋予传感器更多能力

石墨烯是一种碳原子排布形成厚度仅为一个原子的准二维材料，在电子元器件、材料等多个领域都显示出巨大的应用前景。石墨烯具有良好的化学和生物分子检测能力，非常适合做传感器。研究人员通过在传感器中加入石墨烯材料，推动传感器的创新发展。

2016年12月，日本富士通公司宣布开发出了基于石墨烯的新型传感器。研究人员通过使用石墨烯替代硅晶体管的绝缘栅部分，开发出了全球首款超灵敏气体传感器。研究人员发现，当气体分子附着于石墨烯时可改变后者的功函数，进而引起了硅晶体管的阈值变化，而当气体分子脱离后，石墨烯又恢复其原始状态，从而实现高精度测量。图2（左）为新开发的石墨烯绝缘栅传感器示意图，图2（右）为传感器扫描电镜显微照片。该传感器能够探测浓度低于10ppb（ppb表示十亿分之一）的二氧化氮和氨气，实现实时环境气体监测，有望以此为基础进一步开发出能够快速、灵敏监测特定气体的气体传感器，满足大气污染、人体呼吸的有机衍生气体等领域的探测需求，有助于快速发现疾病。

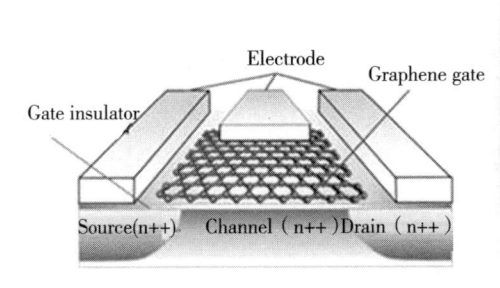

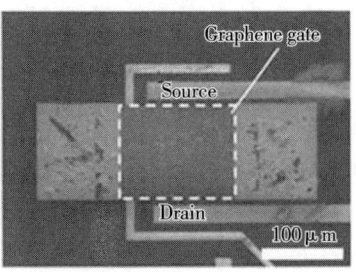

图2　基于石墨烯绝缘栅的传感器

2017年2月，阿卜杜拉国王科技大学（KAUST）使用一种激光划线技术，将柔性聚酰亚胺聚合物的局部加热至2500℃或更高，以在贴片表面形成碳化图形而开发出了一种新型石墨烯电极。这些黑色的贴片厚度约为33μm，多孔特性能够使被测分子充分渗透材料，如图3所示。研究团队利用这款石墨烯电极开发了一款针对三种重要生物分子的传感器，包括抗坏血酸维生素C、多巴胺以及尿酸。当被测分子到达电极表面时会释放出电子，产生与其浓度成比例的电流。

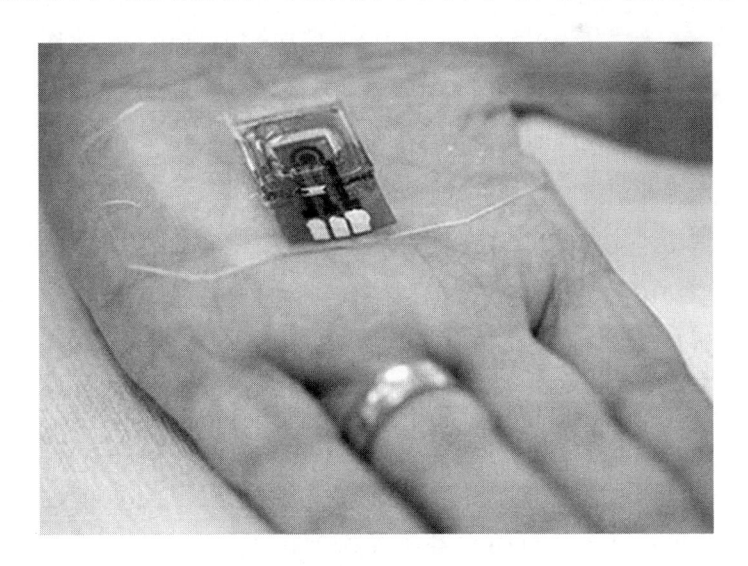

图3　具有高检测灵敏度的石墨烯电极

每种分子的电化学响应具有不同的电压，传感器能够无干扰地同时测量多个被测分子的浓度，其灵敏度和检测下限均优于市面上的竞争产品。

2017年5月，西班牙开发出首个石墨烯—互补金属氧化物晶体管（CMOS）单片集成图像传感器。该图像传感器易于在室温和环境条件下制造且成本低廉，无需复杂的材料处理或生长工艺，可轻松集成到柔性基板及CMOS集成电路上，可同时成像紫外线、可见光和红外光，应用于夜视、食品检验、消防、极端天气条件下可视等多个领域。

（三）光学传感器应用领域继续延伸

光电传感器是采用光电元件作为检测元件的传感器，具有精度高、响应速度快、无需接触、可测量多个参数、结构简单、形式灵活等优点，并在2017年获得高速发展，应用领域不断延伸。

2017年4月，美国集成光子制造创新中心（AIM Photonics）宣布获得美国国防部新项目，开发可用于环境监测、化学武器和生物武器检测、疾病诊断、食品安全等领域的光子传感器，通过对多个光子传感器的集成，可同时扫描多个生物和化学试剂，扩大化学或生物目标的探测范围。这种方法也将催生出更多的新技术，如"片上实验室"可帮助研究人员和临床医生在单一血液样本中扫描几种不同的蛋白质，也能持续监测饮用水中的危险毒素等。该项目也是美国国防部推进经济增长战略的一部分，强调光学、光电和成像领域的产业集群，以促进就业与产出。

2017年9月和10月，英国Teledyne e2v公司先后获得欧空局（ESA）和美国国家加速器实验室（SLAC）的合同，将分别为ESA的荧光探测器（FLEX）卫星任务和SLAC的美国大口径综合巡天望远镜（LSST）提供定制电耦合器件（CCD）图像传感器。Teledyne e2v公司为FLEX提供的CCD具有自定义的帧传输设计，符合ESA FLORIS设备的具体要求，定制封装设计紧凑，并且与其热性能紧密匹配，满足热机械要求，还具有两个柔性电缆，用于电连接以及与FLORIS焦平面阵列中传感器的精确对准。Teledyne e2v公司为LSST提供的CCD通过极其平坦的焦平面实现优异的灵敏度和稳定的性能，表面平整度精度设计为人头发直径的二十分之一，每次曝光可提供3200万像素的图像数据，189个CCD250传感内置在一个定制封装中，通过紧凑的马赛克形式形成三个千兆像素阵列，具有16个输出通道，图像读取速度达到几秒，并能进行高速率图像采集。

2017年11月，美国宾夕法尼亚州立大学研发出一种回音壁模式光学谐振腔，能够使光线围绕微小球体周围旋转数百万次，从而为多种应用提供一种超灵敏的基于微芯片的传感器。这种类型的传感器由固体球体组成，与微细加工方法不兼容，但宾州州立大学的研究人员开发了一种创新的方法来生长片上玻璃微球体，具有超高灵敏度，可用于运动、温度、压力和生化传感。中空的硼硅酸盐玻璃球体是从密封和加压的圆柱形腔体上吹入硅基体上的，采用玻璃吹制技术，在高热和外部真空压力下，薄玻璃晶圆形成了一个几乎完美的气泡。研究人员将球体阵列的直径从230微米增加到1.2毫米，壁厚在300纳米至10微米之间。这项技术带来多项可能性，如化学、蒸气、生物物理、压力和温度传感等。

（四）低功耗传感器待机功耗降至接近于零

现行传感器依赖有源电子器件探测振动、光、声或其他信号。电子器件持续耗能，并耗费大部分电能于时间处理和所需探测信号不相关的数据。在现行电池供电时，该能耗将传感器有效寿命限制在数周或数月，阻碍了新型传感器技术和能力的发展。发展超低功耗传感器成为满足物联网快速发展的先决条件。

2017年7月，加利福尼亚大学圣地亚哥分校使用"栅极泄漏"晶体管构建了一种超低功耗电流源，以及使用直接将温度数字化并节省能量的创新系统，开发出了一种温度传感器，其运行功率仅为113皮瓦。该温度传感器采用65纳米CMOS工艺制造，芯片面积为0.15×0.15平方毫米，如图4所示，工作温度范围为−20℃到40℃。该传感器的响应时间约为每秒更新一次温度，稍慢于现有温度传感器，但已足以用于人体、家庭和温度不会迅速波动的其他环境中运行的设备。这种近零功率温度传感器可从人体或周围环境等低能量源获取能量,可以延长智能家居监控系统、物联网设备和环境监控系统的可穿戴或可植入设备的电池寿命。

图 4　温度传感器芯片阵列

2017年9月,美国东北大学在DARPA"近零"项目的支持下,研发出一款零功耗红外探测器,本质上是基于一种微机械光开关技术,被美国东北大学的研究人员称为"等离子体增强微机械光开关"。该款零功耗红外探测器巧妙地利用了等离子体超材料、光学、热传导、力学、微机械加工等物理原理和工程技术,能够在有意义的被测信号出现前,保持零功耗的休眠状态,在红外特征信号到达器件后利用其本身携带的能量来驱动一个热敏微机械开关,进而接通负载电路开始工作,以实现整个传感器节点仅在特定红外光谱出现时被"唤醒"。

二　传感器产业未来发展趋势

(一)产业持续快速增长

在智能制造、工业互联网、物联网等技术快速发展的背景下,全球传感器产业保持高速发展态势。伴随着在电子、材料等多个领域不断取得的突破，特别是微机电系统（MEMS）工艺技术的快速发展和引入，集成了更多功能的微型化、网络化、智能化传感器大量问世。

根据美国市场研究公司 IC Insights 在 2017 年 5 月发布的数据，2016 年传感器销售额创纪录地达到 73 亿美元，比 2015 年所创新高的 64 亿美元继续上涨 14%，利润上涨 3.7%；在未来 5 年，整个传感器市场的复合年增长率（CAGR）将达到 7.5%，并在 2021 年达到 105 亿美元。在细分领域，运动传感器、磁场传感器、驱动设备这几大类年销售额保持两位数的增长。除了减缓价格侵蚀外，受益于智能嵌入控制、新可穿戴系统和物联网应用扩展的广泛普及，传感器的出货量将大增。

（二）指纹传感器和运动传感器增长最快

法国著名行业研究公司悠乐公司在 2017 年初发布的报告预测，至 2022 年以下 10 种传感器将保持高速增长态势，分别是温度、图像、压力、运动、指纹、液位、气体、磁场、位置和光传感器。

在前十大传感器中，指纹传感器市场预计将以最高的速率增长，占据主导地位的应用领域为包括智能手机、笔记本电脑、平板电脑、智能可穿戴设备等在内的消费类电子。运动传感器则紧随其后，将在多个应用领域展现巨大机遇，占据主导地位的应用领域包括消费类电子、游戏和娱乐类电子、汽车电子、健康医疗和工业领域用电子设备等。其中消费类电子应用贡献最大，将领跑市场发展。MEMS 技术也将扮演更加重要的角色，未来将着重在传感器的功能性和智能化上寻求差异化发展，如通过在封装级别集成更多功能来提升产品价值。

（三）向开放架构、更安全方向发展

随着单一系统中传感器的大量使用，来自不同厂商的不同传感器将协同和匹配工作，不同传感器间的兼容性将成为决定产品是否被采纳的前提。因此，采用开放架构、统一接口成为传感器走向协作和融合的必经之路。同

时，采用开放架构可从根本上改变传统开发模式，避免各公司再进行低效的重复开发，加快传感器研发的速度。例如，美军已提出并大力推进传感器开放系统架构（SOSA）。该架构创建了模块化的开放系统架构规范，实现跨平台和各军种之间关键传感器组件的通用。

  传感器作为物联网感知层中的重要组成部分，随着物联网应用在汽车电子、消费电子、生物医疗、工业、农业等领域的持续深化，获得更广泛的应用。需要指出的是，在扩大应用的同时，必须对传感器的安全性赋予更多关注，因为传感器作为外界物理信息的来源和物联网的入口，一旦被破解，不仅会导致数据泄露和网络入侵，更有可能对后续整个物联网应用产生冲击，造成范围大、程度深和不可挽回的损失。未来传感器安全技术将继续深化在硬件和算法两个方面的研究，通过软硬协同多方面保障传感器的安全。

参考文献

Dexter Johnson，New Graphene Sensor is Less Noisy, More Sensitive，https：//spectrum.ieee.org/nanoclast/semiconductors/devices/electronic-noise-in-graphenebased-sensors-reduced-and-sensitivity-increased．October 25th，2017．

B.17
2017年新能源汽车电子产业发展回顾与展望

吴洪振*

摘　要： 2017年，新能源汽车电子产业继续保持快速增长，成为汽车行业发展的重要支撑。汽车电子成本占整车成本的比重已经从20世纪70年代的4%上升到现在的40%左右，在新能源汽车中的比例甚至已经超过了50%。当前，新能源汽车电子产业发展环境良好，市场规模持续扩大，行业集中度不断提高；汽车全产业链绑定关系减弱，商业模式发生改变；汽车电子后市场成为竞争焦点，各类企业相继涌入；新型器件、材料、技术逐步问世，技术革新加快。未来，新能源汽车电子市场规模还将进一步扩大，技术和产品向智能化、集成化、低成本和高可靠性的方向发展，汽车电子前装市场将逐渐成为发展热点。

关键词： 新能源　汽车电子产业　后市场

2016年，全球新能源乘用车销售77.4万辆，较上年同比增长42%，占全球乘用车市场份额为0.86%；2017年，预计新能源乘用车占比有望提升至1%。2016年，我国新能源乘用车销售35万辆，较上年同比增长62%，

---

* 吴洪振，国家工业信息安全发展研究中心（工业和信息化部电子第一研究所）工程师，研究方向：新能源汽车电子、车联网。

占全球已售新能源乘用车总量的45%。可以看出，全球新能源汽车市场依旧火爆，而我国是全球新能源汽车市场的重要组成部分。伴随着新能源汽车市场的长久发展，新能源汽车电子产业也将不断增长。

一 2017年新能源汽车电子产业发展态势

（一）市场规模持续扩大，行业集中度不断提高

受益于新能源汽车和智能网联汽车的发展，近年来，全球汽车电子市场规模持续扩大，2016年已达到了2348亿美元，同比增长16.3%，增速也有所提高；我国作为全球汽车电子市场的重要组成部分，2016年市场规模达到了740.6亿美元，全球占比超过30%。

表1　全球及中国汽车电子市场规模

单位：亿美元

年份	2011	2012	2013	2014	2015	2016
全球	1450.6	1557.9	1674	1786.3	2019	2348
中国	372	430.4	509	579.2	657	740.6

良好的市场环境导致企业兼并重组频繁发生，跨国并购屡见不鲜。在汽车芯片方面，高通力争收购恩智浦，瑞萨收购英特矽尔，致力于在车用半导体领域带来业务增长；在汽车安全系统方面，均胜电子收购日本高田，一举将气囊市场份额从8%扩大至25%。

国内汽车电子企业间的兼并重组也日益频繁。作为强势崛起的动力锂电池产销大国，我国的动力锂电池产业迎来了快速发展机遇期，并购热潮持续升温，交易范围从上游的锂、镍、钴、锰、石墨等矿产资源到中游的正极材料、负极材料、电解液和隔膜等四大材料，再到下游的电池模组、电池管理系统BMS、电池制造等，基本囊括了动力锂电池全产业链。而且，伴随着市场规模的扩大，产业发展的红利甚至吸引到大批

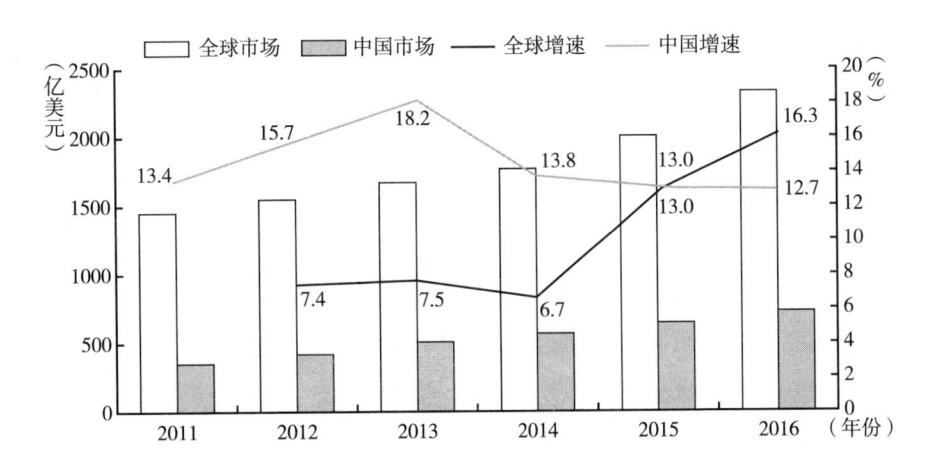

图1 2011~2016年全球及中国汽车电子市场规模及增速

资料来源：公开资料整理，2017年11月。

其他行业企业进行跨界并购，催生出一批跨界企业，家电/消费电子企业得润电子通过收购意大利汽车电子产品与解决方案提供商进入汽车电子领域，装备制造企业东方精工收购北京普莱德快速切入新能源汽车锂离子动力电池系统业务，等等。与此同时，企业间的兼并重组巩固和扩大了优势企业的市场份额，各细分领域的龙头企业市场占有率不断提高，行业集中度得到提高。

（二）产业链绑定关系减弱，商业模式发生改变

以往，由于汽车芯片需要定制、需求量较智能手机偏低，汽车电子工作环境恶劣、对事故零容忍，以及汽车电子相关标准严格、认证时间需要若干年等，汽车电子产业链具有单个汽车厂商对芯片的需求量偏低、对产品可靠性和寿命要求极高、产品认证周期长和标准严格等特点。这些特点使得传统零部件供应商、整车厂商已形成强绑定的供应链关系，市场主要被欧美几个大厂掌握，对新进企业形成坚实的行业壁垒。但是，随着新能源汽车的普及以及智能网联汽车的发展，汽车电子行业的新进从业者不断涌现，此种产业链绑定关系逐渐减弱，带来商业模式的改变。

以互联网技术为代表的信息技术正加快孕育着新一轮的技术革命,对汽车电子产业的研发、生产、消费、金融以及相应的组织管理方式产生深刻而全面的影响。近几年来,互联网企业探索进入汽车行业,在新能源汽车、无人驾驶领域非常活跃,谷歌、百度、优步、阿里巴巴等均已宣布了无人车的研发计划,谷歌和百度等企业更是实现了上路实测,推动着传统汽车电子产业和其他产业之间的融合。同时,消费电子企业进军汽车电子,汽车电子市场增长稳定、前景可观,而智能手机、PC市场增速下滑,促进消费电子企业进入汽车电子领域来巩固其市场地位。企业之间的跨界合作带来了新的机遇,不同行业之间的界限也将模糊化,商业模式逐渐改变。

(三)后市场成为竞争焦点,各类企业相继涌入

汽车电子作为汽车后市场中的一个重要组成部分,主要包括汽车影音、车用电子电器、汽车导航和配件,以及智能辅助驾驶系统等。自2010年以来,全球汽车市场进入稳步增长阶段,在市场驱动以及政策支持下,汽车电子后市场各种产品得到大规模应用:由于4G网的快速普及和智能化手段的发展,智能后视镜的4G大屏逐渐成为主流;随着行车记录仪性能的提升及其对行车安全的重要性渐显,以及360度全景记录仪的出现,行车记录仪逐渐成为刚需产品,其市场进一步扩大;凭借ADAS在车道偏离预警、车道保持系统、碰撞避免或预碰撞系统和夜视系统等方面的优势,加上政策倒逼,其渗透率大幅提升,有望迎来新的爆发点;由于我国在2015年全国汽车标准化技术委员会会议中对于TPMS汽车轮胎压力监测系统的强制安装达成共识,胎压监测成为促进后装市场发展的重要契机;语音交互可以减少开车玩手机的安全隐患,大幅提高行车安全性,成为车机产品的标配。除此之外,车载导航、中控大屏等也大大推动了汽车电子后装市场的持续发展。2016年,中国汽车后市场规模达到8800亿元,已是名副其实的全球第一大汽车后市场,预计2017年将突破1万亿元。2017年6月,工信部、国家发改委和科技部联合印发《汽车产业中长期发展规划》,提出要加快发展汽车后市场及服务业,推动汽车智能化水平提升,到2025

年，重点领域全面实现智能化，汽车后市场及服务业在价值链中的比例达到55%以上。

伴随着新能源汽车、无人驾驶汽车的发展和汽车电子后市场的火爆，各类企业纷纷进入这一领域，跨界竞争愈发激烈。传统整车企业、互联网企业、消费电子企业、家电企业等，都不同程度地参与到了汽车电子后市场的竞争中，给新能源汽车电子市场带来了新气象。

（四）新器件、新材料、新技术逐步问世，技术革新加快

新能源汽车逐步成为 SiC（碳化硅）功率器件的优势应用领域，对电能精细管理的需求驱动 SiC 器件技术的快速进步。应用碳化硅、氮化镓等新型材料的器件应运而生，和传统硅基材料相比，碳化硅、氮化镓等新型材料工作电压较高（20kv），工作温度、抗辐射能力、工作频率也都更具优势，国内对碳化硅的相关研究已经起步，相关芯片产品也已问世。高效能非易失性内存技术得到发展，富士通推出全新 FRAM（铁电随机存储器）解决方案 MB85RS128TY 和 MB85RS256TY，这两款器件可在 125 摄氏度的高温环境下运作，符合 AEC-Q100 标准规范，拥有高耐写度的特性，能进行高速随机存取，提高数据完整性。无线充电技术得到汽车厂商、汽车零部件企业和高校的重视，雷诺已对其无线充电技术进行测试，美国斯坦福大学实现了简单的动态无线电力传输，奔驰等车企已就无线充电和其他企业或院校展开合作。多种新型电池技术问世，如固态电池、柔性超快充放电池、铝空气电池发电系统、无膜流动电池、锂玻璃电池等。新技术的应用可以提高电池能量密度，实现快充快放，延长充电周期，降低使用成本，为新能源汽车的发展提供了更多的选择。新型锂电池隔膜问世。由中科院上海硅酸盐研究所与华中科技大学合作研发的新型羟基磷灰石超长纳米线基耐高温锂离子电池隔膜，柔韧性高、力学强度好、孔隙率高、电解液润湿和吸附性能优良、热稳定性高、耐高温，比现今使用的聚丙烯隔膜组装的电池具有更好的电化学性能、循环稳定性和倍率性能，大幅提高电池的工作温度和安全性。

二 未来发展趋势

（一）产业规模将进一步扩大

随着各国政府，尤其是我国政府对新能源汽车产业的大力支持，新能源汽车的销量节节攀升，2016年，我国新能源汽车销量达到了50.7万辆，较上年同期增长53%。在欧洲各国、印度及美国加州等国家和地区陆续制定燃油车禁售时间表，以及我国双积分政策开始实施的情况下，全球各国都在大力加快布局新能源汽车领域，新能源汽车全球化趋势愈发明显，销量仍将保持高速增长。

未来伴随着新能源汽车市场的发展，车内电子系统将得到更为广泛的应用，消费者对汽车娱乐性、安全性、便利性的更高要求使得车载电子产品成为汽车的必备功能。另外，各国政府针对汽车行业制定的安全性强制规定，如强制安装电子稳定控制系统和胎压监测系统等，都包括了大量的电子产品。智能驾驶辅助系统还处在成长期，安全控制和车载信息娱乐系统也在快速发展，汽车的电子化进程将不断加速，成为推动未来新能源汽车电子市场快速增长的主要动力。

现阶段，新能源汽车中电子产品成本占整车的比例已经超过了50%，在纯电动汽车中，该比例甚至超过了65%。可以预见，随着汽车的电动化、智能化、网联化发展，汽车电子占整车成本的比重将不断攀升，新能源汽车电子产业规模还将进一步扩大。

（二）技术和产品向智能化集成化方向发展

汽车电子在快速发展的过程中，传感技术、计算机技术、网络技术都得到了广泛应用，使得现代汽车朝着智能化的方向发展，实现"车、路、人、云"的智能协调。车辆控制系统的智能化主要体现在三个方面：实时感知、判断决策、操控执行。事实上，目前正在开发和推广使用的驾驶辅助系统等都具有相当高的智能化程度。

系统的集成包括物理的集成，即把电机、减速机、控制器全部集中在一块；还包括功能的集成、控制器的集成，如牵引电机的控制器、DC/DC和充电机。电控系统本身是一个机电一体的集成系统，包括传感器、执行器、控制器，当前最典型的两个集成领域为底盘一体化集成和动力传动系统的集成，集成控制系统通过总线进行网络通信，使车辆的整体性能水平达到最佳，实现优化汽车稳定性、舒适性、燃油经济性的目的。

目前，大部分新能源汽车的供应商都来自工业控制行业，对汽车相关质量要求缺乏认知。为保证可靠性，需要有汽车的质量标准。器件的高可靠性要满足寿命、宽范围的环境适应性以及非常严苛的汽车验证等条件，同时在生产过程当中要保证质量，降低产品不良率，只有这样才能得到消费者的认可，实现产业的长久发展。

（三）汽车电子前装市场成为未来发展热点

当前，无论是国际市场还是国内市场，汽车产销量都在增加。2016年，全球汽车产销量分别完成9497.66万辆和9385.64万辆，比上年同期分别增长4.5%和4.7%；国内汽车产销量分别完成2811.9万辆和2802.8万辆，比上年同期分别增长14.5%和13.7%。随着青年消费者第一辆车的购入以及老旧汽车淘汰更换等，未来全球和国内汽车产销量规模将继续提升。汽车生产厂家为保证其产品对于消费者的吸引力，不断将新技术、新产品、新应用用于车辆，促使新车电子化率不断提高，给汽车电子前装市场厂商带来了巨大的发展空间。

未来，随着造车成本的降低、民众生活水平和消费水平的普遍提高，汽车电子将逐渐从中高端车型向中低端车型普及，尤其是新能源车型，电动力的加入带来了汽车电子装置的大量使用，汽车电子成本占比不断提升，为汽车电子前装市场带来了广阔的发展前景。同时，汽车信息可视化程度不断提高、车联网普及率逐渐提升、人们对未来出行便利性的要求逐步增加，这三个因素将主导未来汽车电子前装市场的发展。综上，汽车电子前装市场面临广阔的发展空间，未来将成为发展热点。

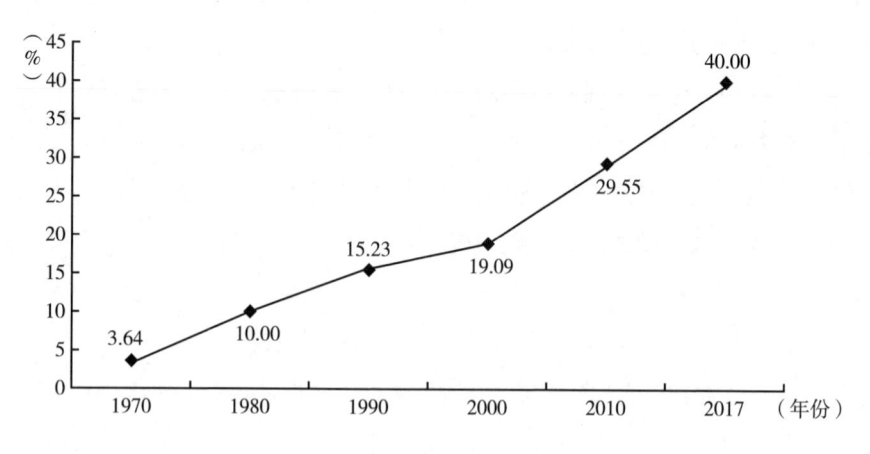

图 2　汽车电子成本占比变化

资料来源：公开资料整理，2017 年 11 月。

参考文献

《2016 年中国及全球新能源汽车销量分析》，中国产业信息网，2017 年 4 月 27 日。
《2016 年我国汽车电子市场规模达 740.6 亿美元》，《数据库前瞻》2017 年 1 月 9 日。
《2016 年汽车电子行业兼并重组情况调查》，《千讯咨询》2017 年 4 月 28 日。
《汽车后市场蓬勃发展预计今年市场规模将破万亿》，前瞻网，2017 年 4 月 24 日。
《富士通针对车载电子和工业控制系统推出全新 FRAM 存储解决方案》，中电网，2017 年 6 月 5 日。
《2016 年汽车销量突破 2800 万辆，预计 2017 年增长 5%》，《中国工业报》2017 年 1 月 20 日。

B.18
2017年医疗电子产业发展回顾与展望

方 颖*

摘 要： 2017年，全球医疗电子市场规模持续扩大，产业发展态势持续向好。我国已成为世界重要医疗及工业设备市场之一，产值与销售额均处于全球第二，但与位居第一的美国还有较大差距。电子科技企业积极布局医疗领域，新型医疗方案不断涌现。未来，全球医疗电子产业市场规模有望继续扩大，医疗电子产品在人工智能的冲击下将进一步向数字化方向迈进，医疗数据安全、个人隐私安全等一系列安全问题的日益突出将推动行业准则及安全方案的大量出台。

关键词： 医疗电子 3D生物打印 数字化 虚拟护理

2017年，全球医疗及工业设备产值及销售额分别达到877.83亿美元和799.24亿美元，其中，我国分别以99.08亿美元、103.77亿美元的产值及销售额位居全球第二。到2020年，全球医疗及工业设备销售额预计达到881.27亿美元，我国预计达到115.60亿美元。各国电子科技巨头企业纷纷进军医疗电子领域，新型医疗方案不断涌现，同时，在各国3D生物打印研究人员的积极研究下，3D生物打印科研成果频现。未来，医疗电子产品在人工智能的冲击下将进一步向数字化方向迈进，以虚拟护理为代表的人工智

---

* 方颖，国家工业信息安全发展研究中心（工业和信息化部电子第一研究所）工程师，研究方向：物联网等新兴信息技术。

能应用有望在医疗领域发挥更大作用,而在大数据支持下的医疗电子在给人们的生活带来便利的同时,医疗数据安全、个人隐私安全等一系列安全问题日益突出,在医疗设备网络环境中的薄弱环节上,还需要行业准则和安全方案的先行制定。

一 2017年医疗电子产业发展态势

(一)全球医疗电子产值保持增长,产业发展态势良好

2017年,全球市场对医疗电子产品的需求保持增加,带动了全球医疗电子市场规模的持续扩大。根据《世界电子数据年鉴2017》(*The Yearbook of World Electronics Data 2017*)统计,全球医疗及工业设备产值在经历2015年的负增长、2016年的拐点后,保持了增长态势,在2017年达到877.83亿美元,同比增长2.87%。

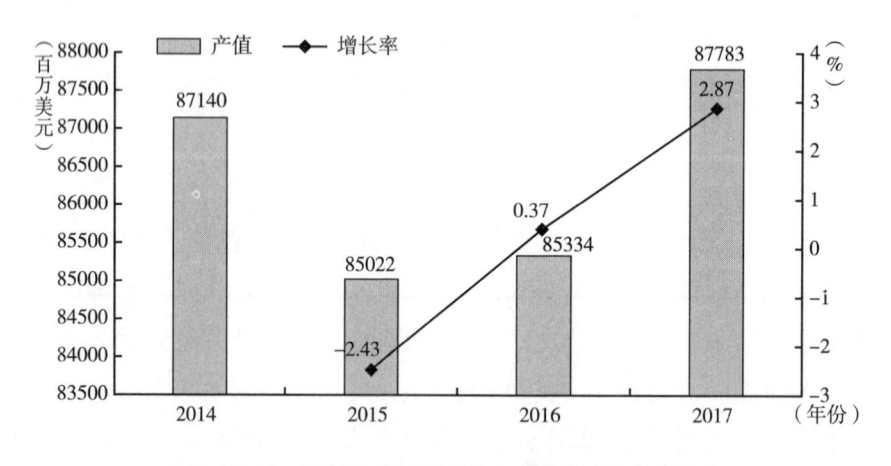

图1 2014~2017年全球医疗及工业设备产值与增长率

资料来源:*The Yearbook of World Electronics Data 2017*。

2017年,全球医疗及工业设备销售额达到799.24亿美元,同比增长2.74%,保持了2016年的增长态势。

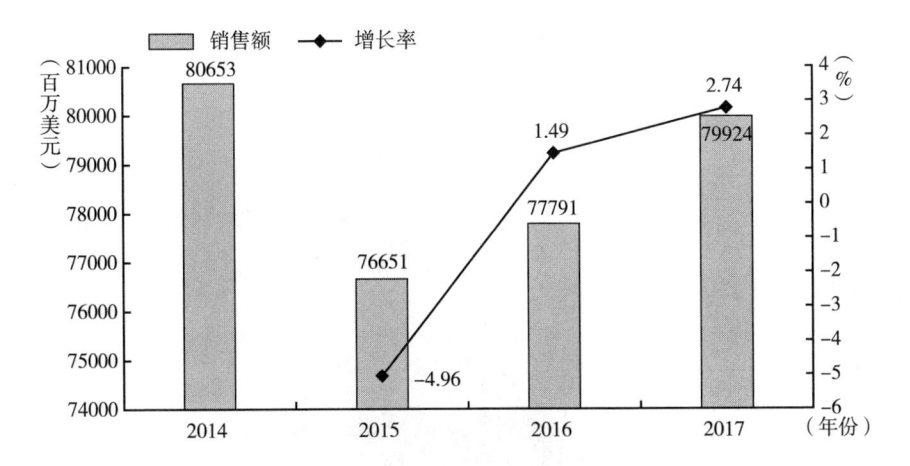

图2　2014~2017年全球医疗及工业设备销售额与增长率

资料来源：*The Yearbook of World Electronics Data 2017*。

我国已成为世界重要医疗及工业设备市场之一，产值与销售额均处于全球第二，但与位居第一的美国还有较大差距。2017年，全球医疗及工业设备市场占比前四位的国家分别是美国、中国、德国、日本。其中，我国医疗及工业设备产值和销售额分别达到99.08亿美元和103.77亿美元，占全球医疗及工业设备产值和销售额的比重分别是11.29%和12.98%，均处于全球第二。但和以33.79%的全球产值占比、37.68%的全球销售额占比位列第一的美国相比还存在较大的差距。

（二）电子科技企业进军医疗领域，新型医疗方案不断涌现

随着医疗行业对数据信息的需求量日益增大，大数据、云计算等新兴信息技术在医疗行业中的潜力持续被挖掘，电子科技巨头企业积极进军医疗电子领域，新型医疗方案不断涌现。

2017年2月，三星与American Well公司在远程医疗服务业务上展开合作，并计划发布一款基于物联网的医疗服务产品。2017年3月，诺基亚与中国移动合作研发出独立5G端的电子医疗方案，这也是诺基亚首次推出面向电子医疗领域的5G端到端系统。2017年7月，日本柯尼卡美能达公司

(a)各国医疗及工业设备产值占比

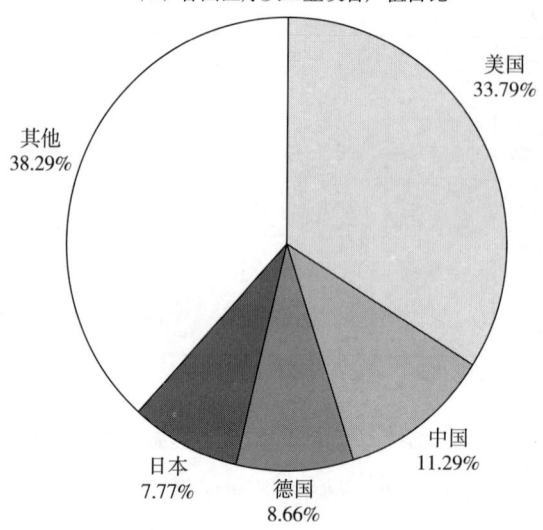

- 美国 33.79%
- 中国 11.29%
- 德国 8.66%
- 日本 7.77%
- 其他 38.29%

(b)各国医疗及工业设备销售额占比

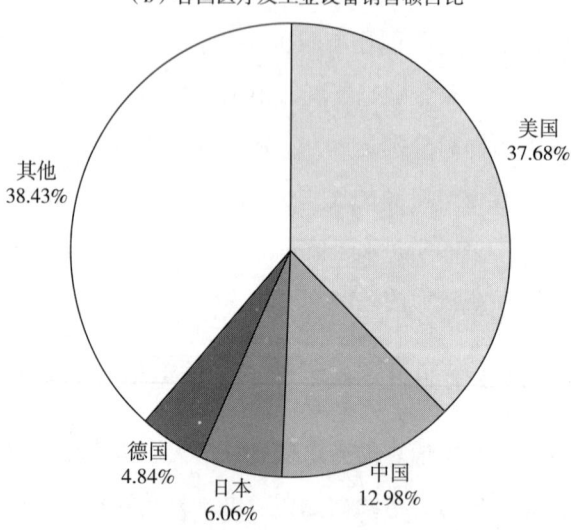

- 美国 37.68%
- 中国 12.98%
- 日本 6.06%
- 德国 4.84%
- 其他 38.43%

图3 2017年各国医疗及工业设备情况

资料来源：*The Yearbook of World Electronics Data 2017*。

(Konica Minolta)以10亿美元收购美国癌症基因检测公司Ambry Genetics，计划进军医疗成像领域，并开发基于基因和生化检测的诊断技术。2017年9

月，我国美的集团与广药集团正式签署战略合作协议，双方将在机器人及医疗器械开发、健康数据应用、智能供应链建设、医疗投资、智能制造等细分领域进行多维度的合作。2017年10月，高通研发出一款VR医疗软件以促使其VR平台尽快被应用到医疗领域，这款软件能够帮助医生进行中风病患的诊断。西门子已在医疗业务上投资了数十亿美元用于建立诊断系统，其医疗业务已成为企业出色的业务之一，2017年12月，西门子计划在法兰克福上市其医疗解决方案部门。苹果近几年已在苹果手机、手表中加入强化健康监测的功能，并收购了健康信息初创公司Gliimpse以增强电子病历的互操作性。微软公司在DNA数据数字化存储方面进行了多项健康研究项目，并同匹兹堡大学（University of Pittsburgh）医学院针对创新性医疗服务产品进行研发合作。

（三）3D生物打印在医疗领域得到初步应用，科研成果频现

经过几年的发展，3D生物打印技术已在医疗模型、个性化医疗植入物、仿生组织修复、药物试验等领域得到初步应用，有望成为推动各国医疗个性化、精准化、微创化和远程化发展的重要技术支撑。各国3D生物打印研究人员积极展开研究，科研成果频现。2017年3月，加州大学圣地亚哥分校的研究人员用3D生物打印技术开发出功能性血管网络，并将其用在了老鼠身上；2017年7月，俄罗斯3D Bioprinting Solutions公司利用3D生物打印技术打印出甲状腺并将其成功移植到老鼠身上；同期，美国莱斯大学和贝勒医学院的研究人员用人类内皮细胞和间充质干细胞打印出功能性毛细血管。受材料和技术的限制，目前通过3D生物打印技术构建的植入体与人体原生器官相比只具有极其简单的结构，还不能完全模拟人体心脏、肝脏以及肾脏等复杂内脏器官的结构和功能。

随着市场需求的提升和技术的创新，3D生物打印在医疗领域中的优势将日益凸显。市场研究公司P&S Market Research发布的报告显示，未来五年全球3D生物打印市场年复合增长率将达35.9%，药物测试、器官移植以及整容手术等对3D生物打印市场发展将起到明显的支撑作用；市场研究公

司Future Market Insights发布的报告显示，全球3D打印医疗设备市场在2016年达到2.796亿美元，并在未来十年保持17.5%的年复合增长率，预计到2022年，用于器官移植、药物研发、组织再生和生物药物的3D打印产品将是在医疗领域应用最广泛的产品。

二 医疗电子产业未来发展趋势

（一）市场规模持续扩大，产业增速稳步提升

未来几年，医疗行业将继续向信息化、移动化、智能化方向发展，带动全球医疗电子产业市场规模持续扩大。根据《世界电子数据年鉴2017》（*The Yearbook of World Electronics Data 2017*）的数据，全球医疗及工业设备销售额自2017年起将以3.31%的年复合增长率（CAGR）持续增长，预计2020年达到881.27亿美元。

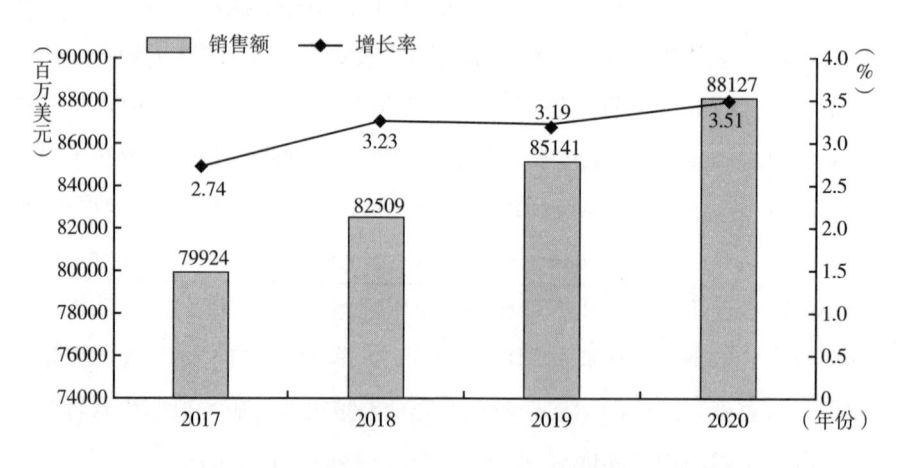

图4 2017~2020年全球医疗及工业设备销售额与增长率

资料来源：*The Yearbook of World Electronics Data 2017*。

随着我国对全社会医疗服务体系的日益重视，智慧医疗、移动医疗等新型医疗模式受到关注，我国医疗及工业设备市场在未来几年将保持稳步增长

态势，自 2017 年起将以 3.66% 的年复合增长率（CAGR）持续增长，预计 2020 年达到 115.60 亿美元。

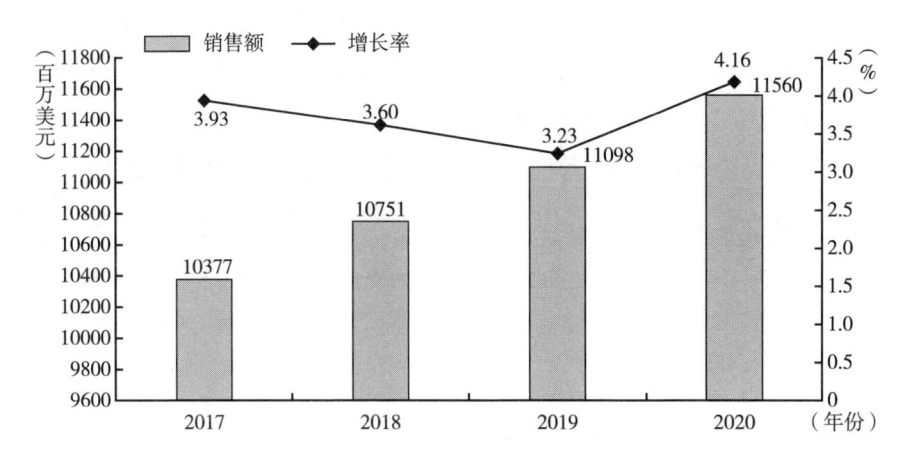

图 5　2017～2020 年我国医疗及工业设备销售额与增长率

资料来源：The Yearbook of World Electronics Data 2017。

（二）产品研发迈向数字化，虚拟护理将发挥更大作用

医疗电子产品在人工智能的冲击下正向数字化方向迈进。2017 年，人工智能在医疗健康领域已引起广泛关注，进而推动了智能医疗产业的发展，也使医疗电子产品研发者更注重算法在产品中的融合应用。美国加州大学洛杉矶分校发明智能医疗助手，能够使所需医疗信息和数据被更快速地获取；斯坦福大学的研究人员开发了一种可以从肺癌组织的病理图像中识别出数千个目标特征的算法，并能通过机器学习让计算机软件程序来评估样本，以便计算机自动化地对癌症患者的病情发展进行预判；通用医疗（GE Healthcare）与美国加州大学洛杉矶分校（UCSF）合作，计划开发一个深度算法库以加速医疗过程中的鉴别和诊断，进而缩短治疗时间并优化患者的病情预判；美国 Nuance 公司研发出一款医疗虚拟助手，大大有益于医护人员简化临床工作流程。

以虚拟护理为代表的人工智能应用将在医疗领域发挥更大作用。在未

来，对健康管理的灵敏度、准确度的追求将使消费者越来越希望采取数字化交互的方式进行医疗保健。巨大的医疗保健需求正面临初级保健医生的短缺困境，亟待替代解决方案的出现，这也为医疗虚拟助手等人工智能医疗电子产品创造了新的市场。2017年，已有虚拟健康助理（Virtual health assistants，VHA）产品在医疗市场上出现，这类产品与美国电信公司AT&T和美国医疗保险公司Aetna等使用的聊天机器人类似，且更具个性化、参与度更高。虚拟健康助理具有帮助管理慢性病的巨大潜力，也具有与大量系统和数据源进行交互、整合的潜力。与人类健康助理相比，虚拟健康助理更能使患者保持对保健计划的遵从性，在与患者的互动上，虚拟健康助理具有更快的反应和更准确的管理方案。虽然目前市场上的虚拟健康助理产品并不多，但它可能对未来的医疗保健方式产生革命性的影响。据Gartner《2017预测：医疗供应商迈向数字化》（*Predicts 2017: Healthcare Providers Take a Step Toward Digital Business*）的预测，到2022年，20%的慢性病患者将依靠虚拟健康助理进行健康医疗管理，届时，虚拟健康助理将成为虚拟护理战略的一部分，同时成为慢性病医疗管理的重要方案。

（三）大数据医疗网络安全受重视，行业准则及安全方案将先行发布

在大数据支持下的医疗电子在给人们的生活带来便利的同时，医疗数据安全、个人隐私安全等一系列安全问题也日益突出。由于医疗行业的特殊性，医疗数据具有特殊的敏感性和重要性，其来源和范围也具有多样化的特征，包括病历信息、医疗保险信息、健康日志、医学实验、科研数据等。个人的医疗数据关乎个人的隐私保护，医疗实验数据、科研数据则不仅关乎数据主体的隐私和行业的发展，甚至关系到国家安全，相关安全隐患已引起国家重视。我国先后于2016年和2017年发布了《关于促进和规范健康医疗大数据应用发展的指导意见》和《医疗器械网络安全注册技术审查指导原则》，以确保行业健康有序地发展。

近年来，电子信息结合大数据在医疗领域不断拓展和深入，行业内出现

了一批致力于医疗大数据平台及医疗电子研发的企业，但由于合理的运营机制和方案风险评估机制还没有建立完善，部分应用系统还停留在摸索阶段，一些安全隐患也随之产生。据 IDC 发布的《IDC FutureScape：2017 医疗及 IT 十大预测》，我国医疗机构的网络勒索病毒攻击在 2018 年将同比增长 20%。同样的，Gartner 在 2017 年发布的《揭示医疗设备的安全风险》（*Exposing the Security Risks of Medical Devices*）中指出，现今医疗设备的风险已由设备故障引起的医疗事故风险转换为由医疗数字控制系统、网络数据传输引起的网络安全风险。因此，在网络接入设备、安全补丁、用于传输医疗数据的通信认证等医疗设备网络环境中的薄弱环节上，还需要行业准则和安全方案的先行制定。

参考文献

Gartner，"Exposing the Security Risks of Medical Devices"，2017.

Reed Electronic Research，*The Yearbook of World Electronics Data 2017*，2017.

Gartner， "Predicts 2017：Healthcare Providers Take a Step Toward Digital Business"，2016.

企业篇

Enterprise Reports

B.19
2017年典型企业发展情况

赵杨 吴洪振 李宁宁[*]

摘　要：　2017年，世界经济逐渐复苏企稳，世界电子信息产业呈现快速增长的态势，同时市场竞争进一步加剧，企业面临转型升级，总体上仍处于整合调整期。世界电子信息产业的主要企业全年业绩表现各异，业务转型成为企业发展的重点，主要企业不断发起并购重组，加速布局人工智能、物联网、无人驾驶、5G等新兴应用领域，以争夺市场份额，抢占未来市场先机。

关键词：　电子信息企业　苹果　三星　英特尔

---

[*] 赵杨，国家工业信息安全发展研究中心（工业和信息化部电子第一研究所）工程师，研究方向：电子信息产业、新能源汽车电子；吴洪振，国家工业信息安全发展研究中心（工业和信息化部电子第一研究所）工程师，研究方向：新能源汽车电子、车联网；李宁宁，国家工业信息安全发展研究中心（工业和信息化部电子第一研究所）工程师，研究方向：技术创新、物联网。

一 苹果

企业名称：苹果公司

营收规模：525.79亿美元（2017财年第四季度，2017年7月1日至9月30日）

净利润：107.14亿美元（2017财年第四季度，2017年7月1日至9月30日，同比增长18.86%）

市值：8934.76亿美元（NASDAQ：APPL，2017年12月）

员工数量：11.6万名

国别：美国

苹果公司（原名为美国苹果电脑公司）成立于1976年4月，由史蒂夫·乔布斯、斯蒂夫·沃兹尼亚克和罗·韦恩等人创立，总部位于美国加利福尼亚州的库比蒂诺，于2007年1月9日更名为苹果公司。2017年2月，Brand Finance发布2017年度全球500强品牌榜单，苹果公司排名第二；2017年6月，《财富》发布美国500强排行榜，苹果公司排名第3位；2017年7月，在《财富》发布的最新世界500强排行榜上苹果公司名列第9位。

（一）2017财年业绩强劲，现金储备创新高

自2017财年第一季度恢复增长以来，苹果公司的业绩持续改善，各季

度营收同比增速均有所提升，整个2017财年总收入为2292亿美元，同比增长6%。根据苹果公司财报，2017财年第一季度总营收783.51亿美元，较上年同期的758.72亿美元增长3.27%，不仅结束了苹果公司此前多个季度的一路下滑态势，且一举成为苹果公司历史上营收最高的一个季度；净利润为178.91亿美元，虽然比上年同期的183.61亿美元下滑2.56%，但每股摊薄收益达3.36美元，同样创下历史新高。第二财季总营收528.96亿美元，比上年同期的505.57亿美元增长5%；净利润为110.29亿美元，比上年同期的105.16亿美元增长5%。第三财季总营收为454.08亿美元，高于上年同期的423.58亿美元，同比增长7.2%；净利润为87.17亿美元，比上年同期的77.96亿美元增长12%；其中iPad销量止跌回涨，销售1142.4万台，同比增长15%；iPhone销售4102.6万部，同比增长2%。第四财季总营收525.79亿美元，高于上年同期的468.52亿美元，同比增长12.22%；净利润107.14亿美元，同比增长18.86%；各个产品的营收均保持同比增长，iTunes及服务更是取得有史以来最好的业绩。

2017财年第四季度，苹果公司的现金储备达到了2689亿美元，较上年同期增加313亿美元。同2016财年第四季度相比，其短期有价证券增加了72.21亿美元，长期有价证券增加了242.84亿美元，现金和现金等价物则减少了1.95亿美元。

（二）发布三款新机型，整体表现不佳

2017年苹果公司发布了iPhone 8/8Plus/X三部手机，但整体表现欠佳。

iPhone 8/8Plus出现了设备本身不完善、市场不认可等问题，一系列问题导致苹果公司砍掉50%~60%的iPhone 8供应商订单。而iPhone X也遭遇了各种问题。上游的OLED显示屏、三维识别传感器等零部件的供货存在困难，这些因素导致富士康的iPhone X产能较低。此外，OLED屏幕的自发光特性带来的亮度衰退、屏幕偏色、图像残留等硬伤，也对iPhone X的销量产生了影响，后续销售情况还有待市场消费者对iPhoneX产品使用体验的反馈与口碑。

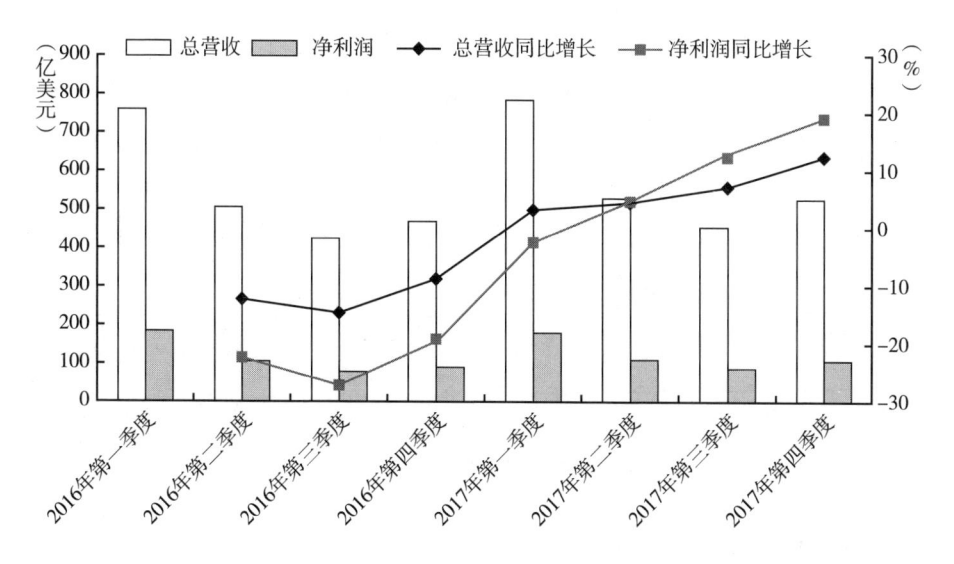

图 1　苹果公司总营收和净利润情况

资料来源：苹果公司财报。

随着硬件产品线的全线下滑，目前处于涨势的服务业务如 App Store、Apple Music 和 Apple Pay，成为苹果公司业务发展的支撑点。但由于硬件销售在营收中占据很大比重，几年内，苹果公司仍需依靠 iPhone 来支撑其业绩。

（三）大力发展增强现实技术，创造业务新增长点

苹果的收入主要依赖于苹果手机的销售，所以苹果公司一直在寻找下一个可能成功的热门产品，以实现多样化经济收入的目标。苹果现任首席执行官库克多次公开表示，苹果公司未来发展目标之一是增强现实（AR）技术，认为 AR 将是下一代苹果手机最具有商机的投资和最热门的卖点之一。AR 可以应用到娱乐、广告等一系列内容平台，从而带来巨大的机遇。

苹果公司在 AR 上组建专业团队、收购相关专利和布局已达 7 年之久。7 年间，苹果收购了 8 家以上的 AR 公司，如 2013 年收购了研发 3D 传感器的以色列公司 Primesense；2015 年收购了号称"AR 鼻祖"的德国初创公司

Metaio。通过长时间的布局与积累，2017年6月，苹果在其全球开发者大会（WWDC）上发布了基于单个摄像头的AR开发工具包——ARKit。这是AR的基础设施，包含大量AR算法、连接硬件和操作系统的算法以及一整套原生态开发工具包，其仅用单个摄像头和手机中现有的陀螺仪加速计，就能实现效果非常好的AR应用。通过ARKit，开发者可以直接在苹果iPhone和iPad上开发AR游戏、营销、购物、教育、装修等应用。

目前，苹果手机最新系统iOS11已完全支持ARKit，而iPhone8双摄像头也为AR应用的更好呈现做好了铺垫。

（四）"人为缓速"，苹果行为引争议

2017年12月，苹果承认出于用户体验、防止意外关机等考虑，故意对电池老化或者低温时的iPhone手机进行了降频，涉及iPhone 6/6s/7/SE四款型号。

此前，许多iPhone用户都曾怀疑过，每当苹果要发布新版iPhone手机的时候，它都会通过软件更新来降低老版iPhone的运行速度，进而促使消费者去购买新款iPhone手机。针对这些猜测，苹果承认了其中部分内容，并发布了一则声明，承认系统更新会让老版iPhone手机的运行速度变慢，但此举只是为了保护那些搭载了旧电池的老版iPhone有更好的待机时间。不过，苹果并没有承认这是强迫逼消费者换手机的手段，而是说"保护电池，防止手机突然关机或故障"。

此举引发全球果粉抗议。来自洛杉矶的两名用户在加州起诉苹果公司后，苹果公司在美国已陆陆续续受到了八起诉讼。消费者认为苹果公司在没有征得用户同意的情况下影响了设备的性能，而用户"从未要求苹果放慢旧款手机速度来节省电量，也没有要求苹果出台类似的功能"，指责苹果iOS系统的更新"以工程技术手段，故意地降低了iPhone 5、iPhone 6和iPhone 7的运行速度"，他们称苹果这种"欺诈性的，不道德而邪恶"的做法，违反了美国消费者保护法。而在法国，苹果公司也面临着一家法国消费者权益组织提起的诉讼。

目前，苹果公司已于美国时间 12 月 28 日就"降速门"事件在官网发布了一封公开道歉信，信中就早期的 iPhone 产品变慢事件进行了道歉，并且给出了相关解决方案。苹果表示从 2018 年 1 月底开始，公司将把超过保修期的 iPhone 电池替换费用从 79 美元下调至 29 美元。此外，公司还将在 2018 年年初发布操作系统更新，让用户对电池寿命有更多的了解。

苹果在致歉声明中指出，从未也绝不会有意地缩短任何苹果产品的寿命，或通过降低用户体验来强迫客户升级产品。

（五）深耕自动驾驶，加快专利布局

苹果公司自从将其汽车项目战略从设计生产汽车转变为给自动驾驶汽车提供软件技术支持以来，一直加强技术研发，并积极寻求与第三方汽车制造商的合作。

2017 年 12 月，美国专利和商标局公布了一项专利申请，披露了苹果自动驾驶汽车研究的细节。苹果公司曾公开表示，自动驾驶技术是"所有 AI 项目的母亲"。在相关自动驾驶技术中，苹果采用了将 AI 与汽车结合的设计思路，与传统自动驾驶技术主要依靠各种传感器的实时感知不同，苹果的自动驾驶系统可以利用 AI 不断的建立以及计算数据模型，从而达到预测路线、判断障碍物的效果。

苹果这项专利申请名为"自主导航系统"。在专利申请材料中，苹果描述了能使自动驾驶汽车提高导航效率并降低对定期更新详尽地图频率的解决方法。苹果在专利申请材料中称，许多自动驾驶汽车系统会根据静态信息，如地图，进行导航，然后利用传感器识别经常变化的物体的实时信息，把自动驾驶汽车所需要的处理能力降到最低水平。苹果申请的专利系统能"不使用任何外部设备向汽车提供的数据"，即不使用装载的静态地图导航系统数据，而是结合本地储存数据，利用车载感应器和处理器预测行驶路线的计算机化模型。

二 三星电子

企业名称：三星电子有限公司

营收规模：173.6万亿韩元（2017年前三季度）

净利润：29.67万亿韩元（2017年前三季度）

市值：357.5万亿韩元（2017年11月）

员工数量：30.87万名（2016年底）

国别：韩国

三星电子于1969年1月在韩国水原成立，原名三星电子工业，1984年2月更名为三星电子。三星电子不仅是韩国最大的电子产品生产企业，而且是三星集团所有子公司中规模最大、在国际市场处于较领先地位的跨国企业。目前，三星电子在全球各地拥有200多家子公司。三星电子的主要业务为无线通信芯片与晶圆代工、移动通信产品、半导体存储器、单片机和微处理器以及家用电器等。在全球最有名的100个商标排名中，三星电子是唯一的韩国商标。三星电子在2017年世界500强排行榜中位列第15名。

（一）年度业绩骤然回升，企业利润大幅增长

三星电子发布的前三季度财报显示，截至2017年9月30日，公司前三季度营业收入为173.6万亿韩元，较上年同期增长16.9%。前三季度运营利润为38.5万亿韩元，较上年同期激增89.8%；前三季度净利润为29.67万亿韩元，较上年同期激增89.7%，其中第三季度运营利润和净利润分别同比大幅增长179.4%和146.5%。

表1 2017年前三季度三星电子财务数据

单位：万亿韩元，%

项目	第一季度	同比增长	第二季度	同比增长	第三季度	同比增长
营业收入	50.55	1.5	61.00	19.7	62.05	29.8
运营利润	9.90	48.2	14.07	72.9	14.53	179.4
净利润	7.68	46.3	10.80	86.2	11.19	146.5

资料来源：三星电子。

从营业收入来看，三星电子最大的业务板块就是DS（设备解决方案部门），第二是IM（IT、移动通信），第三是半导体芯片（存储、图形CMOS等），第四是消费电子，第五是面板。从运营利润来看，DS同样最为成功，第三季度超过了10万亿韩元级别，较上年同期激增146.6%；得益于服务器和旗舰手机的存储芯片需求，三星的半导体芯片业务也得到了大幅提升，第三季度运营利润达到了9.96万亿韩元，略低于DS业务，较上年同期增长101.2%，实现了翻倍。在手机业务方面，三星凭借Galaxy S8系列的表现重新获得市场认可，逐渐走出Galaxy Note7爆炸事件的负面影响，全球市场份额占比微增，稳定在20%以上，居全球智能手机出货量第一名。

（二）半导体销售额有望超越英特尔，成为全球最大半导体供应商

自1993年以来，英特尔长期居于半导体行业市场份额第一的位置。2016年，英特尔的半导体销售额占据全球市场的15.6%，三星为12.1%；到了2017年，英特尔的领先优势就消失殆尽，据预计，2017年英特尔的销售额占比将回落到13.9%，而三星则将上升到15.0%，领先英特尔1.1个百分点，从而夺得半导体销售额榜单第一名的位置。从三星电子前三季度的财报来看，第三季度半导体销售额达到了19.91万亿韩元，环比增长13.3%，比2016年同期增长了51.4%。2017年以来，DRAM和NAND闪存的平均售价涨幅较大，内存产业供不应求，成为三星2017年半导体销售额增长的主要原因，同时在DRAM和NAND方面，三星居于全球市场份额第一的位置，2017年第三季度三星在NAND全球市场的份额已经达到了37.2%。

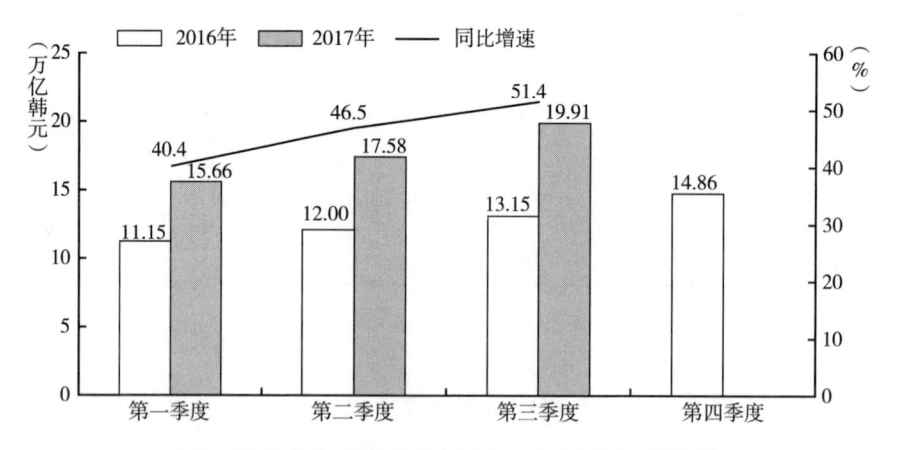

图 2　2016 年和 2017 年前三季度三星电子销售额数据

资料来源：三星电子。

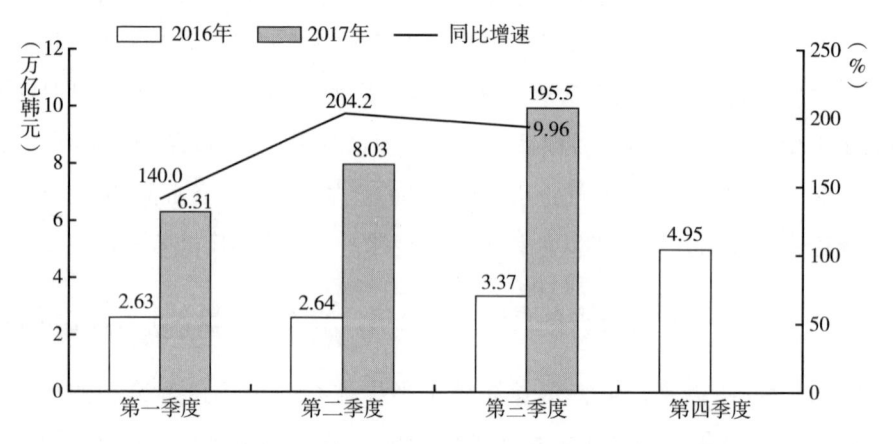

图 3　2016 年和 2017 年前三季度三星电子运营利润数据

资料来源：三星电子。

在堆叠式芯片方面，三星用于手机、相机和笔记本数据存储的 V-NAND 闪存已经堆叠了 64 层，拥有更大的数据存储容量和更快的处理速度。同时三星也已宣布未来 96 层版本的堆叠芯片。三星计划在 2017 年底量产第二代 10nm 工艺芯片（10LPP），在 2018 年底推出采用第三代 10nm 工艺的芯片（10LPU）。三星表示，10LPP 工艺比现有的 10LPE 工艺提高了 10% 左右的性能。2017 年 10 月，三星宣布其 8nm LPP 制程工艺的技术验证工作已经完成，即将试产，7nm LPP 制程也已提上日程，争取 2018 年下半年开始试产；2019 年研发出 6nm 和 5nm 工艺，到 2020 年实现量产 4nm 工艺芯片。在显示器方面，三星旗下三星 Display 是全球最大的显示器制造商，已控制 90% 以上当下最受欢迎的 OLED 手机屏幕市场。

为了继续推动业绩发展，三星计划在韩国至少投资 186.3 亿美元来保持并扩大在存储芯片和下一代智能手机显示器方面的优势，平泽工厂作为全球最大规模的半导体生产线已经正式投产，建于 2014 年的西安工厂第一生产线已经具备月产 12 万片 NAND 内存晶圆的实力，新的 NAND 芯片新生产线也在规划当中。

（三）布局汽车电子和自动驾驶，紧跟市场变化

2017 年 3 月 11 日，三星电子宣布已完成 80 亿美元现金收购美国汽车零部件供应商哈曼国际工业公司，从而正式进入汽车电子市场。哈曼国际是全球领先的互联网汽车解决方案提供商，有超过 3000 万辆汽车安装了该公司的互联网汽车音频系统，包括嵌入式信息娱乐、车载信息、互联安全服务等等。通过收购，三星获得了较大的市场份额，提升了三星在汽车电子这一细分市场的地位，有利于实现未来的业务增长。

之后不久，三星宣布正式进入自动驾驶领域，为发展自动驾驶和高级驾驶服务系统（ADAS）组建了汽车战略业务部门，向汽车初创公司和技术领域的投资达到 3 亿美元。而且，三星还将在三星研究院内设立人工智能中心，以此来应对当下不断变化的市场环境，提升应变能力及管理效率。

（四）股权混乱带来经营困难，掌门人身陷牢狱

三星集团李氏家族实际对三星集团每个实体拥有相对较少的股份，通过错综复杂的交叉持股才得以保持其对企业的控制权。以三星电子为例，前董事长李健熙实际只拥有三星电子 3.8% 的股权，但是他拥有三星人寿 20% 的股份，而三星人寿又拥有三星电子 8% 的股份，类似加上在其他实体所拥有的股份，李健熙控制了三星电子超过 20% 的股份，从而得以掌控企业。

这种复杂的股权结构限制了其他投资者的权利，影响了其他投资者的积极性，也导致企业很容易因控制人突如其来的变故而受到影响。一旦李健熙去世，其独子李在镕就必须支付巨额税金才能继承父亲的股权，以保持对三星的控制。李在镕被曝出向韩国前总统朴槿惠亲信行贿、挪用公款，并在2017年2月被批捕，一审获刑五年，这给三星未来的发展带来了不确定性。

三 英特尔

英特尔

营收规模：593.87亿美元（截至2017年第三季度）

净利润：103.16亿美元（截至2017年第三季度）

市值：9398亿美元（截至2017年12月4日）

员工数量：10万名

国别：美国

美国英特尔公司由罗伯特·诺伊斯、戈登·摩尔和安迪·格鲁夫在美国硅谷于1968年共同创立。经过40多年的发展，英特尔公司成为全球最大的半导体公司，其主要产品是广泛应用于计算机的核心芯片——中央处理器（CPU）。公司的CPU产品应用覆盖了从移动计算到大型服务器的各个领域。在2017年世界500强排行榜中，英特尔位列第144名。2017年，受英特尔公司战略转型的影响，英特尔首次让出已经连续占据22年全球半导体公司排行榜榜首的位置。2017年三星公司排名第一，英特尔公司排名第二。2017年是英特尔公司战略转型持续推进的一年，其从传统的PC公司向支持云与数十亿智能、连网设备的公司转型。公司业绩实现稳定增长，企业战略转型初显成效。2017 年，英特尔在 PC 领域实现技术升级，预计在 2018 年年初推出第一代 10 纳米工艺的产品。2017 年，英特尔把企业的战略重点放到了物联网和无人驾驶领域。英特尔公司斥资 153 亿美元收购以色列自动驾驶汽车技术公司 Mobileye，意图巩固其在无人驾驶领域的领导地位。

（一）公司业绩稳定增长，企业战略转型初显成效

2017 年是英特尔公司战略转型持续推进的一年，其从传统的 PC 公司向支持云与智能、连网设备的公司转型。第一季度，公司转型战略进展顺利，营收为 148 亿美元，同比增长 8%；第二季度，公司业绩实现持续增长，营收为 147.63 亿美元，同比增长 9%；第三季度，公司营收创下新高，达到 161.49 亿美元，除了核心的个人计算业务外，英特尔的数据中心业务、核心存储器业务、物联网业务都表现亮眼，其中核心存储器业务涨幅达 37%。在进行战略转型的 2017 年，英特尔实现了公司业绩的强劲增长。

2017 年，英特尔完成了大刀阔斧的转型，从过去以 PC 芯片为核心转型为以数据服务为新的核心的商业模式，英特尔的业务涵盖 PC 业务、云计算业务、存储器业务、物联网业务、自动驾驶业务等，并已形成多点开花的局面。英特尔公司推动越来越多的数据中心采用 Intel 架构，英特尔利用其在数据分析方面的优势，实现新的业务增长。英特尔在专注 PC 客户端和移动计算业务的同时，聚焦无人驾驶汽车、工业和零售业领域，并将其作为新业务增长的主要驱动力。英特尔还积极推进 5G 技术应用，利用其技术优势推动端到端 5G 系统的交付。

（二）PC 实现技术升级，物联网应用更加深入

2017 年，英特尔在 PC 领域推出了第八代酷睿家族 Kaby Lake – U Refresh 架构以及 Coffee Lake 架构处理器，预计在 2018 年年初左右第一代 10nm 制程工艺的 Cannon Lake 系列也将上市。英特尔在第八代酷睿中布局了两大 14nm 制程工艺的 Kaby Lake（第七代）、Coffee Lake 架构，同时还将布局第一代 10nm 的 Cannon Lake 架构。这不得不说是英特尔史无前例的一

次举动。英特尔第八代酷睿处理器的性能和效率明显提升。第八代酷睿相较第七代酷睿性能提升了40%，相比5年前的PC性能直接提升了2倍。性能和效率提升的主要原因是核心数的增加和设计及工艺的更新。其中，桌面级处理器由此前的最高四核八线程进化为最高六核十二线程；目前发布的移动级低电压处理器，由此前的最高双核四线程进化为最高四核八线程，这是促使第八代酷睿处理器性能大幅提升的最重要原因。

在物联网领域，面对物联网各类终端对于本地运算的不同需求，英特尔推出了可扩展的产品路线图，包括至强、酷睿、凌动、Quark、爱迪生等面向不同功耗、不同运算能力需求的产品系列。英特尔推出的Movidius视觉运算芯片和摄像头前端数据处理技术，就植入了独立神经运算引擎（Neural Compute Engine），支持边缘深度学习推断。其相关芯片和技术已经在海康威视的监控设备中得到了应用。基于对新零售模式的理解，英特尔推出了针对零售行业的解决方案，该方案涵盖了从底层商品、设备和消费者行为的数据收集，到中间层的各种物物连接的通信技术，包括存储与传输，再到上层云服务与大数据处理，包括利用人工智能的先进算法来进一步挖掘零售大数据的深层价值。其解决方案已经应用在Quotient公司的零售计划中，为消费者提供了更满意的购物体验。英特尔作为前沿发展实验室的重要合作伙伴，为NASA当前的研究提供支持，协助探索如何通过人工智能解决太空天气、太空资源和地球防御等领域的一系列问题。在5G方面，英特尔发布了首款支持5G NR（新空口）的试验平台——第三代英特尔©5G移动试验平台（MTP），能够对5G网络和设备进行快速的外场测试和互操性测试。

（三）收购合作战略升级，巩固其无人驾驶领导地位

2017年，英特尔把企业的战略重点放到了物联网和无人驾驶领域。2017年3月，英特尔斥资153亿美元收购以色列自动驾驶汽车技术公司Mobileye。Mobileye是一家专注于ADAS（高级辅助驾驶）的以色列技术公司，曾经与特斯拉合作，为其提供自动驾驶技术。英特尔通过收购Mobileye进一步巩固其在无人驾驶领域领导者的地位。

2016年，宝马、英特尔和Mobileye成立了自动驾驶汽车联盟。该联盟在2017年陆续有德尔福、大陆和菲亚特克莱斯勒3家重磅级汽车电子制造商和汽车厂商加入。自动驾驶汽车联盟目前有40辆自动驾驶汽车投放到公共道路上进行测试。同时，该联盟也会从Mobileye 2017年晚些时候开始在美国部署的100辆自动驾驶测试车上不断收集数据，以提升自动驾驶技术。

2017年9月，英特尔与无人驾驶汽车公司Waymo展开合作，共同设计无人驾驶计算平台，以支持无人驾驶汽车实时处理信息。Waymo是Alphabet旗下的子公司，专门从事无人驾驶汽车技术的研发。英特尔专门为Waymo开发了一款"定制芯片"，它既符合Waymo的传感器融合需求，也利用了英特尔芯片的处理能力。

四 台积电

企业名称：台湾积体电路制造股份有限公司（Taiwan Semiconductor Manufacturing Company Limited，TSMC）

营收规模：6998.8亿新台币（截至2017年第三季度）

净利润：2438.3亿新台币（截至2017年第三季度）

市值：1964.81亿美元（截至2017年12月）

员工数量：3万名

国别：中国（台湾）

台湾积体电路制造股份有限公司简称台积电（TSMC），成立于1987

年，是中国台湾最大的一家半导体制造公司，也是全球最大的集成电路代工企业之一。台积电在台湾地区设有三座先进的12英寸超大型芯片厂、四座8英寸芯片厂、一座6英寸芯片厂和两座后端封测厂，并拥有两家海外子公司，即 WaferTech 美国子公司和 TSMC 中国有限公司。2017年3月，随着英特尔股价下滑，台积电的市值终于首次超越这家美国芯片巨头，截至12月台积电市值已经达到了1964.81亿美元。在2017年全球前十大晶圆代工厂排名中，台积电位列第一，市场占有率达到55.9%。2017年台积电公司收益实现稳健增长，业务领域逐渐拓宽。2017年，台积电选定移动装置、高速运算电脑、智能汽车和物联网四大领域，作为企业未来发展的四大重心，并相应成立四大技术平台，分别是行动装置平台、高效能运算平台、汽车电子平台和物联网平台。

（一）公司收益稳健增长，业务领域逐渐拓宽

第一季度公司实现合并营收2339.1亿元新台币，同比增长14.9%，28纳米及更先进制程的销售额占到第一季度芯片销售额的56%；第二季度公司实现合并营收2138.6亿元新台币，同比下降3.6%，除了供应链库存管理和移动产品季节性因素外，持续的不利汇率因素也对第二季度业绩造成了不小的影响；第三季度公司实现合并营收约2521.1亿元新台币，同比增长1.5%。台积电预计第四季度营收将在第三季度的基础上增长11%~12%，为91亿~92亿美元。台湾拓扑产业研究院2017年最新的报告指出，在2017年全球前十大纳米工艺代工厂排名中，台积电排名第一，由于产能规模庞大加上高于全球平均水平的年增长率，台积电市场占有率高达55.9%。

2017年，台积电除了承接苹果公司新一代智能手机 iPhone 8 与平板电脑核心处理器 A11 的订单外也在积极拓宽业务领域。台积电对某些领域的人工智能进行研发投资，如移动计算、汽车电子、物联网、高性能计算等。台积电为相关的客户提供人工智能硬件的处理制造服务，这将对台积电未来业务起到推动作用。

（二）抓紧布局先进工艺，巩固中端芯片领域

2017年，台积电在10纳米工艺上实现量产，首批采用台积电10纳米工艺技术的移动芯片包括联发科Helio X30、海思麒麟970、苹果A11，10纳米工艺出货量的营收在第二季度占芯片营收的1%，第三季度猛增到10%。2017年，台积电击败三星，顺利拿下高通下一代处理器骁龙845/840 7纳米的生产订单。台积电7纳米从4月开始试产，目前与台积电合作的30家预定客户当中，有一半的客户计划以7纳米工艺技术打造高性能芯片，包括苹果A11X、联发科、华为旗下海思半导体以及英伟达。其中苹果A11X仿生芯片将基于台积电的7纳米工艺，采用8核心架构设计打造，并将用于下一代iPad Pro。台积电7纳米工艺技术已有12个产品设计定案，预计于2018年实现量产。在车用领域，7纳米工艺技术预计2018年通过AEC－Q100认证。5纳米工艺技术于2019年进入风险性试产，于2020年实现量产。11月，台积电宣布将会在台湾台南科技园建设一座3纳米的芯片工厂，这也是全世界第一座3纳米工艺芯片工厂。

除了在更先进的纳米工艺芯片方面有布局之外，台积电宣布在28纳米和16纳米工艺上持续扩充产能，其中28纳米产能再扩增15%，月产量提高至18万片；同时推出更具成本优势的22纳米和12纳米工艺技术，抢攻中端手机、消费性电子、数字电视、车用电子、物联网及高端网通等市场，以进一步提升公司效益。

（三）建构四大技术平台，主攻未来芯片发展四大领域

2017年，台积电针对半导体行业未来10年的发展，选定移动装置、高速运算电脑、智能汽车和物联网四大领域，作为企业未来的发展重心，并相应成立四大技术平台，分别是行动装置平台、高效能运算平台、汽车电子平台和物联网平台。高速运算电脑领域应用涵盖AI人工智能、智能车和智能医疗、智能家庭、智能工厂和智能城市，也是继智能型手机后，被视为未来提升台积电营收的关键领域。四大领域未来发展的关键是高速运算芯片，这

需要用7纳米以下更先进的纳米技术来生产这些先进的芯片,台积电乐观预估,到2025年,高速运算电脑芯片年复合成长率高达25%,足见爆发力惊人。

在行动装置平台方面,台积电表示,针对客户在高阶产品的应用,将提供7纳米、10纳米鳍式场效晶体管（FinFET）、16FF+、20纳米系统单芯片、28纳米高效能及28纳米移动式高效能等逻辑芯片制造工艺。针对客户在低阶到中阶产品应用,台积电则将提供12FFC、16FFC、28纳米低功耗、28纳米高效能低功耗、28HPC、28HPC+和22ULP等不同逻辑芯片选项及完备的IP核。

在高效能运算平台,台积电将提供7纳米、16纳米FinFET和28纳米等逻辑芯片制造工艺,以及高速互连技术等完备的IP核,满足客户对数据高速运算与传输的需求。

在汽车电子平台,台积电将向客户提供7纳米FinFET、16纳米FinFET、28纳米到40纳米的逻辑芯片制造工艺,以及多样射频、嵌入式闪存、传感器和通过美国汽车电子协会AEC-Q100 Grade-0等级制程规格验证的电源管理等特殊芯片制造工艺。

在物联网平台,台积电将提供16纳米、12纳米、28纳米、40纳米到55纳米的超低功耗逻辑芯片制造工艺选择,也向客户提供多样射频、嵌入式闪存、新兴内存、传感器、显示芯片等特殊芯片制造工艺。

五　思科

企业名称：思科系统公司（Cisco System Incorporated）

营收规模：480亿美元（2017财年，2016年7月26日至2017年7月29日）

净利润：96亿美元（2017财年，2016年7月26日至2017年7月29日，GAAP标准计算）

市值：1704.63亿美元（2017年10月31日）

员工数量：7.7万名（2017年12月）

国别：美国

思科成立于1984年12月，总部位于美国加利福尼亚州，是全球最大的网络设备供应商，业务范围覆盖网络软硬件的制造、解决方案以及网络安全等，主要产品有交换机、路由器、服务器、网络存储、网络操作系统与管理系统、网络安全、无线通信等，用户所涉领域较广，包括电信、金融、服务、零售等行业企业、政府部门以及教育机构等。2017年，思科加快其转型之路，发布新一代网络，力图由硬变软，再创辉煌。

（一）转型乏力，第四季度净利润骤降

"从全球最大的网络公司变身为全球第一的IT公司"，自思科的新目标提出以来，公司开始了从上至下的全面转型。但是截至2017年7月29日，2017财年全年业绩报告显示，思科转型效果并不明显，数据不及市场预期。2017财年思科实现销售额480亿美元，同比下降2%；净收入为96亿美元（按GAAP标准计算），比2016财年的107亿美元下降11%；每股收益为1.9美元，下降10%。

2017财年第四财季财报显示，当季销售额为121亿美元，同比下滑4%。根据美国通用会计准则（GAAP）计算的净收入为24亿美元，同比下滑14%；非GAAP净收入为31亿美元，同比下滑3%；当季的毛利率无论是环比还是同比都出现了下滑，美洲下降6%至72.02亿美元，EMEA（欧洲、中东和非洲）下降6%至29.27亿美元，APJC（亚太、日本和大中华区）增长6%至20.04亿美元。

思科连续多个季度业绩表现出疲软，一方面是由于政府财政预算削减等环境因素，但是最为核心的仍然是公司在转型中的步伐缓慢。具体表现

为公司硬件业务大幅下滑，但新的盈利支撑点尚未崛起。2017财年第四财季，产品销售额下降5%，而服务销售额仅增长1%。分产品来看，无线和安全产品现在是思科的业绩支撑点，分别增长5%和3%；运营商视频、数据中心和协作产品销售额分别下降10%、4%和3%。而交换机与路由器这两大业务双双下滑9%，降幅比上个季度再度扩大，直接导致了思科整体营收出现下滑。

（二）维持固有优势，发布新一代网络

2017年6月21日，思科推出了基于意图的新一代网络解决方案，致力于打造一个能够预测行动、阻止安全威胁路径、持续自我演进和自我学习的新一代系统，从而帮助企业在联结性不断增强、分布式技术持续演进的时代中，创造全新机遇。该网络系统具备持续的自我学习、自我调整、自我优化和自我保护功能，能够优化网络运营并抵御网络威胁。

新一代网络是一个智能且安全的平台，基于意图的网络能够改变传统IT流程，自动了解用户意图，使得短短几分钟内管理数百万设备变成可能；新一代网络能够解读包括人物、事件、时间、地点和方式等在内的环境数据信息，使企业能够拥有更高的安全性、更快的运营速度，获得更具个性化的体验；新一代网络还在思科传输的海量数据中应用了机器学习技术，以使其能够提供切实可行的预测性洞察。

在重新定义网络的基础上，思科将意图和环境方面的功能运用到整个思科产品组合中，包括下一代数据中心架构、高级物联网应用、安全产品组合、端到端分析产品等。

（三）继续推进物联网战略，发力工业4.0

当前，作为全球最大的网络硬件厂商之一，思科拥有全球约63%的路由器和交换机市场、30%的网络安全市场。2017年，思科继续布局物联网，积极推进物联网技术和解决方案的开发和应用，并加快推动工业4.0发展。

为了充分提高数据的利用程度，2017年4月，思科推出了三款面向工

厂管理人员的全新解决方案，进一步丰富了其互联工厂产品组合。通过全新的解决方案和思科全数字化网络架构（DNA），思科为实现工业4.0奠定了更为坚实的基础。该解决方案具有如下特点：一是可支持时间敏感型网络（TSN），能够有效保护数据并确保关键任务应用在网络上平稳安全运行；二是具有开放性和不依赖于特定分析引擎的特性，通过可视化工具Connected Asset Manager（CAM）for IoT Intelligence，能够从多种来源提取数据，并能够整合工厂已有的众多数据线程；三是直接面向包括IT人员在内的所有操作人员，能够全面控制车间网络，降低工厂的停机风险，且无需人工编程，安装托管交换机即可实现相关功能。

此外，在此前召开的Cisco Live 2017用户大会上，思科公布了一系列新的物联网解决方案，发布了Control Center 7.0，同时还推出了两项新的增值服务，进一步强化了其在物联网领域的竞争力。

六 华为

企业名称：Huawei Technologies Co. Ltd

营收规模：约5216亿元人民币

营业利润：约475亿元人民币

员工数量：约18万名

国别：中国

华为技术有限公司成立于1987年，最初是一家生产用户交换机（PBX）的香港公司的销售代理，现已成长为全球领先的通信设备生产商和信息与通信技术（ICT）解决方案供应商，其产品主要涉及交换、传输、无线和数据通信类电信产品以及无线终端产品，并为通信运营商和专业网络用户提供软件、服务及解决方案。目前，华为的产品和解决方案已应用于全球170多个国家和地区。华为在2017年世界500强排行榜中排名第83位，较2016年提升46个位次，首次进入前100名。

（一）销售收入稳步增长，全球排名实现飙升

2017年上半年，华为公司全球销售收入达到2831亿元人民币，同比增长15%，营业利润率为11%。在运营商业务、消费者业务和企业业务三大业务领域，公司业绩均获得稳健增长，全年有望保持良好的增长势头和财务状况，预期乐观。

在运营商业务方面，华为持续推进全行业的数字化转型，协助运营商降低端到端的建网成本，引领4.5G持续演进和5G合作创新，抓住B2B、物联网、视频等重大机遇，帮助运营商激发现网潜能、构建全云化网络；在企业业务方面，大数据、云计算、存储与服务器、全面云化网络、物联网、企业无线等创新产品和解决方案在制造、电力、交通、政府、金融等行业，尤其是在平安城市领域得到广泛应用，同时华为还加大在开源社区、开发者平台、商业联盟、产业联盟等领域的投资和建设力度；在消费者业务方面，2017年华为上半年销售收入达到1054亿元人民币，同比增长36.2%，智能手机发货量为7301万部，同比增长20.6%，在全球高端智能手机领域所占份额有所增加，在高端机型方面，最新旗舰Mate9及Mate9 Pro的全球销量达850多万部、时尚旗舰P10及P10 Plus的销量达600多万部，华为高端品牌的全球影响力进一步提升。在平板电脑方面，2017年前三季度，华为平板销量保持较高增速，销量达到910万台，同比增长33.8%，超越联想，上升至全球平板电脑市场第三的位置。

近年来，华为在世界500强中的排名实现了连续提升，2011年，华为

的排名为第 352 位，但 2017 年上升至第 83 位，6 年间提升了 269 个位次，成为首个进入百强榜的中国科技企业。

（二）积极布局车联网，紧跟时代发展趋势

在车联网产业快速发展的新阶段，华为积极布局车联网相关领域，将车联网领域细分为云、管、端三个部分，并将具体发展阶段分为车载信息服务、智能网联服务和智能交通出行服务三个阶段。其中，端是指车辆，即为车辆提供通信芯片和模组使其能够联网；管是指网络，即 4G、5G 网络和网关、车载 WiFi 等，搭建 LTE-V 车联网网络；云是指后台管理系统，可以与车企、车辆和驾驶员实时互通信息。2017 年 2 月，华为已经在德国开展 5G 自动驾驶测试，包括车辆紧急协同制动、高速无人运输车队的超近距离编队行驶等。2017 年 6 月，华为在世界移动大会上与上汽、移动合作演示了一辆远程驾驶汽车。同时，华为还积极与车企合作，与 PSA 集团合作开发车联网安全系统和平台，提供包括远程汽车故障诊断、远程电池充电、预热、云端软件更新、汽车共享、交通信息及导航，以及定制化的车载服务在内的新型服务。除此之外，2017 年 6 月，华为和广汽集团签订战略合作协议，双方将在企业管理、云计算、大数据、车联网、智能驾驶、新能源和国际化业务拓展等领域展开深入合作。2017 年 9 月，华为与北汽新能源签署战略合作协议，双方将在云计算、车联网、能源互联网等领域进行深度合作。

（三）5G 研发取得重大突破，测试成绩显著

华为在 5G 的研发方面做了大量的工作，从资金投入、研发实力和技术转化等来看，均属全球领先。5G 的核心关键技术，即新波形、新编码等技术的标准已被采纳为全球 5G 统一标准，这是中国通信史上的第一次。在新波形方面，华为研发的可变子载波带宽的接入波形 F-OFDM 已经获得 3GPP 标准组织的认可，成为全球统一的 5G 的混合新波形技术标准。在 2017 年 IMT-2020（5G）推进组组织的中国 5G 技术研发第二阶段测试中，

华为的预商用系统率先完成关键网络架构的测试，在多项指标排名中位列第一：小区（覆盖半径 500 米）峰值速率达到 32Gbps，空口时延为 0.36 毫秒，每小区每分钟连接数达到 217 万——这些指标均远远超出国际电信联盟对 5G 的要求。

除此之外，华为与多家国内外企业就 5G 研发展开合作。华为—东风—交通部公路院召开三方合作研讨会，对基于 LTE-V/5G 的网联式无人驾驶技术进行了探讨和实车演示体验，包括手机一键招车、协作换道、动态限速、路口智能调度、隧道通行、动态路径规划和编队、自动停车等应用场景的演示。为研发智能实时通信系统（V2X），华为与博世及英国移动网络运营商沃达丰联手，共同研发了 LTE-V2X 技术。华为致力于车用移动式无线模块的研发，并为车载无线通信系统和信号基站提供所需的通信模块。华为在德国慕尼黑和德国航空航天中心对使用 5G 网络的无人驾驶进行了测试，证明 5G-V2X 技术在车联网的车车通信中能够满足高可靠和低时延的性能要求，能够避免车辆碰撞。同时，华为和德航还在合作进行更为复杂的车辆智能编队应用场景的研究与测试，进一步推动了无人驾驶场景验证的发展。华为与 LGU+ 宣布已在韩国首尔江南区完成 5G 预商用网络测试，这是全球首个大规模的 5G 网络测试，包括在 5G 测试车上演示基于 5G 网络的 IPTV 4K 超高清视频实时点播业务，验证双连接、小区间切换技术等。

七　高通

企业名称：高通公司（Qualcomm Incorporated）
营收规模：223 亿美元（2017 财年）
净利润：25 亿美元（2017 财年）

市值：953.78亿美元（NASDAQ：QCOM，2017年12月15日）

员工数量：3.3万名（《财富》数据）

国别：美国

高通（Qualcomm）创办于1985年，是一家美国的无线电通信技术研发公司，其公司名称Qualcomm就是由"质量（Quality）"和"通信（Communications）"两个单词的前4个字母组成的，公司总部驻于美国加利福尼亚州圣地亚哥市。2017年，高通净利润和营收双双下滑，其中苹果与高通的诉讼，导致苹果及其合同供应商拒绝向高通支付高额专利费，致使高通利润出现断崖式下滑。预计2018年高通的营收会有所上涨。与此同时，高通拒绝了博通公司1050亿美元的要约收购，而博通公司并没有放弃收购高通。在产品方面，高通于2017年底发布一款基于10纳米工艺的产品骁龙845处理器，主打沉浸式计算，全面支持人工智能和扩展现实，芯片制造工艺又上一个新台阶。

（一）营收逐步回暖，利润大幅下滑

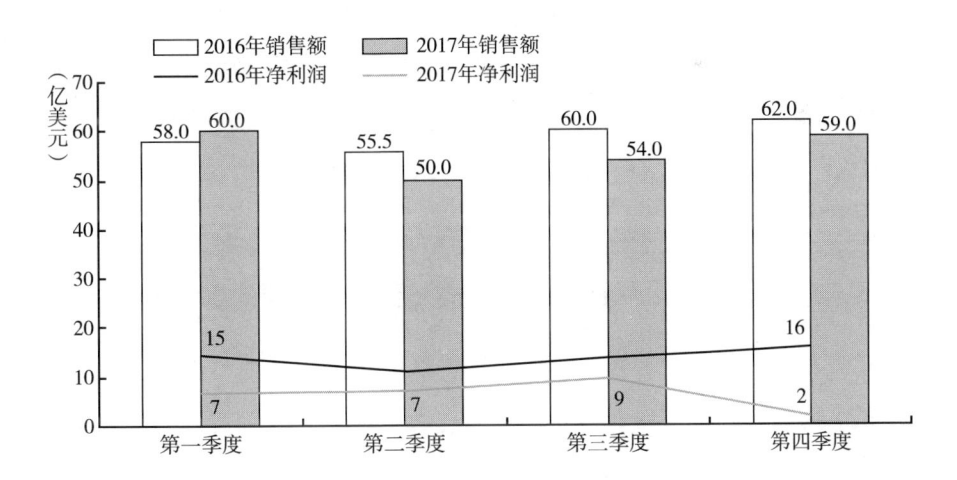

图4　2016~2017财年高通各季度销售额与净利润情况

资料来源：根据高通2016~2017财年各季度财报整理。

2017财年，高通净利润和营收双双下滑。本财年，高通销售额为223亿美元，同比下降5%，呈现持续衰退的态势；净利润为25亿美元，同比减少32亿美元。净利润大幅下滑的一个主要原因是受苹果及其合同供应商拒付专利授权费的影响。从高通2017年各季度财报来看，营收呈现出第二季度触底，第三、第四季度逐步回暖的发展态势，而净利润较2016年出现大幅下滑，在第四季度跌至谷底。在营收方面，上半年继续维持2016年大幅度衰退的趋势，下降幅度达到10%，下半年开始营收逐步回暖，但与2016年同期相比仍低11%，回暖势头不足以弥补上半年衰退的幅度，因此高通2017年全年营收依然呈现下滑态势，预计2018年高通的营收会有所上涨。在净利润方面，高通全财年的数据都低于2016年，尤其是第四季度净利润跌至谷底，全年净利润不足2016年的二分之一。

高通2017年第四季财报显示，与苹果的专利大战，导致苹果及其合同供应商拒绝向高通支付高额专利费，致使高通利润出现断崖式下滑。2017财年，高通技术授权费为64.45亿美元，营收贡献为28.91%，其中第四季度净利润为2亿美元，同比下滑89%。2016财年技术授权费为76.6亿美元，营收贡献为32.5%。2015财年技术授权费则高达79.47亿美元，营收贡献为31.43%。从整体上看，高通业绩出现下滑，其主要原因是"高通税"这两年在全球遭遇危机，政府处罚、与苹果等巨头的专利战影响了"高通税"的收入增长，同时为竞争市场销售费用和研发投入不断加大，也降低了利润率。

（二）高通与苹果专利大战，"高通税"商业模式引质疑

苹果与高通已合作多年。苹果一直想降低高通"基带"成本，同时还想压低高通的专利授权费，因此一直与高通谈判。2017年初，苹果最先发起诉讼，认为高通垄断无线芯片市场，并相继在美国、英国、中国发起诉讼，提出索赔。随后高通反诉，认为苹果先违反协议，在iPhone 7中故意不充分发挥其芯片的性能，并连同将包括鸿海精密、纬创资通、仁宝电脑以及和硕联合在内的几家苹果代工厂一起告上法庭。

"高通税"的商业模式之所以引起越来越多的反对声音，主要有两个原因：一个是如苹果所说，一部手机只是使用了高通的部分器件和专利却要按照整机销售价格向高通支付专利费，这是不合理的。另一个是高通的反向授权让高通之外的任何人的专利成为废纸一张，任何使用高通产品的人都需要无偿免费授权给高通，以及使用高通专利的其他人，也就是你只要使用高通的产品，你就不需要再找任何也使用了高通专利的人进行专利授权。针对这一点，业内很多人从公平的角度和对创新的激励角度也多有批评。

除了苹果之外，在全球范围内，已有多家厂商爆出暂停对高通支付专利费用的消息，当中包括华为和三星两家巨头。苹果的诉求非常明显，就是要改变高通的专利授权模式，但是华为、三星等所谓的拒付，并非为了寻求改变"高通税"的基本结构，而只是获得与高通谈判的更多筹码而已。

（三）芯片制造工艺又上新台阶，深陷收购与反收购旋涡

2017年12月5日，高通公司发布新一代旗舰产品Qualcomm®骁龙™ 845，主打沉浸式计算，全面支持人工智能和扩展现实（即XR，包括AR、VR以及MR）。高通表示，骁龙845移动平台"旨在帮助消费者拍摄影院级视频，以及打通物理世界和虚拟世界之间的界限"。在VR方面，骁龙845是目前业界首款支持inside-out 6DOF室内空间定位、即时定位与地图构建（SLAM）和手势识别的移动平台。这让VR用户可以在某个区域里自由走动、使用手势与虚拟世界进行更加真实的交互，可以媲美甚至超越PC VR的沉浸体验。和骁龙835相比，新一代骁龙845的CPU性能提升25%、GPU性能提升30%、功耗降低30%，这对于VR来说意义重大，因为VR天然需要极大的计算量。以显示为例，VR的双目原理和360°内容让需要处理渲染的计算量高达普通2D内容的数倍。另外，位置追踪、手势追踪和实时渲染也需要进行大量的数据计算和处理。

高通在2016年10月同恩智浦半导体达成了收购协议，当时协议中的收购价格是每股110美元、总额380亿美元，虽然双方达成了协议，但持有恩智浦半导体股份的埃利奥特管理公司在2017年提出了不同的意见。埃利奥

特管理公司认为高通利用恩智浦半导体股价正处于低潮的有利时机，提出每股110美元的收购报价，低估了恩智浦半导体的股票价格。该公司要求高通将每股的收购价格由110美元提高到135美元，135美元的收购价格较协议最初达成的价格高出了22.7%，这样收购总额也将提高到470亿美元，比之前的380亿美元高出了90亿美元。高通拒绝了埃利奥特管理公司提出的要求。

2017年12月，美国高通对博通公司1050亿美元（包括债务高达1300亿美元，以下的收购报价均不包括高通债务）的收购要约予以拒绝，表示低估了高通的价值。但博通并没有放弃，目前博通已推举了11位高通董事会的提名人选，谋取在2018年3月6日的高通股东大会上取代高通现在的董事会，借此推进收购高通的计划。高通若能按之前协议中的价格收购恩智浦半导体，成功之后将使股东增强对现在管理层和董事会的信心，对于博通公司恶意收购的举动也能做好十足的准备工作。

参考文献

苹果公司官网，www.apple.com。
苹果公司财报，2016~2017年。
《第二起诉讼！美消费者称苹果让iPhone变慢是欺诈》，网易科技，2017年12月22日。
《2017年财富世界500强排行榜》，财富中文网，2017年7月20日。
《三星发布2017年第三季度的财报，营收62.05万亿韩元》，搜狐网，2017年10月31日。
李文龙：《三星电子完成哈曼国际并购案，进军汽车电子领域》，盖世汽车，2017年3月14日。
《英特尔大刀阔斧转型，牺牲2017年业绩也值得》，TechNews，2017年3月18日。
英特尔官网，https://www.intel.com/。
尹航：《全是亮点CJ2017英特尔做了这几件事》，中关村在线，2017年7月29日。
台积电官网，http://www.tsmc.com/。
《四大支柱，撑起台积电的下一个十年》，《经济日报》2017年10月16日。

《台积电 7 纳米抢回高通订单 28nm 产能再扩增 15% 通吃市场》，搜狐网，2017 年 6 月 13 日。

《思科公司 2017 财年财报》，思科公司官网，www.apple.com。

《思科如何用新一代网络诠释"意图"的力量!》，搜狐科技，2017 年 7 月 17 日。

《思科开启网络新时代》，思科公司官网，2017 年 6 月 20 日。

《华为公司 2016 年的年报解读》，万物云联网，2017 年 4 月 3 日。

《2017 年财富世界 500 强排行榜》，财富中文网，2017 年 7 月 20 日。

《华为发布 2017 年上半年经营业绩》，华为官网，2017 年 7 月 27 日。

赵永新：《杠杠滴！华为 5G 领跑全球》，人民网，2017 年 9 月 27 日。

高通官网，https://www.qualcomm.com/。

《华为三星停止支付高通专利费，是趁火打劫还是助攻博通收购高通》，搜狐网，2017 年 11 月 17 日。

李诗：《专为 XR 打造，高通骁龙 845 为 AR/VR 带来了什么改变?》，雷锋网，2017 年 12 月 7 日。

政策法规篇

Policies and Regulations

B.20
2017年主要国家和地区推动产业发展的政策措施

刘晓馨 李宁宁 邓卉 孟拓[*]

摘　要： 当前，全球电子信息产业在世界范围内的布局调整和资源配置进一步深化，新兴经济体在电子信息产业领域的市场份额持续增长，发达经济体的市场份额逐步微弱下调。电子信息产业创新不断涌现，电子信息技术在经济发展中的作用更加受到重视。2017年，美国、日本、欧盟、韩国、印度等主要国家和地区纷纷出台了一系列政策措施，以推动电子信息产业的创新发展。

---

[*] 刘晓馨，国家工业信息安全发展研究中心（工业和信息化部电子第一研究所）高级工程师，研究方向：电子信息产业、技术创新；李宁宁，国家工业信息安全发展研究中心（工业和信息化部电子第一研究所）工程师，研究方向：技术创新、物联网；邓卉，国家工业信息安全发展研究中心（工业和信息化部电子第一研究所）高级工程师，研究方向：信息通信产业与技术；孟拓，国家工业信息安全发展研究中心（工业和信息化部电子第一研究所）工程师，研究方向：电子信息与消费电子。

关键词： 电子信息产业　技术创新　制造业

一　2017年美国推动产业发展的政策措施

（一）积极推动制造业回流

吸引制造业回流是特朗普竞选时提出的重要口号。特朗普吸引制造业企业回流美国的政策构想包括减税、简化监管体系、降低能源价格三大方面。另外，还包括对贸易协定的重新谈判，增强对本国制造业出口的贸易保护，吸引资金回流美国制造业。

减税政策包括降低个人所得税以及企业税，以有效降低企业用人成本以及境内企业经营成本，对回流美国的企业再额外降税，取消企业海外保留利润延迟缴税的做法，以吸引企业回流美国和调回海外保留利润。

放松政策监管也是特朗普吸引企业回流美国的重要手段。据美国国家制造业企业协会估算，繁复的监管政策每年给企业增加大约2万亿美元的额外支出，约为美国2015年GDP总量17.87万亿美元的10%。特朗普政府的目标是将政策监管带来的企业支出减少10%，约2000亿美元。

特朗普政府还计划取消对于能源行业，其中包括开采、生产、运输等所有相关环节的限制条款，支持能源行业扩张，此举将有效降低能源价格，从而降低制造业企业能源成本。

特朗普政府也计划对美国进口产品增加贸易壁垒，就不平等贸易条款重新进行谈判，针对一些国家或行业增加惩罚性关税。

特朗普上任伊始，就签署了退出《跨太平洋伙伴关系协定（TPP）》、削减对美国制造业的监管规则以及三项关于输油管道建设的总统备忘录，还签署了行政命令"简化监管及控制监管成本（Reducing Regulation and Controlling Regulatory Costs）"，要求引入一项新规，就要撤销两项已存在的规则。随后启动了北美自由贸易协定（NAFTA）重新谈判程序。承兑大幅减税承诺的税改议案也获得了参议院和众议院的通过。目前，特朗普力促制造业回流的战略已取得一些效果，苹果、通用电气、福特等一些大公司，纷纷计划或已经开始向美国制造业投入新的资金。

（二）大力加强网络安全建设

2017年5月，美国总统特朗普签署"增强联邦政府网络与关键性基础设施网络安全（Strengthening the Cybersecurity of Federal Networks and Critical Infrastructure）"行政命令，要求采取一系列措施来增强联邦政府及关键性基础设施的网络安全，其主要内容包括三个部分：保护联邦政府的网络、保护关键基础设施的网络和保护国家网络安全。在保护联邦政府的网络安全部分，明确各联邦机构负责人将负责承担风险管理措施相关责任，应利用国家标准技术研究所制定的关键性基础设施网络安全改进框架或任何后续文件管理机构内的网络安全风险，并在90天内提交相关网络安全风险评估报告。在保护关键基础设施的网络安全部分，行政命令要求明确各行政机构实施关键基础设施安全保障工作的权限和职能，并于180天内提交网络安全风险评估报告，之后每年重新评估并提交一次评估报告，此外，还要求提交增强基础设施交易市场透明度、减少自动分布式攻击威胁、评估电力中断事件响应能力、分析美国国防工业基础设施所面临风险等四方面的报告。在保护国家网络安全部分，行政命令要求国务卿、财政部长、国防部长、司法部长、商务部长和国土安全部长等，在90天内提交就更好地保护美国民众免受网络威胁的战略选择方案报告，此外，还要求在网络安全领域积极开展国际合作以及大力发展网络安全人力资源并提交相关报告。

（三）持续推进自动驾驶发展

2016年9月，美国交通部出台了《联邦自动驾驶汽车政策指南》（Federal Automated Vehicles Policy，FAVP），该指南的核心是要求汽车制造厂商对自动驾驶汽车上路进行全面的安全评估，并针对自动驾驶汽车的设计、开发、测试和部署提出了15项安全规范。2017年9月，美国交通部又出台了《自动驾驶系统 2.0：安全性愿景》（Automated Driving Systems 2.0：A Vision for Safety），其将作为最新版本取代 FAVP，以更灵活的方法来推进自动驾驶汽车安全技术的创新发展，包括自动驾驶汽车性能指导、州政府法规指导、NHTSA（美国高速公路安全管理局）现有监管方式、未来监管方式创新四部分内容。该指南中明确规定了有关自动驾驶安全评估的 15 个项目：数据记录和共享、隐私、车辆网络安全、耐撞性能、消费者教育和培训、车辆在撞击中的存活能力、车辆撞击后的反应表现、操作设计、对道路上物体和事件的探测等。另外，该指南要求致力于自动驾驶技术的车企及科技公司共享大量安全及软件方面的数据，这成为此项政策颁布之后最大的争议焦点。

二 2017年日本推动产业发展的政策措施

（一）发布政府"工程表"，推动人工智能技术发展

自日本将人工智能作为国家增长战略的优先领域以来，以总务省、文部科学省、经济产业省为首的相关组织积极推动人工智能技术的发展。

2017 年 3 月，"人工智能技术战略会议"发布政府"工程表"。"工程表"主要分三个阶段，以期通过人工智能的运用，实现生产、流通、医疗与护理等领域效率的大幅提高。

第一阶段（2017~2020 年）：取得无人工厂和无人农场技术，实现在新药研制过程中的人工智能支持，实现人工智能对生产设备故障的精准预测。

第二阶段（2020~2030 年）：达到人与物输送及配送的完全自动化，机器人的多功能化及相互协作，实现个性化的新药研制，实现家庭的"智能化"，即家庭与家电人工智能的完全控制。

第三阶段（2030 年以后）：推动护理机器人的应用及普及，使其成为家庭的一员，实现出行自动化及无人驾驶的普及，将人为原因导致的交通事故死亡率降为零，实现潜意识的智能分析及本能欲望的可视化。

（二）提出"未来投资战略"，推动物联网建设和人工智能应用

2017年6月9日，日本政府在临时内阁会议上通过了2017年"骨太方针"和"未来投资战略"，明确指出未来的目标是实现将人工智能（AI）、机器人等先进技术最大化并运用到智能型"社会5.0"中，确定以人才投资为支柱，重点推动物联网（IoT）建设和人工智能的应用。

骨太方针强调了教育的重要性，计划"通过人才投资提高生产率"，进而解决劳动力不足等问题。除了关注幼儿教育，提出教育无偿化外，还提出要完善奖学金制度，并通过无息助学贷款和减免学费等措施，分阶段减轻大学学费负担。此外，骨太方针还提出消除正规和非正规雇佣劳动者之间不合理的待遇差距，实现职工工作方式的多样化选择等。

"未来投资战略"主要内容是灵活运用人工智能等尖端技术，把包括物联网、人工智能等技术在内的高新技术应用到所有产业和社会生活中，主要包括健康、移动、供应链、基础设施和先进的金融服务等领域。具体目标包括：2020年正式将小型无人机应用于城市物流；2022年在高速公路上实现卡车列队自动行驶的商业化。

同年9月8日，日本政府召开"未来投资会议"，鼓励日本企业加大对人工智能、物联网等能够提高生产率的技术的投资力度。

（三）出台《科学技术创新综合战略2017》，扩大共同投资

2017年6月，日本内阁会议出台《科学技术创新综合战略2017》（以下简称《综合战略》），重点论述了日本未来国家层面的科技发展方向，并提出要"扩大科技创新领域官民共同投资"。

除继续落实超级智能社会（Society 5.0）战略外，为实现《第五期科学技术基本计划（2016～2020年）》中设定的"到2025年实现企业对大学、国立研究开发法人等投资增长三倍"的发展目标，《综合战略》将"扩大科技创新领域官民共同投资"作为新的重点任务进行布局，推出三项创新政策举措以深化产学研之间的创新合作。

第一，设立"推进费"，以政府研发投资带动民间研发投资，并争取预算保障。

设立"科技创新官民投资扩大推进费（暂定）"（以下简称"推进费"），并在内阁综合科技创新会议之下设置"科技创新官民投资扩大推进费目标领域探讨委员会"，指定研发投资目标领域。内阁府意图通过筛选、评价各部委提交的政策提案，将具有目标领域针对性的政策提案作为推进费的实施对象，借此引导各部委的政策侧重。2018年主要针对①人工智能、IoT（物联网）、大数据等网络空间基础技术；②机器人、探测等物理空间基础技术；③创新防灾、减灾技术及建设、基础设施维护管理技术三大目标领域进行重点培育。这项举措需要内阁府能够在预算编制过程中得到经济财政咨询会议、财务省的财力支持，以保障实施推进费的预算规模。同时，内阁府期待能够通过该举措，以政府研发投资为杠杆撬动民间研发投资，与"战略创新创造项目"相互配合，发挥协同效应。

第二，扩大研发投资的相关制度改革。

①对大学与国立研究开发法人进行改革，强化开放式创新，加强与民营企业的合作，促进组织与组织之间的产学合作。②为有效吸收外部资金，创新多种手段实现资金来源多元化，包括建立易于捐赠的制度体系、培育捐赠文化等。③推动高校及国立研究开发法人创业投资型企业的发展，形成知识、人才、资金的良性循环。通过多元化的创业投资主体实现技术源头与市场需求间的有效匹配和对接。同时，对价格竞争力较弱的创新技术，运用政府采购方式推动成果转化，培育扶持中小风险型科技企业。④重视地方科技创新，强化地方高校、国立研究机构与地方企业之间的合作关系。通过科技创新，带动地方经济发展。通过产学官合作，加强科技创新型人才的培育。

第三，以客观依据为基础，有效扩大官民共同研发投资。

为有效利用政府研发投资、吸引民间投资，提高官民共同投资的实施效果，对研发投资及其实施效果进行"可视化"评价，构建和活用能够提供重要政策课题判断素材的"证据系统"，科学合理配置科技资源。根据《科学技术基本计划》探讨相关指标，跟进和公开相关数据，依据客观数据实现创新政策的"计划—实施—检查—处理"良性循环。

三 2017年欧盟推动产业发展的政策措施

（一）拟为机器人立法，规范机器人发展

2017年2月16日，欧洲议会以396票对123票通过了为机器人立法的决议，决定为机器人的开发和使用设置道德框架，为包括自动驾驶汽车在内的机器人行为建立责任追索机制。

决议主要内容包括：作为机器人的开发者，需要给机器人设计一个键关闭的开关，确保在突发情况下能立即"杀死"机器人；需要确保机器人做出的所有决策的步骤都是可以重新编程，并且可以追溯的；需要确保机器人的代码都是透明的，以保证其行为可以被完全预测；需要确保机器人的"机器性"，即在交互时人类能明确感受到它只是个机器，避免对其产生情感依赖。作为机器人的用户，不能使用机器人来做违反道德或法律的事情；不能将机器人作为武器使用。此外，还包括需要区分自然人和机器人，给机器人确立一个"电子人"的合法身份，明确其享有的特殊的权利和义务等。

而对于此前提案中所提的"向机器人的所有者征收机器人税，以便为那些被机器人所替代的工人提供资助，或使他们接受再培训"，由于考虑到引入机器人税将为行业竞争和就业带来非常负面的影响，此项内容被拒绝。

（二）成立"大基金"，推动微电子技术创新

欧洲两大研究机构CEA-Leti（位于法国Grenoble）和Fraunhofer Group（位于德国柏林）在Leti的成立五十周年记者会上宣布签署研发合作协议，共同推动欧洲的微电子技术创新发展。

根据 Leti 与 Fraunhofer 签署的协议，双方将建立一个"技术平台"，让欧洲的中小企业与新创公司能取得先进技术，共同推动欧洲在本土加强微电子技术研发与半导体制造。

这两大研究机构的合作目标包括取得法国与德国政府的研发资金，同时将争取来自欧盟的认证，将其研发项目提升至"欧洲共同利益重要项目"（Important Project of Common European Interest，IPCEI）的等级，进而取得来自欧盟的资金补助。

虽然该跨国合作研发项目尚未得到欧盟的认证，但据相关媒体报道，德国政府将投资 50 亿～60 亿欧元来促进微电子产业发展，2017 年德国政府已经批复了一笔 10 亿美元的预算，用以升级德国微电子厂商的设备与技术。

（三）重视网络安全，建立 ICT 产品和服务网络安全认证机制

2017 年 10 月 4 日，欧盟委员会公布了关于"修改 ENISA 授权立法和建立信息通信技术产品和服务网络安全认证制度"（以下简称"欧盟网络安全法"）的立法草案。其内容是为欧盟网络和信息安全局（ENISA）赋予新职能，将其改建为欧盟的"网络安全局"，负责在欧盟层面制定和执行网络安全政策、提升网络安全能力、搜集网络安全信息、构建统一网络安全产品和服务市场，以及研发和创新等工作。根据该法授权，ENISA 的一项重要任务就是建立欧盟层面的信息通信技术产品和服务（ICT 产品和服务）网络安全认证制度。

在此之前，欧盟没有欧盟层面统一的 ICT 产品和服务网络安全认证制度，主要依靠各成员国自行组织认证。此次欧盟建立 ICT 产品和服务网络安全认证制度，一方面是为了提高欧盟域内的网络安全水平，另一方面是为了建立统一市场，实现"一次认证，全域通行"，取代各成员国现有认证体系。

欧盟网络安全法草案第 45 条规定了认证制度要实现的 7 项安全目标，主要是保障数据的保密性、完整性、可获得性；第 46 条将认证结果分为 3 个等级，分别是基本（basic）、坚实（substantial）、高级（high）；第 47 条

规定了认证制度应包含的13个要素,分别为:涵盖的ICT产品和服务类型,通过认证应满足的网络安全标准细节,安全等级,具体的认证评估方法,申请人为获得认证需提供的信息,标志的使用规范,持续合规的要求,维持、扩展或缩小认证范围的条件,获认证的ICT产品或服务不符合规定的处理方法,之前未发现的网络安全漏洞的处理方法,合格评定机构保留记录的义务,确认成员国针对同类ICT产品或服务实施网络安全认证的规范,认证证书的内容。

此外,欧盟网络安全法草案还创设了一个"欧盟网络安全认证小组",由各成员国的认证监督机构组成,负责协助欧盟委员会和ENISA做好网络安全认证工作,提供咨询意见和建议。

(四)加强碳排放管理,推动新能源汽车发展

2017年11月,欧盟委员会宣布,计划2021~2030年使欧盟新车二氧化碳排放量减少30%。欧盟当前的新车排放法规将于2021年到期,按照该法规,欧盟新车二氧化碳排放量须降至每公里95克,比美国的每公里97克(到2025年)、中国的每公里117克(到2020年)、日本的每公里122克(到2020年)更加严格,2030年排放目标更是"严上加严"。

除了设定更加严格的减排目标,欧盟还对排放测试机制进行革新,从根源上解决汽车尾气实验室测试数据与真实路测数据之间存在不小差距的问题,将减排工作真正落实到位。从2017年9月1日起,两项全新的汽车尾气排放法规在欧盟范围内正式生效。车企旗下新车必须经过真实路测流程,才能在欧盟范围内通过注册审批。

为了达到减排的目的,欧盟委员会计划拨款8亿欧元用于支持电动汽车充电站的建设,以及额外的2亿欧元用于支持动力电池的研发,以促进新能源汽车市场快速发展。此外,欧盟委员会还计划出台一项针对电动汽车和插电式混合动力汽车的碳信用额制度,以鼓励车企加大对电动汽车研发的投入。如果车企积累的碳信用额超过监管机构设定的基准,将允许车企抵消其燃油车型带来的二氧化碳排放量。

四 2017年韩国推动产业发展的政策措施

（一）加强半导体面板产业国内投资，禁止在华设新厂

半导体、面板行业是韩国的核心产业，对韩国经济有着举足轻重的影响。2017年9月18日，在韩半导体、面板行业座谈会上，韩国政府宣布，韩国主要半导体和面板企业计划在2024年之前在韩国国内市场合计投资51.9万亿韩元（约合458亿美元），以刺激韩国本土经济和创造就业。三星电子表示，将于2021年前投资21.4万亿韩元，在韩国京畿道和忠清南道建造新的OLED面板厂；SK海力士宣布，在2024年前，将在忠清北道兴建NAND闪存工厂；LG表示，计划在未来三年，斥资15万亿韩元，在京畿道和庆尚北道建造OLED面板厂。

韩国将DRAM、NAND闪存与OLED面板列为国家级重要技术，受工业科技保护法管制，所有接受补助的投资案，都必须经韩国政府审核批准才能启动。2017年9月18日，韩国政府表示，出于技术保密的考虑，将禁止韩国半导体企业在中国开设新厂。韩国产业通商资源部部长在行业座谈会上发言称，中国已经在半导体、面板领域进行了大量的投资，以缩小和产业领导者之间的技术差距，这将会造成全球供应过剩。此外，由于在中国扩大生产存在很高的技术泄露风险，韩国各企业最好重新考虑在中国的发展方向。韩国政府的新规定要求，三星、SK海力士等企业未来只能在紧急状况下申请豁免，否则不能在中国设立新厂。

此前，韩国几大半导体企业都有在中国扩大生产规模的计划，三星在2016年8月就曾表示，未来三年将在西安投资7800亿韩元（约合人民币450亿元）开设新厂，SK海力士、LG也有在无锡和广州开设新厂的打算。韩国政府此项新规定，在限制半导体企业在华设新厂的同时，又能够将这些半导体、面板企业巨头的资金吸引到国内，从而促进国内就业、经济发展。

（二）推行韩国版"提速降费"，提升智能手机普及率

2017年6月，韩国政府推出韩国版"提速降费"政策，计划将通信月租费折扣从20%增加到25%，该计划是韩国每年减少4.6万亿韩元（约合40.3亿美元）家庭总消费计划的一部分。据报道，加入一年或两年套餐计划的用户，可以选择将此折扣作为每月减价或购买新智能手机的一次性折扣。韩国政府还要求韩国运营商为老年人和低收入人群提供额外的1.1万韩元的月费折扣。此外，韩国政府的该项计划还包括在学校、公共建筑及公共交通线路上建设更多的WiFi接入点。

由于遭到行业的强烈反对，韩国政府的该项计划排除了早先取消1.1万韩元基本手机服务费以进一步降低消费者成本的提案。韩国国政企划咨询委员会经济委员会认为，增加合约服务和低收入用户的折扣率有着和取消基本服务费相同的效果。这一系列降费政策从2017年9月起开始实施，未来，韩国政府还计划减少虚拟移动运营商的网络租赁费用，并取消目前的手机补贴上限，从而使消费者能更实惠地购买智能手机。韩国政府试图通过这一系列降低资费的政策，增加国内智能手机使用数量，从而提高智能手机普及率。

（三）启动国家级5G标准制定，抢占5G标准制定领先优势

2017年4月13日，韩国科技、ICP及未来规划部（MSIP）正式宣布，由该部部长Choi Jae-yoo亲自任主席的韩国5G战略推进委员会决定，该委员会下属的5G标准研究组开始启动韩国国家级5G标准的制定。

韩国5G战略推进委员会5G标准研究组组长Wee Kyu-jin教授解释称："当前韩国相关行业、大学、研究机构、政府部门等都在从各自的角度讨论自己所认为的5G标准。现在，大家都认为，5G标准不能由单个公司单方面制定，而是要有一个国家级的、统一的5G标准。"基于此考虑，韩国政府启动了国家级5G标准制定工作，但由于各主流移动通信基础网络运营商、设备制造商均已经研发了各自的5G标准，业界猜测韩国的国家级5G

标准将不会"从头开始",而是可能会在韩国主流移动通信运营商(韩国电信 KT、SK 电讯等)、22 家全球公司、某些标准组织(如 3GPP)等企业及组织已经制定好的部分 5G 技术标准的基础上进行。除此以外,韩国的国家级 5G 标准还将有自己的特色,如对可实现超高速率、超低时延、超大连接的相关技术进行标准化。

目前,韩国 5G 战略推进委员会 5G 标准组负责韩国国家级 5G 的总体推进事宜,韩国电子通信研究院(ETRI)正在进行该 5G 标准的起草工作。韩国 5G 战略推进委员会目前正在积极召集国际合作,希望能在将来的一些 5G 国际活动中,就全球 5G 统一频谱、201 平昌冬奥会的 5G 试验网络等进行深入讨论。韩国 5G 战略推进委员会将于 2017 年 10 月向国际电信联盟(ITU)递交一份韩国制定国家级 5G 标准的意向书,并将在 2018 年 2 月向 ITU 提交韩国国家级 5G 统一标准草案。

(四)公布机器人技术升级路线图,推动机器人广泛应用

2017 年 6 月,韩国政府公布机器人开发技术路线图,未来将进一步推动机器人在多个行业的广泛应用。该计划由韩国政府主导,韩国科技研究中心(KIST)、韩国机器人与融合研究所(KIRC)等机构参与了技术路线图的绘制。

依据该技术路线图,韩国政府将从制造、物流、农业、医疗、安全和软件等八个领域,推动机器人技术的研究与开发。在制造行业,将重点推进程序作业机器人,包括机器人安全技术、组装用机器人技术;在物流行业,将通过与人工智能技术相结合,推进高效率物流机器人的研发和应用;在农业领域,将重点研发具有简单的检测技术,能够了解农作物的生长环境及生长状态,并进行各种作业的机器人;在医疗领域,推进医疗技术和机器人技术的结合,提供优质的医疗服务,同时开发针对老弱者、残疾人、患者等提供服务的机器人;在安全领域,重点推进专业、公共性的服务机器人,如安保、监控、灾难灾害应对以及国防领域应用的机器人;在个人服务领域,推进可与人类对话和情感交流的机器人,以及协助处理杂事的家务机器人;在

标准化方面，重点研究机器人在医疗、康复、物流等领域扩大应用所需要的安全、性能评价、兼容性等相关标准。

在此之前，韩国政府曾表示，未来5年将投入5000亿韩元（约4.6亿美元），推动机器人行业成为韩国经济增长的新引擎。此次机器人技术升级路线图的推出，将有力推动韩国机器人技术的研究升级，加快机器人在多个行业的广泛应用。

五 2017年印度推动产业发展的政策措施

（一）实施最大型税务改革，统一4级制商品服务税

2017年7月，印度实施1947年独立以来最大型税务改革，提出全新的全国统一4级制商品服务税（GST），该税制将取代以往由各邦政府及联邦政府分别征收的500多种税项。新税制的税率分为5%、12%、18%和28%，其中5%的税率适用于263项货物和12项劳务，12%的税率适用于242项货物和7项劳务，18%的税率适用于453项货物和9项劳务，28%的税率适用于228项货物和4项劳务。此外，新税制还设有0.25%和3%两档适用于钻石、未经加工的宝石以及金、银等少量货物的税率。

此次税制调整，在一定程度上统一了印度长期以来实施的条块分离的增值税制度，提升了税制竞争力。同时，制造业消费税的取消，也能够有效改善现金流和库存成本，使得企业可以重新规划采购和分配的比例。但由于报税程序复杂、免税规定不完善等问题，印度当地部分商界反应强烈，多个商会发起罢市抗议，大批民众纷纷抢在新税制生效前，抢购冷气机和电视等大型电器，新税制的实行对印度经济造成了一定程度的影响。

（二）印度科技部发布2016~2017年度报告，综合评述科技发展成就

2017年5月，印度科技部在其官网上发布了2016~2017年度报告。报

告从科技研发数量、科技研发计划、技术发展与布局、创新创业生态系统等方面，围绕印度制造、创业印度、数字印度等国家战略，对印度科技部2016～2017年的各项新举措进行了梳理，综合评价了当前取得的阶段性成效。

在科技研发计划方面，报告称，印度科技部在2016～2017年度启动了信息物理系统跨学科研究计划，重点支持该系统在水、能源、医疗保健、农业、基础设施、交通及安全领域的应用。此外，印度科技部积极与世界多个国家在科技领域开展合作，与英国阿普尔顿实验室（RAL）合作，利用其中子设施开展纳米科技研究；与以色列建立科技合作关系，未来两年将各自投入100万美元在健康大数据分析和网络安全领域展开合作研究；在智能建筑、物联网安全和基于数据科学的农业支持系统等三个领域，与日本开展合作，建设印日联合实验室，并与日本学术振兴会（JSPS）达成青年科学家奖学金协议；启动了印美富尔布莱特—卡拉姆（Fulbright-Kalam）气候变化奖学金计划，遴选了首批6名科学家。

在技术发展与布局方面，报告称，印度在多个领域取得了技术突破。研发出了微型太阳圆顶"Surya Jyoti"，帮助解决无电民众的照明问题；SMITA研究实验室成功推进N9纯银抗菌材料的商业化，并被总统授予国家奖；开发出了移动式反渗透装置、介质阻挡放电等离子系统等便携式饮水过滤装置，建立了水安全实验室；印美太阳能研究院（SERIIUS）完成了对超临界二氧化碳布雷顿循环的多尺度原型验证；与英国各出资500万英镑建设印英清洁能源研发中心，双方建立了泰晤士河—恒河伙伴关系，在提升水质和废水再利用等领域启动联合研究项目；与英特尔开展PPP合作，按1∶1出资共投入3.3亿卢比，在河流水质和大气质量实时监测等方面开展合作研究；在亨比遗址上成功应用了信息—数字—物理重建技术；启动了光谱成像技术应用网络计划。

在创新创业生态系统方面，报告指出，2016～2017年度，印度科技部先后启动了多项创新计划，推动创新创业生态系统建设。启动了国家创新发展与治理计划，构建全链条创新生态系统，在该计划下投入9亿卢比在印度理工学院（甘地纳格尔）建设了研究园；与英特尔和印度理工学院（孟买）共同启动了联合孵化计划，支持硬件与系统领域创业；举办了印英技术峰会，启动系列联合研究项目。

（三）启动新电信法制定工作，聚焦消费者权益、安全和创新

为了适应技术的快速发展，2017年7月，印度通信部启动了新电信法的制定工作。新法聚焦新一代技术（包括5G和物联网）、互联网普遍服务、技能培育等，还包含技术创新、安全和消费者权益等方面的内容。印度通信部长Manoy Sinha表示，新法将更关注应用驱动，而非连接驱动。2017年7月下旬，印度通信部面向电信运营商、基础设施提供商、行业联盟、标准机构等启动了新法的意见征询工作，后续还将邀请苹果、谷歌、亚马逊等企业发表意见和建议。

当前，印度启动新电信法制定之际正值印度电信行业遭遇发展困境之时。在此之前，激进型企业Reliance Jio作为后来者进入电信市场，率先推行了免费话音和数据服务，引爆了市场竞争，使得市场上现有的大型、小型运营商都遭遇了业绩挑战，其收入、利润均面临较大压力。在此背景下，印度开展了新电信法的制定工作，立图从法律角度，促使行业回暖。

（四）出台可再生能源发展三年规划，推动太阳能、风电产业发展

2017年11月，印度政府提出可再生能源发展的三年规划。新出台的规划对未来三年内太阳能和风能项目的具体进展给出了时间表。其中，本财年内将新增太阳能发电能力16.4GW，未来两个财年内将各新增太阳能发电能力30GW。在风电方面，截至本财年末将新增风电4GW，未来两个财年将各新增风电10GW。未来三年将新建5GW的海上风电项目，并计划建设风力与太阳能混合发电项目。根据规划，在未来三年内，印度将兴建太阳能和风电项目超过100GW，预计到2022年总装机规模达到200GW。到2020财年末，印度将新增超过80GW的太阳能发电项目和30GW的风力发电项目。

根据印度新能源和可再生能源部数据，截至2017年9月底，印度可再

生能源发电容量为62.5GW，约占全国电力装机容量的1/5。风电与太阳能装机容量分别为32.7GW和17GW，约分别占印度全国总容量的10%和5%。此前，印度政府曾推出一项计划，拟在五年内增加可再生能源发电能力至175GW。此次新推出的三年可再生能源建设规划对之前的五年计划进行了细化，将有效提速太阳能项目建设，推动风电设备发展，从而加速其五年计划的完成。

六 2017年中国推动产业发展的政策措施

（一）发布《信息产业发展指南》，助力制造强国、网络强国建设

2017年1月17日，工业和信息化部、国家发展改革委正式印发《信息产业发展指南》（以下简称《指南》），提出到2020年在中国基本建立具有国际竞争力、安全可控的信息产业生态体系，进一步提升在全球价值链中的地位。到2020年的具体指标有：在产业规模方面，信息产业收入增加至26.2万亿元，年均增速8.9%；其中，电子信息制造业主营业务收入增加至14.7万亿元，软件和信息技术服务业业务收入增加至8万亿元，信息通信业收入增加至3.5万亿元。在产业结构方面，信息产业企业进入世界500强企业数量增至9家；电子信息产品一般贸易出口占行业出口比重增加至30%。在技术创新方面，电子信息百强企业研发经费投入强度提升至6.1%；国内信息技术发明专利授权数增至15.3万件。在服务水平方面，固定宽带家庭、移动宽带用户普及率和行政村光纤通达率分别达到70%、85%和98%。在绿色发展方面，单位电信业务总量综合能耗比下降幅度达10%；新建大型云计算数据中心能源使用效率小于1.4PUE。

《指南》的实施期限为2016~2020年，以创新引领、融合发展、市场主导、开放合作、安全可控、绿色低碳为基本原则，为我国制造强国和网络强国建设提供了强有力的支撑。《指南》提出增强体系化创新能力、构建协同优化的产业结构、促进信息技术深度融合应用、建设新一代信息基础设

施、提升信息通信和无线电行业管理水平、强化信息产业安全保障能力、增强国际化发展能力七大任务，明确了集成电路、基础电子、基础软件和工业软件、关键应用软件和行业解决方案、智能硬件和应用电子、计算机与通信设备、大数据、云计算、物联网9个重点发展领域，并为确保《指南》的顺利实施，确立了深化体制机制改革、完善财税扶持政策、加大金融支持力度、大力培养产业人才、切实加强组织实施5个方面的政策措施。

（二）深化"互联网+先进制造业"，大力发展工业互联网

2017年11月27日，国务院正式印发《关于深化"互联网+先进制造业"发展工业互联网的指导意见》（以下简称《指导意见》），深入贯彻落实党的十九大精神，以全面支撑制造强国和网络强国建设为目标，围绕推动互联网和实体经济深度融合，聚焦发展智能、绿色的先进制造业，构建网络、平台、安全三大功能体系，增强工业互联网产业供给能力，持续提升我国工业互联网发展水平，深入推进"互联网+"，形成实体经济与网络相互促进、同步提升的良好格局，有力推动现代化经济体系建设。

《指导意见》提出三个阶段发展目标：到2025年，覆盖各地区、各行业的工业互联网网络基础设施基本建成，工业互联网标识解析体系不断健全并规模化推广，基本形成具备国际竞争力的基础设施和产业体系；到2035年，建成国际领先的工业互联网网络基础设施和平台，工业互联网全面深度应用并在优势行业形成创新引领能力，重点领域实现国际领先；到21世纪中叶，工业互联网创新发展能力、技术产业体系以及融合应用等全面达到国际先进水平，综合实力进入世界前列。

（三）推进新一代人工智能，加快建设创新型国家和世界科技强国

2017年7月20日，国务院印发《新一代人工智能发展规划》，提出到2020年，人工智能总体技术和应用与世界先进水平同步，人工智能产业成为新的重要的经济增长点，人工智能技术应用成为改善民生的新途径；到2025年，人工智能基础理论实现重大突破，部分技术与应用达到世界领先

水平，人工智能成为我国产业升级和经济转型的主要动力，智能社会建设取得积极进展；到2030年，人工智能理论、技术与应用总体达到世界领先水平，成为世界主要人工智能创新中心。同时，从构建开放协同的人工智能科技创新体系、培育高端高效的智能经济、建设安全便捷的智能社会、加强人工智能领域军民融合、构建泛在安全高效的智能化基础设施体系，以及前瞻布局重大科技项目等六个方面进行重点任务部署。

12月14日，工业和信息化部印发《促进新一代人工智能产业发展三年行动计划（2018~2020年）》，从推动产业发展角度出发，结合"中国制造2025"，对《新一代人工智能发展规划》相关任务进行了细化和落实，以信息技术与制造技术深度融合为主线，推动新一代人工智能技术的产业化与集成应用，发展高端智能产品，夯实核心基础，提升智能制造水平，完善公共支撑体系。《促进新一代人工智能产业发展三年行动计划（2018~2020年）》强调要以信息与制造技术深度融合为主线，以新一代人工智能技术的产业化和集成应用为重点，推进人工智能和制造业深度融合，加快制造强国和网络强国建设。

（四）完善网络空间法律法规体系，促进互联网健康有序发展

2017年6月1日，我国首部全面规范网络空间安全管理方向问题的基础性法律——《中华人民共和国网络安全法》（以下简称《网络安全法》）正式实施。《网络安全法》共计七章七十九条，重点体现了三大基本原则：一是网络空间主权原则，二是网络安全与信息化发展并重原则，三是共同治理原则。《网络安全法》是为保障网络安全，维护网络空间主权和国家安全、社会公共利益，保护公民、法人和其他组织的合法权益，促进经济社会信息化健康发展而制定的，是我国网络空间法治建设的重要里程碑，是依法治网、化解网络风险的法律重器，是让互联网在法治轨道上健康运行的重要保障。《网络安全法》的公布和施行，不仅从法律上保障了广大人民群众在网络空间的利益，有效维护了国家网络空间主权和安全，还有利于信息技术的应用，充分发挥互联网的巨大潜力。

2017年1月15日，中共中央办公厅、国务院办公厅印发了《关于促进移动互联网健康有序发展的意见》，针对移动互联网行业，就其进一步发展应遵循的要求、发展方式、存在的问题等方面给出了明确的说明，涉及市场准入制度、4G普及和5G研发推进、物联网、中小微互联网企业创新等方面。提出要在互联网新闻信息服务、网络出版服务、信息网络传播视听节目服务等领域开展特殊管理股试点；不断强化移动互联网基础信息网络安全保障能力，大力推广具有自主知识产权的网络空间安全技术和标准应用；要建立完善与移动互联网演进发展相适应的市场准入制度，加快第五代移动通信（5G）技术研发；要加强对移动互联网技术、商业模式等创新成果的知识产权保护，研究完善法律法规，规范网络服务秩序，提高侵权代价和违法成本，有效威慑侵权行为。

11月26日，中共中央办公厅、国务院办公厅印发《推进互联网协议第六版（IPv6）规模部署行动计划》，提出用5到10年时间，形成下一代互联网自主技术体系和产业生态，建成全球最大规模的IPv6商业应用网络，实现下一代互联网在经济社会各领域的深度融合应用，成为全球下一代互联网发展的重要主导力量。《推进互联网协议第六版（IPv6）规模部署行动计划》的发布将对推进基于IPv6的下一代互联网规模部署、促进互联网演进升级和健康创新发展起到积极作用。

七 2017年中国台湾推动产业发展的政策措施

（一）制定新能源政策目标，为产业发展提供基础保障

2017年，蔡英文加大力度推动"2025非核家园计划"。中国台湾核能发电设备将于2025年以前全部停运，此举已于2017年2月由台湾地区立法机构正式通过。台湾地区能源事务主管部门表示，未来将大力发展以太阳光发电及风力发电为主的再生能源，以完成到2025年再生能源发电量占比达20%的目标。

在太阳光发电方面，台湾当局设立"太阳光电2年期推动计划"，目标是在2年内达到1.52GW的太阳能装机容量；未来将实现屋顶型太阳能装机容量3GW，以及地面太阳能装机容量17GW。以期实现每年发电量为250亿度电的目标，拉动投资新台币1.2兆亿元，创造10万个太阳能相关的就业岗位。此外，台湾当局正在规划"风力发电4年流动计划"，加速推广发展离岸风电，目标是在2025年装机容量达3GW。除太阳光电和风力发电计划外，台湾当局还在着手调研并草拟川流式水力发电和地热发电计划。

2017年1月26日，台湾当局还发布了"电业法"，明文规定允许公民电厂及社区分散发电，并鼓励再生能源在地发电、在地用电，放宽再生能源发电业售电条件，允许从事电力行业的企业代输或直接向用户供电。

（二）实施数字政府计划，推动企业向数字化转型

2017年7月，台湾当局发布"数字政府与创新经济发展规划（2017~2025）"，被称为"数字+"，用以振兴和发展岛内数字经济，其目标是增加互联网带宽，弥合城乡之间的数字鸿沟，提升台湾在全球信息产业领域的地位。此项规划明确提出，到2025年台湾地区数字经济收入达6.5万亿元新台币（占岛内生产总值的29.9%），使台湾在信息技术领域的排名位居世界前十。

此项规划提出了六大发展战略：数字+基础设施，建立有利于数字创新的基础设施；数字+人才，培养数字专家；数字+行业，通过数字创新支持跨行业升级；数字+权利，使台湾地区成为具有数字人权和开放网络的社会；数字+城市，使城乡实现智能化；数字+全球化，提升台湾在全球数字服务经济中的地位。在资金投入方面，2017年预计投入110亿元新台币，2018~2025年，每年再投入200亿元新台币。

（三）提出人工智能产业政策，致力打造AI生态圈

2017年8月，台湾地区"科技部"部长陈良基表示，将用4~5年的时间投入新台币160亿元，从研发服务、创意实践、创新价值、产业领航、社

会参与等五个方面进行投入,助力打造人工智能生态圈。

在研发服务方面,用时4年,投入新台币50亿元,整合岛内资源,打造大规模共用、共享的高速运算环境,加强深度学习与大数据分析的技术发展与应用开发,并孕育AI技术服务公司,形成区域创新生态体系;在创意实践方面,用时4年,投入新台币20亿元,预计成立50家新创公司、培育4000人,并自行制造出关键技术或产品30组以上,充分发挥产学研优势,集聚人工智能软硬件组件,加强机器人软硬整合与创新应用,培育跨领域动手做的创新人才,打造智慧机器人创新基地;在创新加值方面,用时5年,每年预计投入新台币10亿元(共50亿元),设立AI创新研究中心,深耕人工智能基础技术、智能医疗、金融科技与智能制造等人才与技术研发领域,同时加入人文、社会等参与未来人工智能在实际应用时所面临的议题的研究,号召国内外逾300位专家学者加入技术发展与应用领域,并培育3000名AI人才;在产业领航方面,预计用时4年,投入40亿元新台币,推动"半导体射月计划",全力协助打通半导体业进入AI,包括极低电压与低耗能的关键元件及传感器等设计制程与材料研发、下世代内存设计,可专用于特定领域如无人载具、AR/VR及物联网系统与安全等的ASIC(专用型积体电路)或通用型终端智能芯片等;在社会参与方面,将举办科技大擂台(Grand Challenges),首次推出"与AI对话"竞赛,悬赏总奖金3000万元新台币,首奖2000万元新台币,以未来AI必需的电脑中文听力理解为竞赛主题,邀请专业人才角逐优胜。

(四)完善网络安全产业政策,发布检测标准

在台湾当局提出的"五加二"产业创新政策中,网络安全(台湾地区称为"资安")被视为是发展数字经济的重要基础,2017年,预计在网络安全产业的投资将达300亿元新台币,年增长率达14.5%,而全球在该领域的投资年复合增长率只有7.9%。

台湾地区"行政院"院长林全表示,要完善网络安全产业政策,从法规制度、研发能力及人才培养三个方面,将台湾地区打造成全球网络安全产

业发展的重要地区。在法律制度方面，台湾地区"行政院"已拟定完成《资通安全管理法》，并将尽快发布；未来将整合岛内"国安会"、"科技部"、"经济部"以及其他部会等资源，在"行政院"内部组建"资通安全处"，主管台湾地区网络安全相关工作。在研发能力方面，计划选择岛内一所大学成立网络安全研究所，用以汇集网络安全方面的优秀人才，指导台湾地区网络安全领域内的基础研发工作；同时鼓励中国台湾工业技术研究院、资策会、中华电信研究院等产研机构，助推提升台湾地区网络安全领域的核心竞争力。在人才培养方面，台湾地区教育主管部门要思考如何从学校着手，培养网络安全领域的相关人才。

2017年中国台湾经济事务主管部门正式公告"IPCAM资安产业标准及检测规范正式版V1.0"制定完成，预计于2018年开始推动检测验证工作。该规范的发布，不仅可以协助厂商确保产品符合IPCAM产品质量规范，也为设备制造商与系统服务商在产品研发、设备采用方面提供了依据，更重要的是，借此检测标准建立，有利于提升台湾地区智能联网设备网络安全检测服务的能力，奠定中国台湾网络安全产业未来发展的基础。

参考文献

中国政府网。
中共中央网络安全和信息化领导小组办公室网站。
国家发改委网站。
工业和信息化部网站。
新华社。
搜狐科技。
全球工信 微信公众号。
国脉研究院。
Ofweek太阳能光伏网。
《中时电子报》。
人工智能各国战略解读系列之四《日本机器人新战略》。

人民网。

中华人民共和国商务部网站。

飞象网。

The White House, Presidential Memorandum Regarding Withdrawal of the United States from the Trans-Pacific Partnership Negotiations and Agreement, Jan., 2017.

The White House, Presidential Memorandum Streamlining Permitting and Reducing Regulatory Burdens for Domestic Manufacturing, Jan., 2017.

The White House, Presidential Memorandum Regarding Construction of American Pipelines, Jan., 2017.

The White House, Presidential Memorandum Regarding Construction of the Keystone XL Pipeline, Jan., 2017.

The White House, Presidential Memorandum Regarding Construction of the Dakota Access Pipeline, Jan., 2017.

The White House, Presidential Executive Order on Reducing Regulation and Controlling Regulatory Costs, Jan., 2017.

The White House, Presidential Executive Order on Strengthening the Cybersecurity of Federal Networks and Critical Infrastructure, May, 2017.

U. S. Department of Transportation, National Highway Traffic Safety Administration. Automated Driving Systems 2.0: A Vision for Safety, Sep, 2017.

https://www.manufacturingusa.com/.

印度政府，https://www.india.gov.in/。

印度科技部，http://www.dst.gov.in/。

印度通信部，http://www.dot.gov.in/。

网易新闻。

中国信息产业网。

Ministry of Science and ICT 韩国科技、ICP及未来规划部。

机器人网。

专题篇

Featured Topics

B.21
窄带物联网（NB-IoT）发展现状与前景

方 颖[*]

摘　要： 窄带物联网（NB-IoT）是物联网领域新兴的无线通信技术，用于支持设备在广域网的数据连接。自2016年经3GPP标准化定义以来，因有望成为物联网的主要通信技术，NB-IoT得到了全球主流运营商、芯片及设备厂商的重视和推动，以华为为代表的国内企业正积极推进NB-IoT的技术实践。未来，物联网可用于部署运营商级网络，广泛应用于各类物联网场景中。我国应加大物联网安全投入，同步推动标准制定与产品研发，用规模市场拉低NB-IoT商用成本，以推动物联网产业健康快速发展。

---

[*] 方颖，国家工业信息安全发展研究中心（工业和信息化部电子第一研究所）工程师，研究方向：物联网等新兴信息技术。

关键词： 窄带物联网　运营商　智慧水务

2015年9月，国际标准组织3GPP宣布NB-IoT标准正式立项，全球50多家业界公司积极参与了NB-IoT标准的制定。标准制定过程中，主要有两项技术被提出并得到了激烈讨论：一是由华为、高通等联合提出的NB-CIoT技术，二是由爱立信、中兴、诺基亚等联合提出的NB-LTE技术，最终二者统一成一种技术方案——NB-IoT，其标准核心协议在2016年6月正式冻结。NB-IoT标准化工作的完成也预示着各类物联网厂商的产品开发节奏将大大加快，物联网产业的发展将进入新阶段。

一　NB-IoT的技术特点

（一）唯一经过标准化定义的低功耗广域网通信技术

NB-IoT是目前唯一具有统一应用标准的低功耗广域网通信技术。物联网通信技术从传输距离上可分为两类：一类是以Zigbee、WiFi、NFC、蓝牙为代表的短距离通信技术，可应用于智能家居、工业数据采集等；另一类是广域网通信技术，又定义为低功耗广域网，包括Lora、Sigfox、NB-IoT等，可应用于远程抄表、智能泊车等。其中，Lora、Sigfox等工作在非授权频段，通过非标准的自定义实现，而NB-IoT则是一种经过3GPP标准化定义的低功耗广域网通信技术，这决定了它具有相对较高的安全性和通讯质量，能够提供电信级的可靠性接入。

（二）四大设计特性更能支撑物联网连接

NB-IoT具有广覆盖、支持海量连接、低功耗、低成本的特性，适用于物物连接的应用场景。和现有GSM网络相比，NB-IoT的覆盖强度提升了20dB，覆盖面积也由此相对扩大，同时还可能保持6s左右的低时延特性；

在 200KHz 频率以下，一个 NB－IoT 基站能支持的连接数可达到 10 万之多；由于使用了 PSM 及 eDRX 节电机制，NB－IoT 可以达到低功耗的要求，仿真结果显示，针对低速率、低功耗业务，NB－IoT 的终端模块大约可以待机 10 年；此外，GSMA 预测 2020 年全球移动连接设备数将会增长到 100 亿，根据设计目标，NB－IoT 的单个模块成本控制在 5 美元之内，低成本的模组更能支撑起未来物联网可能出现的海量接入应用场景。

二　NB－IoT 应用发展现状

（一）尚未正式商用，全球的运营商正加快部署

NB－IoT 尚未正式商用，全球的运营商都在加快部署。在标准冻结之前，沃达丰已于英国构建了全球首个 NB－IoT 开放实验室，截至 2017 年 1 月，沃达丰已在西班牙一些城市部署了 NB－IoT 服务；2016 年 10 月，T－Mobile 荷兰推出世界首个 NB－IoT 网络，最初将部署在阿姆斯特丹、鹿特丹等地区，并计划于 2017 年实现全国性覆盖；2016 年 11 月，韩国运营商 KT 与三星电子、Ericsson－LG 以及诺基亚扩大了合作协议，计划在 2017 年建立全国性 NB－IoT 网络；2016 年 12 月，北欧运营商 Telia 在挪威发布北欧区域首个 NB－IoT 网络，同期，西班牙电信开始了 NB－IoT 的首次测试，并计划于 2017 年在欧洲和拉丁美洲推出商用 NB－IoT 服务；德国电信宣布将于 2017 年相继在德国、荷兰、奥地利、希腊等地推出 NB－IoT 服务。

（二）芯片厂商蓄势待发，积极支持规模商用

大部分主流芯片和模组厂商都对 NB－IoT 有明确的支持计划。2017 年 2 月，ARM 宣布收购两家分别提供 NB－IoT 物理层解决方案和软件解决方案的公司，意图推出整合解决方案；英特尔和高通都推出了支持 NB－IoT 和 eMTC 的双模芯片，高通将在 2017 年第二季度实现对其支持的软件升级，并与设备商和运营商进行了联合技术认证和演示工作；联发科计划在 2017

年下半年发布 NB-IoT 商用芯片；国内企业如华为自主研发的 NB-IoT 终端芯片已于 2017 年 4 月支持规模商用，中兴通讯将在 2017 年上半年正式发布 NB-IoT 商用芯片。

（三）国内企业推进实践，智慧水务领先试商用

以华为为代表的国内企业正积极推进 NB-IoT 的技术实践，智能水表、智慧水务领先试商用。2016 年 6 月，华为联合苏州电信与苏州自来水表有限公司研发基于 NB-IoT 的智能水表；2016 年 11 月，中兴通讯联合浙江移动成功开通演示了"五水共治"水质监测业务，成为国内率先使用 NB-IoT 的业务案例；2017 年 1 月，广东电信联合中兴通讯实现 NB-IoT 水表端到端试验环境对通；2017 年 2 月，中兴通讯发布基于 NB-IoT 的智能停车系统，同期，ofo 与中国电信、华为达成合作，将共同研发基于 NB-IoT 的共享单车解决方案，此外，杭州移动联合华为、浙大网新易盛共同完成智慧照明示范区建设和验证，首批安装了 20 个智慧路灯；2017 年 3 月，中兴通讯发布两款 NB-IoT 智能水表，同期，中国电信联合华为发布首个 NB-IoT 物联网智慧水务商用项目，1200 余只智慧水表在盐田和福田的多个小区完成部署，未来有望推广覆盖到深圳全市乃至国内其他城市。

三 NB-IoT 发展前景及预测

（一）应用场景广泛，检测与控制是核心

NB-IoT 可广泛应用于智慧城市、后勤保障等七个大类的物联网应用场景中，包括：智能停车、智能垃圾桶、智能路灯的智慧城市应用；设备状态监控、工业控制、进程与安全监控、能源基础设施监控、石油与天然气监控的工业应用；智能可穿戴设备、智能家居、VIP 追踪、智能出行、远程临床跟踪的消费与医疗应用；以报警系统、采暖通风与空调系统、接入控制为主的智慧建筑应用；以工业资产、货柜追踪为主的后勤保障应用；以智能表

计、给水系统监控为主的公共事业应用；农林牧渔监控、环境监控的农业与环境应用。各类应用的核心是检测与控制。由于控制功能涉及反向过程，在目前，检测功能相对更易实践。

（二）主攻运营商级网络，与其他通信技术互补

NB-IoT 适于部署运营商级网络，在未来可与其他部署企业级或行业级网络的低功耗广域网通信技术互为补充。目前，已有工作在非授权频段的广域网通信技术，如 LoRa 在智慧城市、行业或企业中得到应用，其产业规模和技术成熟度均高于 NB-IoT。LoRa 工作在非授权频段，能够满足个性化的专用需求，可以快速进行热点覆盖形成低功耗广域网络；NB-IoT 工作在授权频段，在处理干扰和网络重叠方面特性更好，能够提供与蜂窝协议网络一样的服务质量，在主流运营商和设备厂商的积极推动下，NB-IoT 有望具备部署全国性广覆盖网络的技术和产业基础。基于现有产业发展态势，NB-IoT 并不能完全替代其他低功耗广域网通信技术。在多样化的物联网应用场景中，NB-IoT 可以主攻运营商级网络，而以 LoRa 为代表的非授权频段广域网通信技术可在企业级或行业级网络中灵活部署，共同完善物联网的网络层。

（三）运营商在万物互联的趋势下转型的重要机会

NB-IoT 是在万物互联趋势下 LTE 技术演进和市场竞争的产物，对运营商而言具有重要的市场战略地位。据 GSMA 预测，2020 年物联网产业链上下游，如网络连接、数据处理、平台应用、商业合作等产业价值将达到 3 万亿欧元。为了应对物联网海量连接的需求，很多国家推出了相关发展计划，如德国的"工业 4.0"、我国的"中国制造 2025"等。目前，全球移动用户数已趋饱和，而智能家居、车联网等物联网应用场景产生的物与物、物与人的海量连接数将超过人与人的连接数，运营商开始考虑从尚有巨大发掘空间的物联网市场中寻找新的业务增长点。在当前碎片化的物联网产业状况下，大多数物联网终端设备在接入运营商网络之前都要通过局域网组网，而 NB

－IoT则能够使所有终端设备直接接入运营商网络，其广覆盖、支持海量连接、低功耗、低成本的特性更能为未来物联网的连接提供强大支撑，GSMA预测2017年底全球将有20家主流运营商部署NB－IoT网络。

（四）短期内难以成为国内运营商的主流业务之一

国内运营商在物联网业务的拓展上处于起步阶段，NB－IoT业务短期内还难以成为主流收入之一。截至2016年5月，中国移动、中国联通、中国电信的用户数分别达8.4亿、2.6亿、2.1亿，庞大的用户群是我国三大运营商开展物联网业务的基础。然而，目前国内NB－IoT的商业模式还不明朗，终端的集采、渠道铺设有较大的困难，测试与试商用的积极开展，对国内运营商现有网络架构也将构成强力挑战。与传统电信业务需求的差异，将迫使运营商对已有网络架构进行优化、调整，有的还需要改造升级以适应NB－IoT的组网需求。此外，NB－IoT芯片加模组的价格目前还难以控制在5美元以下，实际成本的偏高给NB－IoT的普及带来了一定阻碍。

四 相关建议

（一）加大安全投入，保障网络安全

保障物联网安全已成为物联网持续发展的必要条件，安全问题同样将是NB－IoT用户需要考虑的重要问题之一。物联网行业在安全投入上还有较大上升空间，根据Gartner数据分析，如果按照IT行业中每年7%~8%的安全投入计算，2019年全球物联网安全市场的规模将达到910亿~1040亿美元。在如2016年美国遭遇史上最严重"分布式拒绝服务"攻击等大规模物联网安全事件的推动下，随着公共安全的持续建设，物联网安全市场规模有望逐步扩大。我国应当加大物联网安全建设的投入，针对物联网在某些特殊行业的应用，加快完善行业标准及监管体系，提高设备、网络的安全性。

（二）同步推动标准制定与产品研发，抢占制高点

目前全球 NB-IoT 产业尚处于萌芽期，云、网、端都处于初级发展阶段，一些细节规范尚未建立。我国应当把握 NB-IoT 建设这一扭转当前物联网产业碎片化局势的契机，鼓励国内企业积极抢占行业制高点，同步推动标准制定与产品研发，为物联网产业的发展构建良好的生态系统。

（三）加强产业链协作，降低部署成本

终端模组成本是影响 NB-IoT 规模部署的重要因素，出货量是决定模组成本的因素之一。我国应加强物联网建设的顶层设计，对物联网运营进行统一安排与部署，以规模市场拉低商用成本，尽量降低物联网在各行各业应用的成本门槛；注重 NB-IoT 产业链中垂直行业的互动，加强芯片厂商、设备厂商、运营商、用户企业的合作，以共同推动 NB-IoT 业务的快速发展。

参考文献

Gartner，Hype Cycle for IoT Standards and Protocols，2017.
Gartner，Emerging Technology Analysis：NB-IoT，2017.
Gartner，A Guidance Framework for Architecting the Internet of Things Edge，2017.

B.22
美国产业界联合呼吁出台物联网国家战略的报告解读

张 倩*

摘 要： 2017年10月3日，英特尔公司、美国信息技术委员会等美国产业团体联合发布《国家物联网战略对话》，呼吁美国政府尽快出台物联网国家战略，统一对物联网的认知，加强政企合作，确保物联网安全，优先发展智慧基础设施，保证美国赢得物联网领域的国际竞争及获得物联网带来的巨大益处。我国在下一步发展中，应继续从国家层面做好全局性统筹协调，采用多手段保障物联网安全，强化企业的主体地位，加快核心技术的突破。

关键词： 物联网国家战略　美国政府　政企合作

2017年10月3日，由美国英特尔公司、三星美国分公司、美国信息技术产业委员会牵头，共同发布了《国家物联网战略对话》（以下称《报告》）。《报告》呼吁美国国会和特朗普总统加快推动物联网国家战略的出台，确保美国在未来数十年仍能占据全球物联网领导地位，并充分获得物联网在经济、社会、创新等方面带来的巨大益处。《报告》在撰写过程中与商务部、国土安全部、国家标准和技术研究院、白宫科学和技术政策办公室、国家通信信息

---

* 张倩，国家工业信息安全发展研究中心（工业和信息化部电子第一研究所）工程师，研究方向：电子元器件、物联网。

管理局等多个政府部门，以及美国半导体产业联盟、美国商会、世界银行、信息技术和创新基金等多个产业团体进行了历时16个月的大范围讨论，具有较广泛的代表性。《报告》主要阐述了以下几个方面的内容。

一 美国亟须出台物联网国家发展战略

物联网是一次重大的技术和产业变革。《报告》认为物联网是自互联网出现以来，能够给美国消费者、商业企业、政府和经济发展带来最大机遇的一项技术变革。同以往的历次技术革命一样，物联网是美国继续维持领先地位、保持经济增长的关键。随着物联网在汽车、交通、能源、医疗、智能制造、零售、智能建筑和智能家居等领域应用的普及，集硬件、软件、安全和服务于一体的物联网技术体系的发展正面临着一个重要的转折点。据预测，到2020年全球将有超过500亿个设备互联，产生440万亿亿字节数据；到2025年物联网将对全球经济产生最高达11万亿美元/年的影响力（约等于全球经济总量的11%）。

物联网将从根本上重塑未来社会和人们的生活。《报告》认为，物联网可以改善社区公共安全环境，显著增强消费者的体验，提高政府和企业的运行效率。物联网对经济的各个领域都将产生促进作用，从而创造新的就业机会。随着物联网的广泛应用，智慧城市、智能汽车、智能风电、精准农业和下一代医疗保健将被普及，物联网将带领人们进入一个更加智能、互联的生产生活环境，从根本上改变社会和人们的生活。

美国必须赢得物联网领域的国际竞争。《报告》认为，由于美国联邦政府在互联网的发展中采取了一系列有利于创新的政策和做法，美国主导了每一次重大的技术革命，培育了全球领先的高科技产业。当前，发达国家都认识到了物联网在促进社会和经济发展方面的巨大潜力，正在采取各种措施争夺主导地位，而美国仍处于"政策真空"的状态，这不利于美国物联网的发展，也无法使其占据领先地位。美国必须主动制定前瞻性的战略方针，以确保其在制造、交通、农业、能源、金融、医疗等正被物联网快速改造和重塑的行业中仍能具有可持续的竞争优势。《报告》提出了一系列政策建议，呼吁美国国会和特朗普政府尽快采纳这些建议，以确保美国仍能在物联网领域维持领先地位。

二 《报告》对美国物联网发展提出六点战略性建议

（一）以最宽泛的物联网定义作为战略制定的基础

由于物联网涉及领域众多且发展迅速，物联网定义应从最宽泛的发展前景出发，并具有充分的灵活性和可扩展性，以适应未来物联网融合发展的需要。《报告》认为，物联网由通过网络连接至云端（数据中心）的"物"（设备）组成，这些设备产生的数据可被共享和分析，从而产生价值。物联网可将电话、电器、机器、汽车等"物"连接到互联网上，通过分析这些设备产生的数据，获取有价值的发现，帮助解决现实世界中的各种实际问题。

（二）美国国会和特朗普总统应尽快通过物联网创新法案

《报告》敦促美国国会和特朗普政府加快立法进程，尽快通过和签署《物联网发展创新和增长法案》（Developing Innovation and Growing the Internet of Things Act）。2016年和2017年美国两党的4名参议员已先后两次向参议院提交了该法案。法案要求商务部牵头向国会提交物联网发展建议，要求联邦通信委员向国会提交物联网发展所需频谱资源的报告，要求联邦政府尽快出台物联网国家发展战略。目前该法案已通过参议院审议，正在由众议院审议，国会审议通过后仍需由特朗普总统签署才能生效。

（三）为美国物联网发展创造良好的政策环境

在美国，由商务部协调，从市场实际需求出发，清理联邦政府层面所有阻碍物联网产业发展的规章制度，清除数据和服务集成时的各种壁垒，防范继续出台不一致、重复和不必要的新法规。在国际上，美国政府应支持和推进全球领先并由产业主导的物联网标准工作，同时呼吁其他国家的共同参与；保护数据的跨界自由流动，避免他国法律法规对美国企业的歧视和不利影响，共同加速物联网新技术和应用的大规模引入。

（四）确保物联网安全

《报告》认为，与获取物联网的发展益处同样重要的是确保物联网生态系统的安全性。联邦政府应致力于促进物联网各个环节的安全，做到从端到端（设备到网络到云）的整体安全。美国应鼓励采用软硬件集成的多层次物联网安全保障方案，为数据存储、设备识别和鉴权、软件认证等提供最低限度的可信操作环境。国会和政府应鼓励软硬件集成安全方案的创新和应用，凡是获得政府补贴的项目，必须采用软硬件集成的多层次物联网安全保障方案。

《报告》建议商务部、国家标准和技术研究院（NIST）、国家通信信息管理局（NTIA）和国土安全部（DHS）等联邦政府机构应优先建立网络安全的多利益相关方机制，充分利用政府和产业界的专家和资源来持续强化物联网安全。国会应指导联邦贸易委员会（FTC）、小企业管理局（SBA）、联邦通信委员会（FCC）提供完整的网络空间教育和认知培训，帮助中小企业和消费者深入了解物联网的安全隐患和应对方法。

（五）优先发展智慧基础设施

《报告》认为，采用物联网技术对基础设施进行升级改造，在短期可以创造就业，在中期可以驱动经济增长，在长期可使政府的有限财政投入实现最大回报。《报告》重点针对智能交通、5G和智能建筑三个领域提出了政策建议。智能交通是物联网最具前景的应用之一，交通部应重点支持物联网运输解决方案和道路基础设施的改造，包括下一代移动宽带网络集成、数字签名、智能传感器和路标标识等。5G是物联网最重要的基础技术之一，国会应指导NTIA和FCC在技术中立和服务中立的原则下，尽快为5G分配频率资源。建筑智能化改造是政府推进物联网发展最高效的领域之一，政府应在新建或翻新政府和军事建筑时积极引入物联网，实现对政府固定资产的远程和长效维护。

（六）加强政企合作

政府和产业界的合作是加速物联网发展、强化全球竞争力的最好方式之一。政府应鼓励采取全球化公私合营模式（PPP），统筹政府和产业界资源，利用现有产业标准和资本投入，优先支持物联网领域的研发和创新投入，避免直接干预，给予产业界在创新、发展等方面最大的选择权，使美国能够引领全球物联网的发展。

三 对于我国推动物联网发展的重要启示

制定顶层战略是抢占物联网发展先机的关键。在下一步的发展中，我们应坚定信心，统一对物联网的认知，继续从国家层面做好全局性统筹协调，开展跨部门联合行动，强化多领域和多学科产学研通力协作，破除政府、地方和行业壁垒；注重与全球物联网产业标准接轨及加强国际合作，支持以我国为主的国际标准研制等国际标准化活动，积极增强国际影响力和竞争力，减少我国物联网企业在"走出去"过程中面临的阻碍，推进我国物联网产业的高效、长期、稳定发展。

采用多手段保障物联网安全。政府应组织加强攻击防护、漏洞发现、安全审计、可信芯片等产品和技术的研发，采取多手段推进工业控制、汽车、电子、能源、航空航天等重点制造领域安全保障管理和技术体系的建设，强化政府和企业对物联网安全的认识和防范意识，明确入侵物联网及非法使用隐私数据等行为的法律后果，加强政府应对物联网安全问题的能力，设置重大问题的应急预警，完善分层保障和恢复措施等。

进一步发挥企业在物联网发展中的主体地位。面对物联网这样门类众多、体系庞大的产业的发展，我国在已初步完成先期示范引导发展的基础上，应继续简政放权，积极听取产业界诉求，通过提供必要的政策和资金支持，以及推广更多更灵活的政企合作模式，充分调动企业的积极性，让企业更好地发挥自身的资金、研发、技术转化和市场敏感度等优势，成为物联网技术创新和应用部署中的主角。

加快物联网核心技术的自主研发。尽管我国在5G、窄带物联网（NB-IOT）等通信领域和智能交通、智能家居等物联网应用领域走在世界前列，但在中高端传感器、处理器芯片、操作系统、处理算法等领域仍受制于人。我国要继续加快突破核心技术，避免在美国出台物联网发展战略后处于被动局面。同时，大力推动人工智能、大数据等新兴技术的发展及应用，从而以更广阔、更前瞻的视角提前谋划物联网的未来。

参考文献

Sia Calls for National Strategy to Spur Internet of Things，http：//blog. semiconductors. org/blog/sia-calls-for-national-strategy-to-spur-internet-of-things，October 3th，2017.

National IoT Strategy Dialogue，https：//www. semiconductors. org/clientuploads/directory/DocumentSIA/Research% 20and% 20Technology/IoTReportFinal2. pdf，October 3th 2017.

S. 2607 – Digit Act，https：//www. congress. gov/bill/114th-congress/senate-bill/2607/text. 114th Congress（2015 – 2016），2017.

S. 88 – Digit Act，https：//www. congress. gov/bill/115th-congress/senate-bill/88/text. 115th Congress（2017 – 2018），2017.

B.23
丰田弃用 QNX 事件及启示

崔学民*

摘　要： QNX 是嵌入式操作系统领域不可忽视的一款产品，近年来，随着物联网、大数据、人工智能等技术与产品的快速发展，嵌入式操作系统再次成为行业关注的焦点。丰田宣布将在 2018 年上市的一款凯美瑞汽车中弃用 QNX 操作系统，迅速引起业界的关注。本文首先梳理了这一事件的过程，然后分析了 QNX 的基本情况，以及 FreeRTOS、VxWorks 等主要竞争对手情况，研究了 QNX 在嵌入式操作系统领域的应用前景并提出了思考建议。

关键词： 嵌入式操作系统　QNX　Linux　VxWorks

2017 年 6 月，丰田公司宣布将在其 2018 年上市的一款凯美瑞汽车中弃用 QNX 操作系统，引起了业界的普遍关注。QNX 操作系统是一款实时嵌入

图 1　QNX 图标

---

* 崔学民，国家工业信息安全发展研究中心（工业和信息化部电子第一研究所）高级工程师，研究方向：计算机与网络。

式操作系统，是目前汽车操作系统领域的霸主，全球有40多个汽车品牌，共6000多万辆汽车搭载QNX操作系统，丰田则是全球第一大汽车厂商，丰田的选择势必会对汽车操作系统市场带来一定的影响。此外，嵌入式操作系统不仅是汽车、路由器、交通控制等领域的重要产品，更是人工智能、物联网等技术与产品不可或缺的有机组成部分。

一 事件始末

2017年5月31日，Automotive Grade Linux（AGL）在其官方网站上发布了一篇文章称："丰田公司下一代信息娱乐系统将采用AGL平台，其2018年丰田凯美瑞将是美国首款采用AGL系统的丰田汽车。"在AGL公开100多家科技公司和汽车制造商的合作名单以来，丰田是第一家宣布正式使用AGL的车企。很快有媒体说："丰田汽车公司正在从其畅销的凯美瑞汽车中放弃使用QNX软件"，丰田弃用QNX迅速成为媒体热炒的新闻。6月5日，黑莓公司在其官方网站发布了一篇名为《丰田汽车与黑莓QNX之间的真实关系》的博文。文章认为，QNX在信息娱乐和虚拟驾驶舱控制器方面的地位仍然坚如磐石，在连接车的其余部分方面的未来比以往更加光明。QNX的这篇官方博文列出了两大理由证明QNX的实力：一是黑莓QNX不依赖丰田的业务，二是QNX业务范围不只是车载信息娱乐系统。文章还强调了QNX的安全可靠与兼容性等优势远超竞争对手。

二 QNX的基本情况

QNX是业界公认安全可靠的实时嵌入式操作系统，广泛应用于汽车、网络、医疗、通信、航空航天、核电、工业自动化、国防等领域。QNX是类似Unix的操作系统，诞生于1980年，其名字来源于"快速的Unix（Quick UNIX）"，2010年被加拿大的黑莓公司收购。QNX是嵌入式系统中的热点产品，尤其在汽车领域，广泛应用于丰田、福特、奥迪、宝马、保时捷、路虎、本田等品牌产品中。

QNX最大的特点是安全可靠。QNX操作系统模块与内核相互独立,分别处于被保护的地址空间和程序空间中,所有其他系统服务,都以用户进程的方式,在独立的地址空间运行,QNX可靠性达到99.999%。QNX属于微内核系统,其内核只有进程调度、进程间通信、底层网络通信和中断处理四种服务,QNX的前几个版本只有几十个字节,最新的稳定版(2016年6月,QNX Neutrino V6.6)也只有2.12兆字节。QNX是实时操作系统,当外界事件或数据产生时,系统能够在8微秒内对处理系统做出响应或者发出控制指令,并调度资源完成实时任务,运行速度极快,为系统的安全可靠提供基本保障。QNX还具有高扩展与高可移植性等特点,QNX是类Unix系统,支持PowerPC、x86、MIPS、SH-4、ARM等架构处理器,并且遵从可移植操作系统接口(POSIX)规范,运行在QNX之上的程序可以在Unix、Linux等遵从POSIX规范的操作系统之间相互移植,有很高的扩展性与可移植性。

到目前为止,QNX仍是有绝对优势的嵌入式操作系统之一。作为最底层的硬件系统与上层软件应用系统的连接环节,QNX为汽车、通信、网络、工业、国防等多个行业提供操作系统。市场研究公司IHS的统计数据显示,在汽车操作系统领域,QNX占据着50%以上的市场份额,远远超过其竞争对手Windows Embedded Compact(原来的Windows CE)和Linux系统。QNX还用在思科的路由器设备、洛克希德·马丁的武器装备、通用的交通设备、飞利浦的医疗设备、阿尔斯通的轨道交通设施、霍尼韦尔·欧姆龙的工业设备、西屋电气的核反应堆控制器,以及国际空间站的对接臂控制系统、911呼叫中心、进程控制程序以及空中交通管制系统、智能家居产品中。

除了操作系统,QNX还有一系列的软件解决方案及中间件、设计与开发工具等产品,广泛应用于汽车工业、自动控制、医疗设备、网络通信、国防安全等领域。这些产品包括QNX汽车平台、驾驶辅助系统、虚拟机、安全认证产品、无线通信产品框架、软件开发平台、车载信息、发动机声音增强、自动驾驶、风力涡轮机控制系统、POS设备应用系统等。

三 QNX 的主要竞争对手

嵌入式操作系统最开始应用于监管与控制机器运行，一般需要具备较强的稳定性与实时性，并且不会太过复杂。经过几十年的发展，嵌入式操作系统已经广泛应用在航空航天、工业生产、消费电子、物联网、人工智能、移动终端等领域。也正是因为嵌入式操作系统几乎都是专为某一领域量身定制，其专用性特点非常明显。

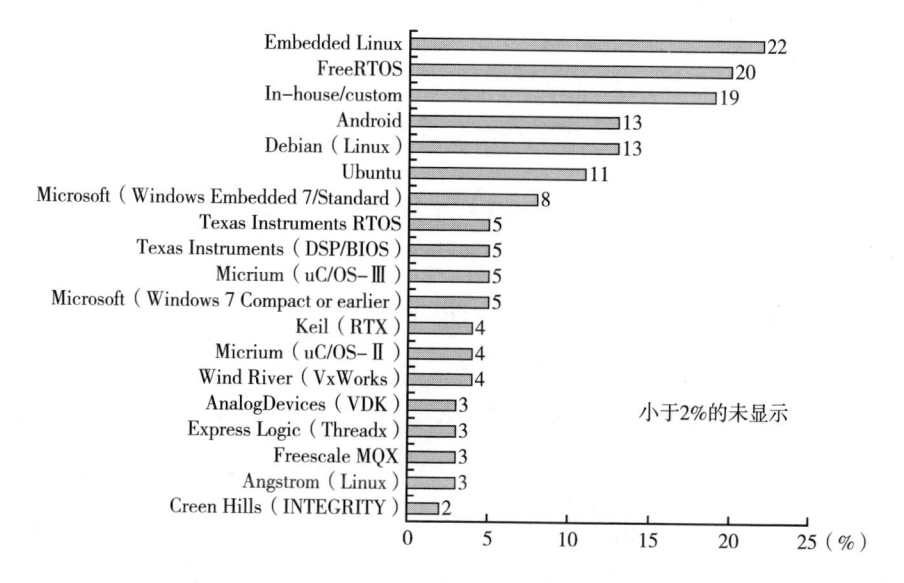

系统	占比(%)
Embedded Linux	22
FreeRTOS	20
In-house/custom	19
Android	13
Debian（Linux）	13
Ubuntu	11
Microsoft（Windows Embedded 7/Standard）	8
Texas Instruments RTOS	5
Texas Instruments（DSP/BIOS）	5
Micrium（uC/OS-Ⅲ）	5
Microsoft（Windows 7 Compact or earlier）	5
Keil（RTX）	4
Micrium（uC/OS-Ⅱ）	4
Wind River（VxWorks）	4
AnalogDevices（VDK）	3
Express Logic（Threadx）	3
Freescale MQX	3
Angstrom（Linux）	3
Creen Hills（INTEGRITY）	2

小于2%的未显示

图 2　2017 年嵌入式市场研究调查报告（AspenCore）

根据 AspenCore 发布的 2017 年嵌入式市场研究调查报告，全球嵌入式操作系统应用最多的是 Embedded Linux、FreeRTOS 和 In-house/custom，市场份额都在 20% 左右，如果加上其他版本的嵌入式 Linux 系统，如 Debian、Ubuntu 等，Linux 市场份额超过了 60%。尽管在整个嵌入式操作系统市场中的份额不足 1%，QNX 仍是这一领域非常重要的一员。通用嵌入式 Linux、Debian 等市场份额较大的嵌入式操作系统多数是非实时的操作系统，多应用于多媒体娱乐等对实时性要求相对不太高的设备中，QNX 则是实时嵌入式操作系统，多应用于对安全性、实时性等要求较高的设备中，如航空航天、铁路交通、武器装备等。在这一领域，QNX 的主要竞争对手有亚马逊的 FreeRTOS、WindRiver 的 VxWork、微软的 Windows Embedded Compact 和其他开源的嵌入式 Linux 系统等。

  FreeRTOS 由亚马逊公司提供技术支持，是免费开源的嵌入式实时操作系统。FreeRTOS 具有实行性、开源性、可靠性、易用性、多平台支持等特点。FreeRTOS 也是一个相对较小的系统，最小化的 FreeRTOS 内核仅包括 3 个 C 文件和少数头文件，总共不到 9000 行代码，还包括了注释和空行，一个典型的编译后（二进制）代码映像小于 10KB。目前，FreeRTOS 可以应用在包括 x86、Xilinx、Altera 等在内的 30 种硬件平台上，受到业界关注。FreeRTOS 目前主要应用在 MCU 芯片、智能手表等消费电子产品、网络设备等领域。

  VxWorks 是风河公司（Wind River）于 1983 年推出的嵌入式实时操作系统，多应用于通信、国防、工业控制、医疗设备等嵌入式实时应用领域。风河公司成立于 1981 年，2009 年被英特尔公司收购。VxWorks 广泛应用于现代化大型基础设施，在航天器、火箭、卫星、军事设施、飞机、火车、汽车、医疗器械、制造厂以及通信网络等领域，全球有超过 20 亿台设备应用了风河公司的 VxWorks 系列软件。航空航天与国防领域的主要用户有：空客集团、英国 BAE 系统公司、波音公司、洛克希德马丁公司、诺斯罗普格鲁曼公司、通用电气、霍尼韦尔公司等；汽车领域的主要用户有：宝马、菲亚特、通用汽车、江森自控、法雷奥集团等；工业与医疗领域的主要用户有：日立、KUKA、三菱、尼康、罗克韦尔自动化、施耐德电气、西门子、东芝等；网络设备领域的主要用户有：阿尔卡特朗讯、亚美亚公司、讯远通信、爱立信、惠普、华为、三星、泰乐等。VxWorks 系统具有较好的功能安全性、信息安全性和高性能等特点，VxWorks 支持 x86、i960、Sun Sparc、Motorola MC68xxx、MIPS 和 Power PC 等多种处理器，其各方面的性能甚至优于 QNX，只是由于其授权费较高等原因，一般民用领域较少使用。

  Windows Embedded Compact 是微软推出的嵌入式操作系统，一般用于各种嵌入式系统或硬件规格较低的 PC。该系统此前一直被称作 Windows CE，微软公司于 2008 年 4 月 15 日在嵌入式系统大会上宣布改名为 Windows Embedded Compact。早期版本的 Windows CE 提供了 Win32 API 软件开发接口，主要功能包括内存管理、文件操作、多线程、网络功能等，因此，Windows CE 与 Windows 其他系统的兼容性较好。后来的 Windows Embedded Compact 主要应用于智能手机、汽车、机顶盒、生产在线的控制设备、信号控制系统、导航仪、消费电子等，有些设备甚至没有任何人机界面。

嵌入式 Linux 是以 Linux 为基础的嵌入式操作系统，多应用于消费电子产品或及航空航天等领域。嵌入式 linux 可以被看作是精简版的 Linux 操作系统。嵌入式 Linux 的特点是开源和没有版权费等，随着树莓派等微型设备的出现，以及物联网、人工智能等技术与产品的快速发展，嵌入式 Linux 操作系统依靠其广泛的开源社区等力量，已经成为技术领域关注的重点。

四　QNX 的前景及嵌入式操作系统市场

QNX 在汽车等领域的市场优势仍较明显。在汽车、交通信号控制、路由器等对实时性与安全可靠性要求较高的领域，QNX 具有较大的竞争优势，其竞争对手微软的 Windows Embedded Compact 的市场份额则逐年减少，嵌入式 Linux 系统有快速增长的迹象，已经开始争夺 QNX 的部分市场份额。QNX 最大的汽车用户丰田也在考虑多领域布局，计划在新款凯美瑞上使用 Linux 系统，但这更多的是出于品牌发展的考虑，Linux 系统在短期内难以撼动 QNX 在嵌入式操作系统中的霸主地位。

QNX 仍未找到有效的商业模式。尽管 QNX 的市场优势明显，却并未给黑莓公司带来可观的收入，近几年，包括 QNX、解决方案等在内的软件业务收入不到公司总收入的 5%。在软件定义世界的发展环境下，单靠操作系统很难为公司带来高额利润，黑莓公司也已经将业务重心从单一的 QNX 操作系统转到包括解决方案等在内的更为广泛的软件与服务领域，试图打造连接设备与设备、设备与人的综合性软件产品，加速向自动驾驶、物联网、人工智能等领域拓展，以此来构建黑莓公司在软件与服务领域的生态系统，提高公司的市场竞争力。不过，面对谷歌、微软、苹果等竞争对手，黑莓公司是否可以将QNX业务发展壮大仍有待市场检验。

QNX能否继续快速发展也与嵌入式操作系统的特点有关。嵌入式实时操作系统最开始应用于监管与控制机器运行，一般需要具备较强的稳定性与实时性，并且不会太过复杂，经过几十年的发展，嵌入式操作系统已经广泛应用在航空航天、工业生产、消费电子、物联网、人工智能、移动终端等领域。但是，也正是因为嵌入式操作系统几乎都是专为某一领域量身定制，其专用性特点非常明显，QNX能否依靠其自身特性与VxWork和Windows Embedded Compact展开竞争，并以其整体性能上的优势与开源的嵌入式Linux展开竞争，未来还有诸多不确定性。

五 启示

QNX以其安全可靠等特点，成为目前应用范围较广的一款嵌入式操作系统。随着人工智能、物联网等新技术和新产品的快速发展，QNX迎来了新的挑战与机遇。但QNX没能给黑莓公司带来可观的利润，开源的嵌入式Linux系统越来越受到市场的青睐，除了在对实时性要求较高的领域外，嵌入式Linux已经开始挤占QNX的市场份额。在航空航天、国防安全等高端应用领域与WindRiver的VxWork相比，QNX的市场份额仍较小，未来如何发展QNX不仅是黑莓公司正在考虑的问题，也成为行业并购、技术创新等业界关注的热点之一。

参考文献

QNX Neutrino 实时操作系统，www.qnx.com。

Automotive Grade Linux Platform Debuts on the 2018 Toyotacamry, Automotive Grade Linux, https：//www.automotivelinux.org/announcements/2017/05/30/automotive - grade - linux - platform - debuts - on - the - 2018 - toyota - camry.

The Real Relationship between Toyota Motors and BlackBerry QNX, blackberry, http：//blogs. blackberry. com/2017/06/the – real – relationship – between – toyota – motors – and – blackberry – qnx.

郎璐红、梁金柱：《基于 ARM 的嵌入式系统接口技术》，清华大学出版社，2011。

陈卓、王田、梁新元：《嵌入式系统开发》，电子工业出版社，2009。

岜兴明、胡小冬、周火金：《DSP 嵌入式开发入门与典型实例》，人民邮电出版社，2011。

许四平：《计算机嵌入式操作系统初探》，《电子技术与软件工程》2015 年第 10 期。

孙瑞：《浅析计算机嵌入式操作系统》，《科技资讯》2012 年第 21 期。

QNX, QNX CAR Platform for Infotainment, http：//blackberry. qnx. com/en/products/qnxcar/index.

windriver, http：//www. windriver. com. cn.

B.24
智能生产时代下的网络安全策略研究

梁冬晗*

摘　要： 在智能生产时代下，互联网和物联网的普遍应用，连接性的不断增加，颠覆了传统生产模式，也带来了与之相匹配的网络风险和安全挑战，针对工业领域的安全事件频发，影响愈发广泛。然而网络安全策略未能引起制造企业的足够重视，网络安全人才匮乏使得制造业不断面临新的网络安全挑战。智能生产环境下的网络安全策略不容忽视，应从一开始就全面融入智能制造战略。

关键词： 智能生产　网络安全　数字供应网络　智能制造

智能生产是指通过使用智能、联网、自动化技术等，使数字世界与物理世界活动相结合，从数字供应网络到智能工厂再到连接对象，将供应链、工厂、客户和运营连接在一起的工业生产过程。其产品集成了动态数字存储、感知和通信能力，承载着在整个供应链和生命周期中所需的各种必要信息。设施由整个生产价值链所集成，且能够根据当前的状况灵活决定生产过程。在智能生产时代下，互联网和物联网的普遍应用，连接性的不断增加，颠覆了传统生产模式，也带来了与之相匹配的网络风险和安全挑战。以美国为首的发达国家高度重视工业领域的网络安全工作。2017年3月，美国国土安

---

* 梁冬晗，国家工业信息安全发展研究中心（工业和信息化部电子第一研究所）工程师，研究方向：消费电子产业与技术研究。

全部出版的《保护物联网的战略原则》提出了加强物联网安全性的方法和建议,并建议通过检查关键嵌入式系统制造商直接或间接在生产中部署的相关风险,制定保护关键嵌入式系统的物联网的安全原则和安全策略。智能生产环境下的网络安全策略不容忽视,应从一开始就全面融入智能制造战略。

一 智能生产时代网络风险和安全挑战问题日益突出

连接性的增加和智能化技术的广泛应用是智能生产时代的显著特征,随着制造业各环节越来越多的设备和产品连接到网络中,企业越来越多地使用智能、无线网络和传感器等信息技术、连接技术创新、现代化转型等方式进行生产活动,使得可能出现的网络漏洞随着连接的增加而增加,攻击剖面扩大。高度连接的环境意味着网络攻击能产生比以往任何时候都更加广泛的影响,这种影响不断增加且日益多样化,甚至呈指数级增长。工业领域相关安全事件陆续曝光,如 2010 年震网(Stuxnet)病毒攻击伊朗核电站,使得 8000 台离心机损坏。Stuxnet 的复杂性是网络攻击作为武器进入物理工厂最典型的范例。在供应链安全方面,2014 年 Havex 利用供应商软件网站的"水坑攻击"影响了欧美 1000 多家能源企业;2015 年 Blackengergy 造成了乌克兰境内近三分之一地区持续断电。近日,WannaCry 勒索病毒又攻击了日本本田工厂的网络和澳大利亚的交通摄像机,它从 5 月开始在全球范围内爆发。

(一)网络贯穿于智能生产生命周期始终,网络风险和安全挑战影响愈加广泛

智能生产生命周期从数字供应网络到智能工厂再到连接对象,当供应链、工厂、客户和运营连接在一起时,网络威胁造成的风险和潜力都将不断增大。通过在整个生态系统中引入智能、连接平台和设备,促使传统的线性供应链结构进一步发展,从而产生数字供应网络,能够从价值链上的点获取数据以相互通知,以便更好地管理和流通材料和产品,更有效地利用资源,供给的产品能更好地满足客户需求。在数字供应网络中,从设计到运营等各

个环节相互联系越来越紧密，每个阶段都要妥善规划考虑网络存在的弱点和风险。

表1 智能生产生命周期各阶段的网络需求

生产周期的阶段	网络内容	网络需求
数字供应网络	数据共享	确保系统的完整性，因此无法访问私有专有数据
	供应商处理	当流程无法验证时，确保信任
智能工厂	健康和安全	确保职工和环境的安全
	生产和工艺弹性且有效率	确保生产不间断且能恢复关键系统
	仪器仪表和主动解决问题的能力	维护企业的品牌和声誉
	系统的可操作性、可靠性和完整性	支持使用多个供应商和软件版本
	效率和成本回避	通过远程诊断和控制来降低运营成本且提升灵活性
	监管和职责调查	确保过程可靠性
连接物体	生产设计	在开发生命周期中使用安全软件来实现生产功能和设备安全
	数据保护	在数据生命周期中保持敏感数据的安全
	面对攻击的修复能力	最小化事件的影响，同时快速恢复操作和安全性

资料来源：德勤。

（二）网络漏洞随着连接性的增加而增加，智能制造攻击剖面不断扩大

智能工厂则面临从设备层、控制层、网络层、应用层、工业云到数据层等方面的网络风险和安全挑战。据2016年德勤MAPI的研究发现，三分之一的制造商还没有对工厂里的工业控制系统进行任何网络风险评估。

表2 智能工厂面临的网络风险和挑战

攻击面	网络风险和安全挑战
设备层	智能制造领域网络中伺服驱动器、智能输入输出系统、智能传感器、仪表、智能产品的安全挑战，包括所用芯片安全、嵌入式操作系统安全、编码规范安全、第三方应用软件安全以及功能安全等，这些设备均可能存在漏洞、缺陷、规范使用、后门等安全挑战

续表

攻击面	网络风险和安全挑战
控制层	机床数控系统、PLC、运动控制器、所使用的控制协议、控制平台、控制软件等方面，其在设计之初可能未考虑完整性、身份校验等安全需求，主要安全挑战包括输入验证，许可、授权与访问控制不严格，不当身份验证，配置维护不足，凭证管理不严，加密算法过时等
网络层	各类数控系统、PLC、应用服务器通过有线网络或无线网络连接，形成工业网络，工业网络与办公网络连接形成企业内部网络，企业内部网络与外面的云平台连接、第三方供应链连接、客户的网络连接。主要安全挑战包括：网络数据传递过程的常见网络威胁（如拒绝服务、中间人攻击等），网络传输链路上的硬件和软件安全（如软件漏洞、配置不合理等），无线网络技术使用带来的网络防护边界模糊等
应用层	支撑工业互联网业务运行的应用软件及平台的安全
工业云	云平台及服务也面临着虚拟化中常见的违规接入、内部入侵、多租户风险、跳板入侵、内部外联、社工攻击等内外部安全挑战
数据层	智能制造工厂内部生产管理数据、生产操作数据以及工厂外部数据等各类数据的安全问题，无论数据是通过大数据平台存储，还是分布在用户、生产终端、设计服务器等多种设备上，海量数据都将面临数据丢失、泄露、篡改等安全威胁

（三）网络安全未能引起制造企业的足够支持，网络安全人才匮乏

企业对网络安全支持力度不够。尽管现在制造企业越来越重视公司的网络风险状况，高级管理层致力于改善网络环境，但据德勤数据统计，42%的网络风险管理人员表示在公司获得资金支持关键网络计划仍然是一个挑战。卡巴斯基实验室调查显示，2016年，在每两家工业控制系统公司中，就有一家经历过1~5次安全事故。平均来看，无效的网络安全给工业机构每年平均造成497000美元的损失。尽管大多数工业机构认为自身已经准备好应对网络安全事故，但其这种自信似乎并不充分。

员工的网络安全意识薄弱也是一大威胁。企业内部人员有意识或无意识的行为，可能破坏工业系统、传播恶意软件、忽略工作异常等，因为网络的广泛使用，这些挑战的影响将会被急剧放大。针对人的社会工程学、钓鱼攻击、邮件扫描攻击等大量攻击都利用了员工无意泄露的敏感信息。

网络安全技术人才匮乏也是制造商面临的重大挑战。2016年德勤—

MAPI研究发现，75%的受访主管认为公司缺乏有效实施和维护安全的生产生态系统所需的技术人才资源。

（四）网络攻击不断向智能制造领域渗透，高级持续性威胁不断进化

工业系统关系到国计民生，近年来已成为网络黑客发起攻击的重点对象。美国工业控制系统网络应急小组的报告显示，2015年处置的工业系统相关的安全事件高达295件，其中关键制造占比33%，能源行业占比16%。攻击者目标可能是偷取重点智能制造企业的产品设计资料、产品应用数据等，也可能是在关键时刻让智能制造企业生产停止、良品率下降、服务不及时等从而给企业造成直接损失。攻击者精心策划，为了达成既定目标，展开长期持续的攻击，其攻击过程包括各类信息收集、入侵技术准备、渗透准备、入侵攻击、长期潜伏和等待、深度渗透、痕迹消除等一系列精密攻击环节。

二 智能生产时代的网络安全策略应是安全的、警觉的和修复能力强的

随着连接技术的广泛使用，网络风险不断增长和变化。从数字供应网络到智能工厂再到连接对象价值链上每个环节的每个阶段，网络风险可能会有所不同。智能生产生命周期各环节的网络安全策略是不尽相同的，但基本涵盖了安全性、警觉性和复原力三个方面。

（一）既能开放数据共享，又要保护私有专有数据

在数字供应网络中，数字技术有能力推动供应链元素的融合，但随着从设计到运营等各个环节相互联系越来越紧密，网络风险也相应扩大。它允许基于购买者和供应商的供需状态对产品和材料进行实时、动态定价。但是这种响应敏捷的灵活网络只有通过供应网络中所有参与者的开放数据共享才能实现，这就产生了重大的问题，在允许某些数据的透明度与维护核心技术和机密等其他信息的安全性之间难以平衡。

（二）既能在网络上支付验收，又要避免受到网络威胁欺诈

由于供应网络各个环节紧密的合作关系加强了企业之间的关联性，且开放的环境和动态的特征，成员之间可以进行高效率、低成本的信息共享，且能在网络平台上进行支付验收，简化了支付和验收流程。在数字供应网络中，如何保证商品的真实性，提供真实的物流信息、产品信息等，为买卖双方提供保护，从而免受欺诈性供应商、国际制裁的供应商和次品分销商的威胁。

（三）保证智能工厂生产过程的可用性和完整性，增强事故的复原力和复原效率

智能工厂的目标主要集中在物理过程的可用性和完整性上，而不是信息的保密性。对于生产和制造设施，重要的是最大限度地提高制造资产利用率，同时最大限度地减少停机时间。对于制造商而言，至关重要的是确保连续生产，对于一些连续运转的设施，关机和停机可能导致巨额的原材料损失。随着生产设备增加了物联网设备的集成应用，物联网设备对制造生产和网络安全风险变得更加重要，受损的物联网设备的安全隐患包括生产停机、设备或设施的损坏等，关键流程恢复所需的重建和重新启动能力，也就是生产和工艺流程的复原力和复原效率是智能制造环节所面临的网络安全挑战。

总而言之，虽然在整个智能生产过程中打造安全和警觉的网络环境能够对大多数攻击者形成有效震慑，然而建成对所有攻击都完全免疫的网络环境是不现实的。如果攻击不可避免地来临时，应具备积极制订应对方案并快速修复的能力，尽量减小事故带来的影响。

三 智能生产时代的网络安全保障工作思路

（一）将网络安全纳入智能生产生命周期的规划，规范网络安全管理控制机制

在智能生产的规划环节就将网络安全纳入设计，在企业内部管理中成立

专门负责网络安全管理的机构，对构建网络安全环境给予资金支持，定期对智能生产网络进行合规性安全检查。建立一个关键利益相关者的跨职能团队，包括信息技术、运营技术、研发、财务和风险管控等方面；创建所有连接设备清单，进行统一规划管理；评估与关键合作伙伴建立的创新网络风险及与工业生态系统相关的第三方网络风险。

（二）利用人工智能、深度学习等技术进行威胁监测检测，建立实时自动网络防御系统

利用人工智能技术扫描网络，识别软件漏洞并在无人为干预的情况下应用补丁，从而降低网络风险。建立实时自动化的网络防御系统，并且拥有大量应对新的攻击的手法，以应对频发的网络攻击，并减小从攻击出现到防御生效之间的时间差。

（三）利用大数据、数据挖掘等技术主动挖掘网络漏洞，构建网络风险识别模型

运用大数据技术主动挖掘漏洞，及时发现未知威胁，对有目的的攻击进行有效阻断。构建网络风险识别模型，通过识别网络通用及专属协议内容，并根据其中包含的主从关系、访问控制、行为特征、传递途径、命令请求等信息提取非法特征，最后通过加权的方式判断威胁是否存在。

（四）利用加密、认证签名、区块链等技术保护信息数据，建立安全的信息共享平台

将可信平台模块或硬件安全模块等技术纳入相关设备，以提供密码学支持、硬件认证和授权认证等。与访问控制相结合，使关键任务操作在应用程序点和端点都能得到安全防护，从而保护数据和进程。如果处于休眠中或者通信传输中的数据被拦截或系统被破坏，能够利用加密或者标记化的工具等来保护它们。还可以通过区块链技术创建透明可靠的统一信息平台，提高供

应链管理的效率，并且保护企业免受欺诈性供应商、国际制裁的供应商和次品分销商的威胁。

参考文献

李沁：《智能手机安全保密隐患及防范对策》，《黑龙江科技信息》2015年第13期。
王泽润：《电子信息工程中计算机网络技术的应用》，《电子技术与软件工程》2017年第24期。
王康宁：《人工智能中计算机网络技术应用》，《中国战略新兴产业》。
郭华：《基于人工智能的网络安全技术》，《电子技术与软件工程》2017年第23期。
张新福：《人工智能开启网络安全的新模式》，《信息安全与通信保密》2017年第11期。
《中国人工智能产业发展联盟在京成立》，《现代电信科技》2017年第5期。

B.25
绿色制造技术现状及未来趋势

刘晓馨*

摘　要： 绿色制造是生态环境良性发展的需要，也是中国制造转型升级的必然选择。绿色制造技术涉及多个学科，涵盖制造业全链条，具有不同于传统制造的突出特征。近年来，随着全球消费市场绿色环保意识的逐渐增强，绿色制造技术成为世界各国关注的重点，具有广阔的发展前景。因此，我国应加大力度，积极推动绿色制造发展，推动制造业绿色、健康发展。

关键词： 绿色制造　技术　产业链

绿色制造，又称环境意识制造、面向环境制造等。绿色制造是一种现代化背景下的制造模式，综合考虑了制造业对环境的影响和对资源高效的利用，实现产品在设计、制造、装配、运输、销售、使用、回收等制造业各环节对资源的利用率最高，对环境造成的有害影响最小。当前，环境问题已成为世界各国关注的热点，解决环境污染、生态破坏、资源匮乏等全球性问题，实现可持续发展已成为人类的共识。在此背景下，世界各国实行绿色制造的呼声越来越强烈。然而，绿色制造涉及多项关键技术，涵盖整个制造业生命周期，是一项复杂的系统工程。

---

* 刘晓馨，国家工业信息安全发展研究中心（工业和信息化部电子第一研究所）高级工程师，研究方向：电子信息产业、技术创新。

一 绿色制造技术涉及多个学科，涵盖制造业全链条

从技术层面来看，绿色制造是综合考虑制造、环境、资源三大领域的系统工程，是绿色产品设计技术、绿色材料、绿色制造工艺技术、绿色包装技术、产品回收与循环再制造技术等多门类技术的集成与综合。

（一）绿色设计是绿色制造的第一步

绿色设计是获得绿色产品的基础，是绿色制造的关键和第一步。绿色设计是在产品整个生命周期内，重点考虑自然资源利用、环境影响，以及可拆卸性、可回收性、可重复利用性等产品的环境属性，在满足环境目标要求的同时，并行地考虑并保证产品应有的基本功能、使用寿命、经济性和质量等。绿色设计包含从概念形成到生产制造、使用以及废弃后的回收、重复利用及处理处置等各阶段，其核心为"3R"，即 Reduce、Recycle、Reuse。当前针对绿色设计的研究主要聚焦绿色产品设计的材料选择与管理、产品可拆卸性和可回收性设计等方面。除此以外，绿色设计与其他学科领域有密切的关系，如环境保护、污染防治、安全健康等。

由于绿色设计涉及的学科领域较多，研究范围广，属于多学科交叉研究领域，目前还处于不断发展完善中。

（二）绿色材料是绿色制造的物质基础

绿色材料是指在制备和生产过程中采用能耗低、噪音小、无毒性并对环境无害的材料和材料制成品，其中也包括那些对人类及环境有危害，但采取措施后就可以减少或消除危害的材料及制成品。绿色材料的选择要综合考虑材料本身的先进性，材料生产过程的安全性，无污染、低噪声材料的使用合理性，满足后期产品回收以及符合现代工程学的要求等多个因素。当前，常见的绿色材料主要有绿色建筑材料、绿色能源材料、绿色循环材料和绿色净化材料等。

近年来，有关绿色材料及其制品的研究和开发不断推进，我国的研究大多集中在环境净化材料、材料的回收和重复利用工艺技术、减少环境污染的代替材料、减少"三废"的技术和工艺、可降解材料等方面，并已取得了多项进展。

（三）工艺技术是实现绿色制造的关键环节

绿色制造工艺技术是以传统的工艺技术为基础，结合表面技术、控制技术等先进的制造工艺技术，通过绿色制造工艺技术实现对资源的合理利用，节约成本，并减少对环境造成的污染。依据这个目标，绿色制造工艺技术可划分为三种类型：节约资源的工艺技术、节省能源的工艺技术、环保型工艺技术。

节约资源的工艺技术是在生产过程中简化工艺系统组成，从而节省原材料消耗的工艺技术，可从设计和工艺两方面着手实现。在设计方面，当前主要是通过减少零部件数量、减轻零件重量、采用优化设计等方法提高原材料的利用率；在工艺方面，主要是通过优化毛坯制造技术、优化下料技术、少无切屑加工技术、干式加工技术、新型特种加工技术等方法减少材料消耗。节省能源的工艺技术，是要减少加工过程中消耗的能量，目前的方法主要有减磨、降耗或者采用低能耗工艺等。环保型工艺技术则是通过一定的工艺环节，尽可能降低或完全消除生产过程中产生的废液、废气、废渣、噪声等，提高系统运行效率。当前最为有效的方法是在工艺设计阶段进行全面考虑，积极预防污染物质的产生，同时在末端增加治理技术。

（四）绿色包装技术是绿色制造的外在表现形式

绿色包装又可称为无公害包装或者环境友好包装，是指对生态环境和人类健康无害，能够重复使用和再生，符合可持续发展的包装。从技术角度看，绿色包装是以天然植物和相关矿物质为原料，研制成对生态环境和人类健康无害，能够回收利用，易于降解的一种环保型包装，其包装产品从原料选择、产品制造到使用和废弃的生命周期，均应符合生态环境保护的要求。

当前，在重视环境保护的世界氛围下，绿色包装是国际营销强有力的手段之一，越来越受到各国消费者的青睐，成为新一轮市场竞争的重要砝码。我国包装工业经历从无到有的发展过程，取得了令人瞩目的成就。随着绿色包装技术的发展，我国针对绿色包装的研究主要集中在包装减量化、包装材料重复利用或回收再生、包装废弃物降解腐化等方面。尽管我国已取得了显著进展，但与世界先进国家仍有一定的差距，尤其是在包装技术、包装设备应用程度、包装设计模式等方面的研究存在一定程度的滞后。

（五）拆卸回收技术是实现绿色制造闭环的重要途径

绿色制造是一个闭环系统，即按照原料—工业生产—产品使用—报废—二次原料资源的流程，从设计、制造、使用到报废回收整个寿命周期实现对环境影响最小、资源利用效率最高。产品最后的拆卸回收技术是实现绿色制造闭环循环的关键，主要包含回收利用、循环再用和报废处理三个方面。回收利用是经过收集、再加工、再生产品的销售三个步骤，通过收集可重用零部件，通过再加工，生产出再生产品进行销售。循环再用是指在本代产品报废或停用后，产品或其有关零部件能够在多代产品中循环使用和利用。报废处理是将产品中无用的废弃物，进行合理的处置。产品的拆卸回收是一项复杂的系统工程，在产品设计初期就要开始考虑，并作系统分类处理。产品寿命终结后，可以设计多种不同的处理方案，在对各种方案进行分析与评估后，确定最佳的拆卸回收方案。

经过多年的探索，我国的回收利用研发技术攻关取得了显著进展，目前已基本掌握了回收利用的基础理论和关键技术。我国制造业的产品回收利用主要集中为废旧汽车、机床、计算机和家电等产品的利用和改造。同时在装备再制造回收利用的清洗、修复等表面工程处理技术方面我国取得了突破。

二 绿色制造技术拥有不同于传统制造的突出特征

绿色制造是综合考虑环境影响和资源效益的现代化制造模式，具有与传统制造不同的突出特征，主要体现在以下几方面。

（一）系统性

与传统制造系统相比，绿色制造除保证一般的制造系统功能外，要综合考虑资源利用率最高、废弃资源最少、环境污染最小等指标。

（二）预防性

绿色制造充分考虑了产品从设计到废弃的全过程，对于可能发生的污染进行了提前预案，强调以预防为主，从而使产生的废弃物最小化。

（三）经济性

通过绿色制造技术，最大程度节约原材料，减少能源消耗，降低废弃物的处理处置费用，减少生产成本，提高产品经济性。

（四）动态性

随着技术的发展，绿色制造的目标、内容会产生相应的变化，不断走向完善。绿色制造必须与经济发展、市场需求、技术水平等发展情况达到动态平衡。

三　绿色制造拥有广阔的发展前景

当前，世界各国纷纷掀起一股"绿色浪潮"，环境问题成为全球关注的热点，绿色制造技术成为制造业转型升级的关键，拥有广阔的发展前景。

（一）绿色制造技术将呈现全球化发展趋势

随着全球化市场的形成，许多国家对产品的进口都制定了绿色认定规则，特别是有些国家设置"绿色贸易壁垒"限制国际产品进入本国。未来，绿色制造的研究和应用将更加凸显全球化的特征和趋势。

（二）绿色制造技术将推动新型社会支撑系统的建立

绿色制造涉及政府、企业、产品、用户等多个层面。绿色制造产业的发展需要政府部门出台相关的政策法规加以规范、引导，同时，由于涉及产品寿命完结后的处理，还将会构成企业、产品、用户三者之间的新型集成关系，从而需要建立起绿色制造所必需的社会支撑系统。

（三）集成化将成为未来绿色制造落地的研究热点

绿色制造包含产品生命周期的全过程和企业生产经营活动的各个方面，是一项复杂的系统工程。因此，要真正有效地实施绿色制造，就必须从系统和集成的角度来综合考虑，绿色集成制造技术和绿色基础制造系统必将成为未来绿色制造研究的热点。

四 积极推动绿色制造发展

实施绿色制造已成为制造业转型升级、实现可持续发展的重要举措。近年来，在我国政府和相关主管部门的积极推动下，我国绿色制造产业发展迅速，但整体尚属起步阶段，仍需加大力度，积极推动技术攻关，提升产业整体水平。

（一）加强绿色制造关键技术研究

绿色制造技术涉及多个学科，涵盖制造业全链条，同时，除共性技术外，各重点领域的绿色制造技术均有所不同。因此，应加紧制定重点领域实施绿色制造技术的路线图，重点研发绿色设计、资源集约利用、污染防控、绿色制造工艺等相关技术。充分发挥高等院校、科研院所、企业的创新力量，推动建立绿色制造创新平台，推动联合攻关。

（二）完善绿色制造技术标准体系与管理规范

完善绿色制造相关政策措施，尽快建立包含绿色技术、绿色设计、绿色产品的行业标准体系和管理规范，对现有标准进行全面清查和评价，按照绿色和可持续发展的原则，对原有标准进行补充修订，加快推进新技术、新产品标准制定。积极参与绿色国际标准的制定，推动中国绿色标准的国际化。

（三）构建绿色制造人才体系

人才培养是绿色制造体系建设的重要组成部分，应整合现有研究力量，鼓励高等院校、科研院所与企业开展联合培养和短期培训，提升技术人员的专业水平。充分发挥国家制造业创新中心等现有创新载体的人才培养作用，推动建立绿色制造人才培养机制，为我国制造业绿色、健康发展提供人力资源保障。

参考文献

李清源：《国内外绿色发展的实践与经验启示》，《青海环境》2011年第21期。

赵三明：《全球各国内燃机布局，"绿色"制造是主流》，《中国工业报》2016年1月15日。

www. tanpaifang. com.

www. gongkong. ofweek. com.

B.26
美国制造业创新中心运行机制分析及启示

邓卉*

摘　要： 为促进美国制造业科技创新和成果转化，2012年3月，美国政府宣布启动国家制造业创新网络计划，在重点技术领域建设制造业创新中心。经过近五年的发展，美国制造业创新网络计划已初见成效，截至2017年2月，已建成14家创新中心。本文总结了美国制造业创新中心的运行机制，对其可持续运行的主要做法进行了分析，并提出了建设我国制造业创新中心的启示建议。

关键词： 美国　制造业创新中心　运行机制

截至2017年2月，美国已建成14家制造业创新中心。从2012年建设第一家试点以来，美国制造业创新中心在商业化运营、创新项目运作等方面取得了诸多成功的实践，这些经验对我国建设制造业创新中心有一定的借鉴意义。

一　美国制造业创新中心运行机制

（一）5~7年政府引导建设成熟后依托自筹资金运转

美国制造业创新中心的初期建设资金采用联邦政府投入与配套资金

---

* 邓卉，国家工业信息安全发展研究中心（工业和信息化部电子第一研究所）高级工程师，研究方向：信息通信产业与技术。

（提供者包括州政府、地方政府、制造企业、研究型大学、社区学院、非营利性机构等）相结合的方式。配套资金与联邦政府资金的投入比例不低于1∶1，目前已成立的14家创新中心中除5家两者投入持平外，其余9家的配套资金投入均大于甚至数倍于联邦政府资金投入。联邦政府投入资金主要集中在中心设立的前5~7年内，投资金额逐年递减，总投资额度在7000万美元到1.2亿美元之间，在创新中心设立的前3年，资金按照设备、基础项目资助和启动资金的类别投入，第4年以后取消启动资金投入，增加竞争项目资助（Competitive Project Grants），第5年及以后取消设备投入，以基础项目资助和竞争项目资助方式投入。在逐渐发展成熟后，创新中心将完全依托自主筹措资金运转，通过会员费、收费服务活动、合同研究或产品试制、知识产权使用费等多种灵活的运作形式来获取收入，以维持中心的运转。

（二）由政产学研各方联合以董事会形式治理

美国联邦政府并不直接参与创新中心的运作，仅仅主导各个创新中心的技术领域定位、建立和初步融资。创新中心的日常工作大都交由独立的非营利性组织牵头管理，要求牵头机构具备整合政产学研各界资源的能力，并且是美国本土的机构，如目前已成立的14家美国制造业创新中心的牵头机构均为研究所、大学、大学下设公司或实验室、联盟等非营利性机构，这有利于推动创新中心研发成果公共性、共享性的实现。

创新中心采用政产学研联合治理的模式，以董事会的形式对中心的重大事项进行决策，董事会成员来自会员机构，政产学研各方都会拥有一定的席位。董事会还会引入以制造企业代表为主的独立董事。执行董事由负责日常管理的非营利性组织带头人担任。

（三）拥有技术甄别到转化完善的项目运作流程

创新中心定期举办由各方成员参与的研讨会，甄别出各种为产业界所需且具有较高转化价值的先进制造技术和工艺，并制定出相应的研究与开发计划。针对甄别出的技术领域,创新中心会向各个合作成员机构征集研发提案。合作成员机构可自由组队,向创新中心董事会递交各自的研发提案。研发提案包含研发计划和筹资计划两个核心内容。创新中心将通过招标的方式公平竞争地选出最优方案,并给予相应的资金资助。所选定的项目进入技术开发和转化阶段后,创新中心会组织更多的会员资源,为其提供所需的智力、材料、设施、试验场地、生产车间等资源。如美国制造(America Makes)的项目运作流程就包括以下步骤:①召开成员参与的创新研讨会,拟定满足市场需求的技术路线图;②充分考虑成员的见解,起草项目要求;③向成员发布招标书;④成员提交投标文件;⑤由审查小组审核投标文件;⑥宣布中标方,授予研发资金;⑦中标方进行研发,并定期向其他成员汇报进展;⑧产生最终成果,项目产生的竞争前知识产权向成员开放,但所有权为发明组织拥有。

二 美国制造业创新中心可持续运行主要做法分析

(一)选择拥有具备影响力牵头机构的建设团队

通过公开、竞争的选拔过程,美国在一个重点领域仅选择一个团队建设一家制造业创新中心。比如电力美国(Power America)就是由北卡罗来纳州立大学牵头的团队与由纽约一所大学牵头的另一个团队竞争,最终北卡罗来纳州立大学团队竞标获胜。这样的做法避免了多个创新主体间功能定位交叉重叠以及潜在竞争性导致各自为战的问题,有利于集中资金、人才、设施等各类资源,进行多方协同创新。竞标获胜的美国制造业创新中心建设团队均拥有具备相当影响力的牵头机构和带头人,这无疑会增加创新中心的权威性,有利于吸引广泛的产学研用各方加盟。如电力美国的牵头机构北卡罗来纳州立大学在相关技术和工程领域有长期的研究,和私营部门有非常好的合作伙伴关系,电力美国的执行董事为美国陆军退役少将 Nicholas G. Justice,具备相当的权威并掌握广泛的人脉资源。

（二）通过多层级的会员机制吸引合作伙伴

创新中心设有层级分明的会员体系，政产学研各方会员根据自身条件与意愿，可参与到不同的合作层级，通过承担相应的义务，包括缴纳会费、参与技术开发与成果转化的合作、提供科研资源等，来享受相应的权利，包括董事会席位、技术和知识产权获取、研发设施使用等。如数字化制造和设计创新中心（DMDII）向企业提供三个会员等级，等级1每年需缴纳40万美元的会费，同时承诺5年内至少花费300万美元支持创新中心内部研发项目，等级2每年需缴纳20万美元的会员费，等级3每年仅需缴纳500美元的会员费，以吸引中小企业加入。相应的，等级1和等级2的会员相比于等级3的会员将拥有技术咨询委员会的席位，可参与管理创新中心的日常工作事项，并可免费使用相关项目的知识产权，等级1的会员还将拥有执行委员会的席位。学术/非营利性机构、地方政府也可向DMDII申请会员，其中地方政府成为会员需承诺5年内至少向DMDII投入500万美元。

（三）注重扶植中小企业的创新能力提升

中小企业是美国创新的重要源泉，它们往往是变革技术的早期使用者，美国制造业创新中心特别强调对中小企业的扶植，要求有较大数量的中小企业参与，如美国制造的会员中有1/3是中小企业，中小企业会员的年留存率超过80%；DMDII的中小企业会员数则超过100家，占比超过7成。同时，创新中心也制定了针对中小企业的多项扶植措施，包括：为中小企业牵线搭桥，并提供技术咨询和量身定制的技术服务；为中小企业提供共享设施和设备；为新的中小企业会员的各种捐赠提供津贴；提供知识产权分级授权等。创新中心已助力众多中小企业提升了创新能力，如俄亥俄州埃文湖市的小型企业rp+m，通过成为美国制造的会员，取得了AS9100C认证，并与包括洛克希德马丁公司、诺斯罗普·格鲁曼公司、通用航空、波音等在内的大企业开展了业务合作。

（四）建立门户网站助力影响力扩大

各创新中心一般都建有各自的网站，内容涉及机构简介、会员相关、所开展项目、人才发展、动态新闻、联系方式、相关数据库资源以及论坛等。每个创新中心的网站还连接到管理部门——高端制造业国家项目办公室（AMNPO）创建的"制造业门户"（原网址 www.manufacturing.gov，现迁移至 www.manufacturingusa.com）。这个门户网站实时更新与美国制造业创新中心相关的新闻，内容涉及政府部门发布的创新中心招标组建通知、各创新中心的发展动态，以及相关的国家政策链接等。这些网站的设立将方便公众即时了解创新中心有关资讯，有助于扩大美国制造业创新中心的影响力，并利于各创新中心吸引潜在的合作伙伴。

三 经验借鉴与启示

（一）创新项目运作机制，打通技术创新链条

美国制造业创新中心在项目运作方面，通过政产学研各方成员的参与以及公平竞争的招标机制，挑选出最具有开发应用价值的前沿技术领域实施创新项目，避免了政府或科研机构单方拍脑袋的局限性，最大限度降低技术转化风险。我国也可借鉴这一做法，由创新中心成员各方参与甄别出产业亟须发展的技术领域，拟定研究开发计划，通过公平竞争的招标遴选出项目团队实施相关创新项目，而后组织各方资源对项目成果进行转化。

（二）改革经营管理方式，减少对国家资金的依赖

美国制造业创新中心发展成熟后将完全依托自主筹措资金运转，以多种灵活的运作形式来获取收入。借鉴美国的做法，我国的制造业创新中心也应注重经营管理方式创新，积极减少对国家政府资金的依赖，如可设立多层级的会员机制，通过会员制的商业治理模式，明确各层级会员的权利和义务，

在为创新中心创造可持续收入的同时，为会员提供技术和知识产权共享、研发设施使用等多层级的服务。

（三）广泛采取多种手段，助力各方资源整合

我国在建设制造业创新中心时应积极采取多种手段以吸引政产学研用各方的广泛参与。如在选择创新中心的牵头机构和带头人时，应重点要求符合以下条件：长期从事本领域的研究开发，在业内有较大的影响力，有良好的产学研合作基础，掌握广泛的人脉资源。具备这些条件的牵头机构和带头人将有利于创新中心联合产学研用各方开展业务合作，实现可持续发展。另外，可通过多种渠道进行宣传，扩大创新中心的影响力，如可设立制造业创新中心建设工程的门户网站，并鼓励各创新中心单独设立机构网站，通过发布年度创新中心的建设计划以及已建成创新中心的动态新闻等相关内容，以期吸引有意向的企业机构进行建设方案的筹备，并助力已建成的创新中心扩散其创新研究成果，吸引新成员加入。

附表1 美国制造业创新中心简况

序号	中心名称	成立时间	聚焦领域	成立之初资金投入	牵头机构
1	美国制造	2012年8月	增材制造	联邦政府资金5500万美元，非联邦政府资金5500万美元（首家试点，资金投入情况有别于其他创新中心）	美国国家国防制造与加工中心
2	数字化制造和设计创新中心	2014年2月	数字化制造和设计	联邦政府资金7000万美元，非联邦政府资金1.06亿美元	UI实验室
3	未来轻量制造	2014年2月	新型轻量化合金制造	联邦政府资金7000万美元，非联邦政府资金7800万美元	爱迪生焊接研究所
4	电力美国	2014年11月	宽禁带半导体电力电子器件	联邦政府资金7000万美元，非联邦政府资金投入7000万美元	美国北卡罗来纳州立大学
5	复合材料制造创新中心	2015年6月	纤维增强聚合物	联邦政府资金7000万美元，非联邦政府资金1.8亿美元	田纳西大学
6	美国集成光子制造创新中心	2015年7月	集成光电制造技术	联邦政府资金1.1亿美元，非联邦政府资金5.02亿美元	纽约州立大学研究基金会

续表

序号	中心名称	成立时间	聚焦领域	成立之初资金投入	牵头机构
7	下一代柔性	2015年8月	柔性混合电子器件	联邦政府资金7500万美元,非联邦政府资金超过9600万美元	柔性技术联盟
8	美国先进功能纤维创新中心	2016年4月	革命性纤维和纺织品	联邦政府资金超过7500万美元,非联邦政府资金近2.5亿美元	麻省理工学院
9	清洁能源智能制造创新中心	2016年6月	智能制造	联邦资金7000万美元,非联邦政府资金7000万美元	智能制造领导联盟
10	过程强化部署快速推进创新中心	2016年12月	化工过程强化	联邦资金7000万美元,非联邦政府资金7000万美元	美国化学工程师学会
11	国家生物制药制造创新中心	2016年12月	生物制药	联邦资金8000万美元,非联邦政府资金超过1.29亿美元	美国生物协会
12	先进组织生物制造创新中心	2016年12月	人体组织生物制造	联邦资金8000万美元,非联邦政府资金超过2.14亿美元	先进再生制造研究所
13	节能减排创新中心	2017年1月	重用、回收和再制造技术	联邦资金7000万美元,非联邦政府资金7000万美元	可持续制造创新联盟
14	先进机器人制造创新中心	2017年1月	机器人	联邦资金8000万美元,非联邦政府资金1.73亿美元	美国机器人公司

参考文献

Executive Office of the President, National Science and Technology Council, Advanced Manufacturing National Program Office, National Network for Manufacturing Innovation: a Preliminary Design, 2013.

马骏、张文魁、张永伟等:《美国制造业创新中心的运作模式与启示》,《发展研究》2017年第2期。

Executive Office of the President, National Science and Technology Council, Advanced Manufacturing National Program Office, National Network for Manufacturing Innovation Program Annual Report, 2016.

热 点 篇

Hot-spot Reports

B.27
3D生物打印技术

方 颖[*]

摘　要： 3D生物打印技术是3D打印技术与生物科技的融合。经过几年的发展，3D生物打印技术已在医疗模型、个性化医疗植入物、仿生组织修复、药物试验等领域得到初步应用，有望成为推动各国医疗个性化、精准化、微创化和远程化发展的重要技术支撑。随着市场需求的增加和技术的创新，3D生物打印在医疗领域中的优势将日益凸显。

关键词： 3D生物打印　增材制造　器官移植　个性化医疗

---

[*] 方颖，国家工业信息安全发展研究中心（工业和信息化部电子第一研究所）工程师，研究方向：物联网等新兴信息技术。

一 简介

3D生物打印技术是在现有3D打印技术的基础上，使用生物材料来构建活体组织的一种技术。全球第一台3D生物打印原型机在2009年由美国Organovo公司制造而成，经过几年的发展，3D生物打印技术已在医疗模型、个性化医疗植入物、仿生组织修复、药物试验等领域得到初步应用，更因有望成为未来制造活体组织和器官的主流技术而受到重视。2016年，国务院发布《关于促进和规范健康医疗大数据应用发展的指导意见》，明确包括3D打印技术在内的7种医疗器械研发技术将获得国家重点扶持；同年，美国食品药物管理局（FDA）发布了针对3D打印医疗设备的准则草案。3D生物打印技术有望成为推动各国医疗个性化、精准化、微创化和远程化发展的重要技术支撑。

二 技术特点

3D生物打印技术是3D打印技术与医疗技术的深度结合，其技术水平的发展具有明显的层次性。3D生物打印技术以3D打印"增材制造"的原理为基础，通过对生物材料包括细胞、生长因子等进行加工制造出适用于医疗领域的产品，其发展阶段分为四个层次。

第一层次：打印产品不植入人体，如医学模型、医疗器械等只在体外应用的产品，对材料没有生物相容性的要求。

第二层次：打印产品永久植入人体，要求材料在拥有良好的生物相容性的同时，不能被人体降解。

第三层次：打印产品植入人体后能与人体组织发生相互关系并促进组织的再生，要求材料具有良好的生物相容性且能被降解。

第四层次也是3D生物打印技术的最高层次：用活细胞、其他细胞外基质为打印材料，打印出的产品具有生物活性，甚至制造出活体器官或组织，用于人体疾病的治疗。目前对3D生物打印技术的应用大多属于第一层次和第二层次。

3D生物打印技术因具有数字化、可定制的特点而被认为是未来解决移植器官来源有限这一问题的主流技术。在现有医疗方案下，一个用于治疗患者的完好器官的获取必定伴随着另一个人的器官的失去，而能获取的器官数量远小于需求量。3D打印人造器官的原料可取材于患者自身成体干细胞经过体外诱导分化的活细胞，在运用CT等扫描技术建立患者身体各个部位的数字模型的基础上，短时间内打印出符合患者需求的活体器官或组织，以期在一定程度上解决移植器官不足的问题。从理论上讲，由于打印器官的结构数据、生物材料源于患者本身，3D生物打印技术可以使打印后的植入物在各项生物指标上减轻植入过程对患者身体带来的负担，顺利完成移植。

三 应用现状

3D生物打印技术已在个性化医疗植入物、医疗模型、仿生组织修复等领域得到初步应用。2016年6月，北京大学第三医院成功为一名患者植入3D打印多节段胸腰椎植入物，完成椎体重建手术；2016年11月，美国罗切斯特大学医学中心通过3D生物打印技术制作出仿真器官和人体解剖结构，用于学生的手术练习；2016年12月，昆明医院利用3D生物打印技术在失去右耳的患者手臂上培育出耳廓用于移植修复。此外，国外已有多起借助对患者器官打印模型的观察完成的心脏治疗手术。

3D生物打印器官还不能被移植用于人体疾病的治疗，各国3D生物打印研究机构都在进行相关试验。2016年4月，美国西北大学将打印出的卵巢假体植入已被切除卵巢的小鼠体内使其成功受孕；2016年10月，美国哈佛大学通过3D生物打印构建出肾小管，迈出了创建人工肾脏的第一步；2016年12月，国内蓝光英诺公司将3D生物打印血管成功植入恒河猴体内，实现血管再生；2017年3月，加州大学圣地亚哥分校的研究人员用3D生物打印技术开发出功能性血管网络，并将其用在了老鼠身上。但由于受到材料和技术的限制，目前通过3D生物打印技术构建的植入体与人体原生器官相比只具有极其简单的结构，还不能完全模拟心脏、肝脏以及肾脏等复杂内脏器官的结构和功能。

四　发展前景

3D生物打印器官尚处于研发阶段，短期内还不能为企业带来盈利。目前，大部分3D生物打印企业的主要业务是将打印出的器官组织出售给研究机构或制药公司用于研发或测试。作为3D生物打印领域的先驱，美国Organovo公司成立9年迄今尚未盈利，其产品大多处于研发阶段；日本3D生物打印公司Cyfuse Biomedical处于融资阶段，其开发出的生物打印机多用于科研；加拿大Aspect Biosystems公司、美国BioBots公司、美国TeVido Biodevices公司等行业内代表企业目前也都没有盈利，其产品均处于研发阶段。

随着市场需求的增加和技术的创新，3D生物打印在医疗领域中的优势日益凸显。据市场研究公司P&S Market Research报告，未来5年全球3D生物打印市场年复合增长率将达35.9%，其中器官移植、药物测试以及整容手术等对3D生物打印市场的发展将起到明显的支撑作用；据市场研究公司Future Market Insights报告，2016年，全球3D打印医疗设备市场规模达到了2.796亿美元，在未来10年有望以17.5%的年复合增长率持续增长，预计到2022年，用于器官移植、药物研发、组织再生和生物药物的3D打印产品将是在医疗领域应用最广泛的产品。

【点评】3D生物打印技术在医疗领域具有很好的应用前景，但大规模普及还有待材料、技术的进一步创新和成熟。我国3D生物打印技术尚处于临床试验阶段，产业处于导入到成长的过渡期，中游设备企业占据产业链主导地位，相关医疗应用较少。我国应当注重生物材料的研究，加强产业链上游扫描设备、CAD软件的研发；针对医疗领域的应用，加快完善行业标准及监管体系，为产业的发展构建良好的生态系统。

B.28
神经形态芯片

张　倩[*]

摘　要： 神经形态芯片指可模拟人类大脑处理方式的芯片，在人工智能快速发展的巨大需求下获得各国重视，并取得丰硕成果。神经形态芯片将提供大数据处理能力和更多智能化应用，再次激发已经成熟的微电子器件产业，对商业、科学和政府都将带来巨大的影响。

关键词： 神经形态芯片　电子突触　IBM　高通

一　简介

神经形态芯片指可模拟人类大脑信息处理方式的芯片，可以极低功耗对信息进行异步、并行、低速和分布式处理，具备感知、识别和学习等多种能力，可提供远超过传统计算机数百倍的数据处理和图像识别能力，典型应用包括机器识别、聆听、仿效其他感知器官、自治机器人和无人机等多种系统的智能控制等。

二　背景特点

传统负责信息处理的计算机主要基于冯诺依曼架构，处理单元和存储单

---

[*] 张倩，国家工业信息安全发展研究中心（工业和信息化部电子第一研究所）工程师，研究方向：电子元器件、物联网。

元分开存在，并通过数据传输总线相连。其总信息处理能力受总线容量的限制，被称为"冯诺依曼瓶颈"。而且由于传统计算机的处理单元一直处于工作状态，能耗巨大。同时，由于需要精确的预编程，传统计算机也无法应对编程以外的情况和数据。

大脑结构则完全不同。大脑由 1010 个神经元和 1014 个突触构成，神经元相当于处理单元，突触用于连接神经元，相当于存储单元。大脑的处理单元和存储单元位于一体，不需要高能耗的总线连接。神经元只在工作时消耗能量，因此大脑的功耗极低。神经元的信息处理速度远低于传统计算机，但可大规模、并行、异步处理多个信号，形成强大的工作能力。大脑具备学习能力，可自主寻找相关性和建立假设，可识别复杂空间和时间类型，在海量数据处理方面具有巨大优势。如在处理图像数据时，人脑可从宏观上观察并理解图像，抓住图像的特征进行记忆，而传统计算机只能将图像分解为无数个像素，逐个存储，效率远低于人脑。

为满足大数据时代海量数据的处理需求和应对日益严重的能耗问题，以模拟人脑信息处理方式为主要内容的认知计算成为重要的解决方案，神经形态芯片也成为各国的发展重点。例如，美国从 2008 年启动"突触"（SYNAPSE）项目，催生了 IBM 的"真北"神经形态芯片；欧盟于 2013 年和 2016 年先后启动了包含该研究内容的大型"人脑"旗舰计划和开发基于全耗尽绝缘体上硅（FDSOI）工艺的超低功耗神经形态芯片的 NeuRAM3 项目；俄罗斯下诺夫哥罗德国立大学（UNN）和莫斯科物理技术学院（MIPT）等俄罗斯学术研发机构也一直在推进该领域的研究。

三　发展现状

与传统计算机类似，类脑计算芯片的正常工作也需要分别实现硬件、架构、仿真器和编程语言四部分。IBM 公司在神经形态芯片领域进展最迅速，已开发出完整应用体系，支持从设计到调试和部署的全过程。

2011 年，IBM 公司采用 45 纳米硅互补金属氧化物半导体（CMOS）工艺制造出世界首个神经形态芯片，共包含 256 个神经元和数万个突触，实现零的突破。2014 年，IBM 公司又使用 28 纳米 CMOS 工艺研制出第二代神经形态芯片，共包含 100 万个神经元和 2.56 亿个突触，每秒可执行 460 亿次突触运算；功耗仅为 20mW/cm^2，是传统微处理器的 1/5000，总功耗仅为 70mW/s，是第一代类脑芯片功耗的 1/100，可由与助听器电池相当的电源供电；晶体管总数达到 54 亿个，但尺寸仅为一张邮票大小，是第一代类脑芯片体积的 1/15。

与此同时，IBM 还开发出与该神经形态芯片配套的新型超低功耗、模块化、可大规模并行运算和可高度扩展的"真北"计算架构，可在超级计算机上进行大规模并行计算模拟仿真的"指南针"仿真器，以及基于 Matlab、以神经核为基本组成模块的新型编程语言 Corelet 及一系列针对特定应用的程序包。

2016 年 3 月，IBM 给美国劳伦斯·利弗莫尔国家实验室提供一台集成了 16 块"真北"芯片的超级计算机 NS16E，以及一个终端对终端的"神经形态系统"，包含一台仿真器、一个集成编程环境、一套编程语言、一个算法库及应用、帮助神经元网络进行深度学习的工具、一套教学课程等，探索美国国家核安全管理局（NNSA）在网络空间安全、核武器储备和不扩散管理方面的新计算能力。2017 年 6 月，美国空军研究实验室（AFRL）宣布与 IBM 公司合作研发集成了 64 块"真北"芯片的全新超级计算机系统及配套的端到端软件生态系统，可提供等效的 6400 万个神经元和 160 亿个突触，所消耗的功率将等效于一个 10 瓦的小灯泡，支持"数据并行化"和"模式并行化"，希望探索在尺寸、重量和功耗（SWaP）受限的嵌入式、移动和自主系统等领域的应用，如卫星和无人机（UAV）等。

四 未来前景

神经形态芯片下一步将迎来高速发展，处理能力有望超越人脑。待神经形态芯片技术成熟并走向应用后，在传统高速计算模式之外，计算机将具备哺乳动物所独有的学习认知能力，大幅提高计算机的思维能力和反应能力，真正实现人工智能；将在从人工视觉传感器到机器人控制器的多个领域中发挥重要作用，如智能人机接口、多样传感器、智能陆地、水下和机载系统等，对生产生活的各个方面都将产生不可估量的影响。

【点评】神经形态芯片有望成为计算机技术发展的下一轮高峰，再次激发已经成熟的微电子器件产业，对商业、科学和政府都将带来巨大影响。

B.29 人工智能

邓卉*

摘　要： 人工智能已成为当下科技产业发展的新热点，国内外人工智能企业研发的产品在诸多领域的商业化已如火如荼地展开。目前，人工智能产业发展仍面临人才、数据、计算平台和服务模式等因素的制约。未来，随着技术的发展及重点领域应用的展开，人工智能将加速落地。我国政府应积极推动人工智能产业的发展，我国企业也应选择合适途径积极介入这一前景巨大的市场。

关键词： 人工智能　专利　产业化瓶颈

一　简介

人工智能（Artificial Intelligence，AI）是指用计算机模拟或实现的智能。从学科角度讲，人工智能研究的是如何使机器（计算机）具有智能的科学和技术，特别是人类智能如何在计算机上实现或再现的科学和技术，它的研究涉及计算机科学、脑科学、神经生理学、心理学、语言学、逻辑学、认知（思维）科学、行为科学、数学以及信息论、控制论和系统论等众多学科领域，是一门综合性的交叉学科和边缘学科。2016年3月，谷歌收购的人工智

---

* 邓卉，国家工业信息安全发展研究中心（工业和信息化部电子第一研究所）高级工程师，研究方向：信息通信产业与技术。

能初创企业 DeepMind 所研发的 AlphaGo 程序以 4∶1 击败韩国围棋冠军李世石，成为近年来人工智能领域少有的里程碑事件；2016 年底，新版 AlphaGo 又化名网络棋手 Master 对战包括 10 多位中韩世界冠军在内的棋手，豪取 60 连胜；2017 年初，卡内基梅隆大学人工智能系统 Libratus 打败 4 名世界顶级德州扑克玩家，这些事件再次引发了大众对人工智能的兴趣。

二 发展现状

目前，人工智能已形成包含工业机器人、服务机器人、智能硬件、芯片、传感器等硬件产品，智能客服、商业智能、数据资源、计算平台等软件产品与服务在内的产业链条。全球人工智能企业集中分布在美国、中国、英国等少数国家。我国人工智能企业主要集中于北京、广东及长三角（上海、江苏、浙江）一带，占我国人工智能企业总数的比例超过 8 成。互联网巨头百度、阿里巴巴和腾讯正在领导中国的人工智能市场，同时，数以百计的初创公司也正渗透到这一产业中。

全球人工智能申请专利主要集中在机器人、语音识别、神经网络、图像识别、机器学习、模糊逻辑、计算机视觉、自然语言处理等领域。我国人工智能申请专利占比前五位的领域分别为机器人、神经网络、图像识别、语音识别、计算机视觉。其中，自然语言处理、语音识别的技术成熟度最高，其次是图像识别、计算机视觉，而机器学习、神经网络等领域技术成熟度最低，还未形成大规模行业应用。同时，国内外人工智能企业研发的产品在诸多领域的商业化已如火如荼地展开，涉及安防、交通、医疗、电商、金融、家庭和教育等领域。

表 1　人工智能主要应用领域及相关企业

重点领域	具体应用	相关企业	主要涉及技术
个人助理	智能手机上的语音助理、语音输入，家庭管家和陪护机器人	苹果、微软、百度、亚马逊、谷歌、科大讯飞	语音识别、自然语言处理、机器学习

续表

重点领域	具体应用	相关企业	主要涉及技术
安防	智能监控、安保机器人	商汤科技、格灵深瞳、神州云海	机器人、计算机视觉、图像识别
自动驾驶	智能汽车、公共交通、快递用车、工业应用	谷歌、Uber、特斯拉、亚马逊、奔驰	计算机视觉
医疗健康	医疗健康监测诊断、智能医疗设备	IBM、Enlitic、Intuitive Sirgical、碳云智能	图像识别、机器学习、机器人
电商零售	仓储物流、智能导购和客服	阿里、京东、亚马逊、百度	机器人、模糊逻辑、机器学习
金融	智能投资顾问、智能客服、金融监管	蚂蚁金服、交通银行、大华股份、Kensho	机器学习、语音识别
教育	智能评测、个性化辅导、儿童陪伴	科大讯飞、云知声、博学慎思	机器学习

三 产业化瓶颈

现阶段，人工智能产业的发展主要受到人才、数据、计算平台和服务模式四方面的制约。首先，人工智能领域的人才稀缺。通过开放源代码可以吸引外部人才参与项目协作，并改进相关技术。以谷歌为代表的巨头公司纷纷开始开源化自身核心产品，包括机器学习软件平台及相关硬件平台，但开源趋势将加剧人才争夺。其次，缺乏数据是制约人工智能发展的一大问题，人工智能的进步需要进行海量数据的训练。如 DeepMind 公司为将其人工智能技术应用到医疗科技领域，和英国全民医疗系统（NHS）合作，达成一项数据共享协议，允许其访问 NHS 约 160 万名患者的数据。寻找具备挖掘潜力的海量数据来源将成为企业关注的焦点。再次，计算平台能力有待提升。庞大的数据中心及芯片技术为人工智能提供基础计算环境，在 AlphaGo 对战李世石的人机大战中，谷歌就调用了上千台服务器资源。提升计算系统的性能是应对复杂应用场景的关键。最后，服务模式仍有待探索。人工智能应以何种方式提供服务，比如苹果 Siri 对话框的形式、谷歌搜索框的形式，或是淘宝智能推荐的方式，提供的内容是海量的查询结果还是智能甄选的最优结果，都将是影响产业发展的重要因素。

四　发展前景

市场研究公司 IDC 预测，到 2020 年，全球人工智能的市场规模将从 2016 年的 80 亿美元增长到 470 亿美元。iResearch 预测，2020 年，中国人工智能市场将从 2015 年的 12 亿元人民币增长至 91 亿元人民币。未来，行业巨头对 AI 领域的并购融资将加速，传统互联网企业和跨领域行业巨头都在积极进行人工智能的布局。随着人工智能技术的进一步发展，海量大数据获取手段的逐步增多，计算能力的提升及成本下降，以及工业机器人、家居、医疗健康、交通、金融、零售等重点领域应用的展开，人工智能将加速落地。

【点评】人工智能技术将在人类社会发挥出日益显著的战略性、主导性、基础性作用。我国政府应积极采取相关措施推动人工智能产业的快速发展，包括通过专项资金、研发投入抵税等多种方式，积极推动企业开展前瞻性、基础性研究；鼓励引导企业、高校、科研机构、行业协会联合创建创新创业公共服务平台，提供研发设计、检验评测、信息咨询、人才培训等服务；选择条件成熟地区打造人工智能试点示范区域；推进政府和社会信息数据开放等。我国企业也应重点关注这一领域，选择合适的途径介入并分享这一潜力巨大的市场。

参考文献

乌镇智库：《乌镇指数：全球人工智能发展报告（2016）》，网易科技，2016 年 10 月。

B.30
QNX

崔学民[*]

摘　要： QNX是一款实时嵌入式操作系统，广泛应用于汽车、通信、网络、工业自动化等领域，以安全、小、速度快等特点在这些领域有着较强的市场竞争力，本文介绍了QNX的技术特点、产品现状以及应用前景。

关键词： QNX　操作系统　黑莓公司

一　简介

QNX是业界公认安全可靠的实时嵌入式操作系统，广泛应用于汽车、通信、网络、医疗、国防、航空航天、核电、工业自动化等领域。

图1　QNX

QNX是类似Unix的操作系统，诞生于1980年，其名字来源于"快速的

---

[*] 崔学民，国家工业信息安全发展研究中心（工业和信息化部电子第一研究所）高级工程师，研究方向：计算机与网络。

Unix（Quick UNIX）"，2010 年被加拿大的黑莓公司收购。QNX 是嵌入式系统中的热点产品，尤其在汽车领域，广泛应用于丰田、福特、奥迪、宝马、保时捷、路虎、本田等品牌产品中。2017 年 6 月，伴随丰田将在其 2018 年上市的一款凯美瑞汽车中弃用 QNX 系统的传闻，QNX 再次引起业界的广泛关注。

二　技术特点

QNX 是全球第一个分布式实时操作系统，其最大的特点是安全可靠。

（一）安全

QNX 操作系统模块与内核相互独立。内核独立处于一个被保护的地址空间，驱动程序、网络协议和应用程序则处于程序空间中，所有其他系统服务，都以用户进程的方式，在独立的地址空间运行。QNX 通过了 IEC61508 SIL3 和 IEEE62304 认证，可靠性达到 99.999%。

（二）小

QNX 是微内核系统。其内核仅提供 4 种服务：进程调度、进程间通信、底层网络通信和中断处理，QNX 的前几个版本只有几十个字节，最新的稳定版（2016 年 6 月，QNX Neutrino V6.6）也只有 2.12 兆字节。

（三）快

QNX 是实时操作系统。当外界事件或数据产生时，系统能够在不超过 8 微秒的时间内控制生产过程或对处理系统做出响应，调度一切可利用的资源完成实时任务，运行速度极快，为系统的安全可靠提供基本保障。

（四）高扩展与可移植

QNX 是类 Unix 系统，支持 PowerPC、x86、MIPS、SH-4、ARM 等架构处理器，并且遵从可移植操作系统接口（POSIX）规范，运行在 QNX 之上的程序可以在 Unix、Linux 等遵从 POSIX 规范的操作系统之间相互移植，有很高的扩展性与可移植性。

三 产品现状

到目前为止，QNX 仍是有绝对优势的嵌入式操作系统。作为最底层的硬件系统与上层软件应用系统的连接环节，QNX 为汽车、通信、网络、工业、国防等多个行业提供操作系统。市场研究公司 IHS 的统计数据显示，在汽车操作系统领域，QNX 占据着 50% 以上的市场份额，远远超过其竞争对手 Windows Embedded Compact（原来的 Windows CE）和 Linux 系统。QNX 还用在思科的路由器设备、洛克希德·马丁的武器装备、通用的交通设备、飞利浦的医疗设备、阿尔斯通的轨道交通设施、霍尼韦尔·欧姆龙的工业设备、西屋电气的核反应堆控制器，以及国际空间站的对接臂控制系统、911 呼叫中心、进程控制程序以及空中交通管制系统、智能家居产品中。

除了操作系统，QNX 还有一系列的软件解决方案及中间件、设计与开发工具等产品，广泛应用于汽车工业、自动控制、医疗设备、网络通信、国防安全等领域。这些产品包括 QNX 汽车平台、驾驶辅助系统、虚拟机、安全认证产品、无线通信产品框架、软件开发平台、车载信息、发动机声音增强、自动驾驶、风力涡轮机控制系统、POS 设备应用系统等。

四 应用前景

（一）QNX 的市场优势仍将较明显

在汽车、交通信号控制、路由器等对实时性与安全可靠性要求较高的领域，QNX 具有较大的竞争优势，其竞争对手微软的 Windows Embedded Compact 的市场份额则逐年减少，Linux 系统有快速增长的迹象，已经开始争夺 QNX 的部分市场份额。QNX 最大的汽车用户丰田也在考虑多领域布局,计划在新款凯美瑞上使用 Linux 系统,但这更多的是出于品牌发展的考虑,Linux 系统难以在短期内撼动 QNX 在嵌入式操作系统中的霸主地位。

(二) QNX 仍未找到有效的商业模式

尽管 QNX 的市场优势明显,却并未给黑莓公司带来可观的收入,近几年,包括 QNX、解决方案等在内的软件业务收入不到公司总收入的 5%。在软件定义世界的发展环境下,单靠操作系统很难为公司带来高额利润,黑莓公司也已经将业务重心从单一的 QNX 操作系统转到包括解决方案等在内的更为广泛的软件与服务领域,试图打造连接设备与设备、设备与人的综合性软件产品,加速向自动驾驶、物联网、人工智能等领域拓展,以此来构建黑莓公司在软件与服务领域的生态系统,提高公司的市场竞争力。不过,面对谷歌、微软、苹果等竞争对手,黑莓公司是否可以将 QNX 业务发展壮大仍有待市场检验。

【点评】QNX 以其安全可靠等特点,成为目前应用范围较为广泛的一款嵌入式实时操作系统。随着人工智能、物联网等新技术和新产品的快速发展,QNX 迎来了新的机遇。但 QNX 没能给黑莓公司带来可观的利润,同时还有 Linux 等竞争对手开始挤占其市场份额。未来如何发展 QNX 不仅是黑莓公司正在考虑的问题,也成为行业并购、技术创新等业界关注的热点之一。

参考文献

QNX Neutrino 实时操作系统,QNX,www. qnx. com。
Automotive Grade Linux Platform Debuts on the 2018 Toyotacamry, Automotive Grade Linux, https://www. automotivelinux. org/announcements/2017/05/30/automotive – grade – linux – platform – debuts – on – the – 2018 – toyota – camry, 2017.
The Real Relationship between Toyota Motors and BlackBerry QNX, blackberry, http://blogs. blackberry. com/2017/06/the – real – relationship – between – toyota – motors – and – blackberry – qnx,2017.

B.31 共享单车

刘晓馨*

摘　要： 作为出行领域典型的智能硬件产品，共享单车一经问世就获得了诸多关注。2016年底，作为共享经济的突出代表，共享单车迎来了爆发期，技术升级持续推进，产业整合不断深入。

关键词： 共享单车　共享经济　智能硬件

一　简介

共享单车是指企业在校园、地铁站点、公交站点、居民区、商业区、公共服务区等区域提供自行车单车共享服务，其实质是采用分时租赁的模式，为用户提供自行车租赁业务。2016年，李克强总理在政府工作报告中称，要大力推动包含共享经济等在内的"新经济"领域快速发展。2016年底，作为共享经济的突出代表，共享单车以一种快速发展的方式呈现在人们面前。

二　技术特点

共享单车的技术创新主要体现在车锁上，目前市场上流行的共享单车车锁大体可分为两种：智能锁和机械锁。

---

* 刘晓馨，国家工业信息安全发展研究中心（工业和信息化部电子第一研究所）高级工程师，研究方向：电子信息产业、技术创新。

采用智能锁的共享单车，其智能锁内集成了 GPS 模块、GSM 上网模块以及带有唯一识别 ID 的 SIM 卡，借助数据网络与服务器保持连接并获取指令，并将位置信息和车辆状态上报到服务器。智能锁的优点是能够收集大量的行车数据，当运营企业在城市投入一定量的单车后，将所有单车轨迹按照时间叠加在地图上，就可以知道在不同时段骑行密度的变化情况，基于这些数据，不但有利于城市交通的合理规划，更重要的是可以给运营团队提供数据支持，从而精确控制单车部署的密度和位置。采用智能锁的共享单车有摩拜、小蓝车等。由于智能锁需要供电，以摩拜共享单车为例，目前共有两款产品投放市场，分别是第一代成本 3000 元的 mobike 和第二代成本 500 元的 mobike lite。第一代摩拜单车，不采用链条传动，是在自行车后轮中内置了机械发电装置，车锁上配置有锂电池，在骑行的同时进行发电，因此骑行起来较为笨重；第二代摩拜单车，采用链条传动和太阳能发电技术，在车筐内配置有太阳能电池板，由于链条传动+太阳能供电的造价成本远低于轴传动+发电机发电，产能也大大提高，骑行体验更为优越，因此能够以较低成本占领市场。

采用机械锁的共享单车，以 ofo 为代表，车锁的密码是固定的，用户通过手机获取单车的密码，手动调节即可开锁。采用机械锁的优势是由于机械锁无需供电，车身较为轻便，骑行体验较佳，同时成本较低，有利于提高产能。但机械锁无法精确获知每辆车的位置，在单车的定位和精确投放上均存在一定的盲目性。此外，由于机械锁的密码设置较为简单，有些用户骑行结束后不上锁，单车则沦为"公共自行车"。

三 应用现状

共享单车作为共享经济的新兴事物，不仅帮助解决了出行的"最后一公里"问题，更以其便捷、环保等优势，受到不少用户的青睐。据交通运输部的不完全统计数据，截至 2017 年 7 月，全国共享单车运营企业近 70 家，累计投放车辆数超过 1600 万辆，注册人数超过 1.3 亿人次，累计服务超过15亿人次。根据公开信息统计，2017年摩拜和ofo的融资额已经超过17亿美元，最新一轮融资额分别达到了6亿美元和7亿美元，ofo最新一轮融资由阿里巴巴等领投，摩拜最新一轮融资则由腾讯领投。

然而，共享单车的粗暴式发展模式也带来了诸多问题，如圈地式无序投放、恶意损坏、押金缺少监管等。针对共享单车存在的问题，2017年5月，交通运输部发布十部门联合起草的《关于鼓励和规范互联网租赁自行车发展的指导意见（征求意见稿）》。该意见稿提出了不鼓励发展互联网租赁电动自行车、用户注册需实名制、乱停乱放纳入信用记录等，同时也对广大用户关心的押金、保险、隐私安全等问题做出了规定。此外，北京、天津、深圳、成都、上海、南京、济南等城市先后发布了共享单车的相关管理办法和指导意见，对共享单车投放数量、企业准入门槛、押金管理等问题都给出了方向性的指导。

在市场已集中化、扩张速度受限的背景下，部分实力强劲的共享单车运营企业开始进行境外投资。自2016年底，摩拜和ofo逐渐将重点转向海外，截至目前，摩拜共享单车已进入英国、新加坡、意大利、日本、美国等全球8个国家超过180个城市，ofo共享单车则登陆英国、泰国、哈萨克斯坦、马来西亚、奥地利等13个国家超过170个城市。但从共享单车当前的海外投放数量来看，共享单车在海外的规模效应尚未形成。

四 应用前景

与政府倡导的低碳节能、绿色出行相一致，共享单车能够有力填补"最后一公里"出行空白，更以其便捷、环保等优势，在全国各地发展迅速，受到不少用户的青睐。当前，随着市场竞争的不断激化，共享单车行业仍处于大量资本涌入、运营企业跑马圈地的阶段，整个行业面临洗牌。同时，共享单车的收入来源以租金、押金以及广告为主，但其运行维护成本较高，当前尚未有共享单车企业披露过具体的运营与财务数据，但据了解，ofo、摩拜等大型共享单车运营企业均未实现盈利，而已有悟空单车、3Vbike

等共享单车运营企业先后宣布退出共享单车市场。随着市场监管的不断深入，用户群体不断固定，共享单车的技术创新、商业模式创新将极为重要，未来发展有待观望。

【点评】作为出行领域典型的智能硬件产品，共享单车行业一问世就获得了诸多关注。随着行业向纵深发展，共享单车运营企业也在谋求技术创新和商业模式创新，未来的共享单车将更具创新性。在政府监管方面，要推动行业健康、有序发展，维护用户资金、隐私等安全，也要避免因过度限制而制约了行业的正常发展。

B.32
树莓派

梁冬晗*

摘　要： 树莓派是为学生计算机编程教育而设计的，世界上最小的台式机，又称卡片式电脑，是一款基于 ARM 的微型电脑主板。普通的计算机主板都是依靠硬盘来存储数据，而树莓派系统引导必须使用 SD 卡，不过可以指定引导之后从 USB 硬盘中读取操作系统来"接管"启动过程。树莓派具备低能耗、移动便携性、GPIO 等特性，最突出的特点就是其强大的拓展能力。

关键词： 树莓派　微型电脑　计算机平台

一　简介

树莓派（英文名为"Raspberry Pi"，简写为 RPi）由注册于英国的慈善组织"Raspberry Pi 基金会"开发，埃本·阿普顿（Eben·Upton）为项目带头人。2012 年 3 月，英国剑桥大学埃本·阿普顿（Eben Epton）正式发售世界上最小的台式机，又称卡片式电脑，外形只有信用卡大小，却具有电脑的所有基本功能，其系统基于 Linux，是为学生计算机编程教育而设计的，旨在提升学校计算机科学及相关学科的教育，让计算机变得有趣。随着

---

* 梁冬晗，国家工业信息安全发展研究中心（工业和信息化部电子第一研究所）工程师，研究方向：消费电子产业与技术研究。

Windows 10 IoT 的发布，树莓派也可以运行 Windows 系统。自问世以来，树莓派受到众多计算机发烧友和创客的追捧。据官方资料显示，树莓派的销量目前在全球市场已经突破了 1250 万台，成为世界第三大计算机平台。

二 技术特点

树莓派是一款基于 ARM 的微型电脑主板，以 SD/MicroSD 卡为内存硬盘，卡片主板周围有 1/2/4 个 USB 接口和一个 10/100 以太网接口，可连接键盘、鼠标和网线，同时拥有视频模拟信号的电视输出接口和 HDMI 高清视频输出接口，以上部件全部整合在一张仅比信用卡稍大的主板上，具备所有 PC 的基本功能，只需接通电视机和键盘，就能执行如电子表格、文字处理、玩游戏、播放高清视频等诸多功能。

图 1 主板

树莓派支持 Debian GNU/Linux、Fedora、Arch Linux、RISC OS、Ubuntu Mate、OSMC、Openelec、Windows10 IoT 等操作系统。树莓派基金会还计划支持 Python 作为主要编程语言，支持 Java、BBC BASIC（通过 RISC OS 映像或者 Linux 的"Brandy Basic"克隆）、C 和 Perl 等编程语言。

普通的计算机主板都是依靠硬盘来存储数据，而树莓派是使用 SD 卡作为"硬盘"，也可以外接 USB 硬盘。树莓派系统引导必须使用 SD 卡，不过可以指定引导之后从 USB 硬盘中读取操作系统来"接管"启动过程。如果不插 SD 卡，树莓派无法启动。

三　最新进展

（一）推出成本更加低廉的版本

2015 年 11 月，树莓派基金会发布了一款新的代号为树莓派零（Raspberry Pi Zero）的版本，该版本售价仅 5 美元，Raspberry Pi Zero 使用了单核处理器 BCM2835，512MB RAM，保留了一个 Micro USB 数据接口和一个迷你 HDMI 端口。2017 年 3 月，树莓派基金会推出了树莓派 Zero W，添加了 WiFi 和蓝牙功能。

（二）新版本操作系统更加丰富

2016 年 2 月，树莓派 3B 版本发布。搭载 1.2GHz 的 64 位四核处理器；增加 802.11 b/g/n 无线网卡；增加低功耗蓝牙 4.1 适配器；最大驱动电流增加至 2.5A。3 月，微软发布了面向树莓派 3 的 Windows 10 IoT Core 系统，并宣布已注册树莓派定制化项目。利用微软提供的 BSP（板级支持包）以及 Windows 10 IoT Core，OEM 厂商将可以开发自主版本的树莓派，满足不同要求。11 月，Linux 操作系统厂商 SUSE 宣布专门为树莓派 3 用户推出了一个 64 位 Linux 企业服务器操作系统。

（三）推出定制化服务

2015 年 10 月，树莓派基金会推出了一项全球性的定制服务，充分发挥树莓派易编程和易交互控制物理设备的优势，旨在满足不同行业客户的特定应用需求，可用于各个领域。目前基于树莓派定制服务的企业热门应用有视频会议系统、酒店及公共区域的控制器、智能家居系统、无人机等领域。树莓派能够赋予物理世界计算的能力，将物理信息转化为虚拟数据，推动智能硬件和物联网等新兴市场不断成长。

四　发展前景

树莓派具备低能耗、移动便携性、GPIO等特性，最突出的特点就是其强大的拓展能力。树莓派可以替代电脑进行日常基本工作，也可以作为开发者的原型机使用，还能够被设计为瘦客户机，极大地降低了用户的采购成本和使用成本。

在教育领域，通过树莓派能够提升学生对编程的学习兴趣并培养学生的编程能力，如IBM非洲研究院实施的"推动改善非洲教育质量项目"，将树莓派、传感器和编程实践整合到现有中学地理教材中，让更多孩子学习编程。尽管树莓派的建立是以教育为目的，但目前关于树莓派的研究与应用多集中于工程设计和技术研发方面，开展教学应用的探究尚少。

对开发者而言，基于树莓派可以DIY很多有趣的功能，比如可以凭借Linux系统把树莓派做成Apache、MySQL、PHP、WebCam等各种功能的服务器；树莓派还能提供PIC单片机编程支持，能够搭载传感器、LED灯实现更加广泛的应用功能，如3D打印机实时监控、天气监测站、红绿灯控制等；还可以打造家庭影院、图像采集器、网络数据包分析器、机器人/智能车遥控器、"黑匣子"等。除此之外，树莓派还能作为超级计算机使用，英国政府通信总部把66台树莓派组合起来，搭建起了一个计算集群，名为"GCHQ树莓派丛林（GCHQ Raspberry Pi Bramble）"项目，能够把复杂的计算分解进行并行计算，代表了计算处理未来的发展方向。

近年来，随着智能硬件概念的兴起，再加上国家大力推动"互联网+"、"智慧城市"、"物联网"等发展，功能全而接口丰富的树莓派正迎合了这一需求。树莓派具备成本低廉、可定制、可拓展性等特点，可以满足不同用户的多样化需求，未来市场前景广阔。

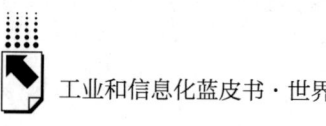

【点评】万物互联的时代已经开启，提供个性化的计算需求和体验、软硬件协同设计成为未来新一代信息技术产业的竞争焦点。以树莓派为代表的高可塑性的硬件非常适合嵌入式系统，迎合了软硬件协同创新的需求，树莓派凭借成本低廉、可定制、可拓展性，在新兴的物联网应用领域大有空间可为，尤其是在智能家居、智能安防、无人机以及数据挖掘等领域。软硬件协同发展成为打造国产化产业链的重要突破口。国内应加强如树莓派这种便携式且扩展功能强大的自主设计硬件的研发与应用，鼓励软硬件企业协同设计自主知识产权的创新产品，打造软硬件协同创新生态系统，助力软硬件产品实现国产化替代。

附 录
Appendices

B.33 附录一 大事记

2月

16日 Magic Leap 宣布收购 Dacuda 公司的 3D 扫描部门，以进一步增强在计算机视觉和深度学习技术领域的实力。Dacuda 是瑞士的一家计算机视觉公司，该公司曾开发出可放入口袋的扫描仪，并且致力于 3D SlAM 技术的研发。

3月

8日 英国文化、媒体及体育部发布"下一代移动技术：英国 5G 战略"，宣告将通过 5G 及全光纤计划确保英国将成为下一代移动技术和数字通信的全球领导者，并拨款 11 亿英镑用于数字基础设施建设，同时宣布已锁定 50 亿英镑私营资本投资。

13日 英特尔宣布以153亿美元收购无人驾驶科技公司Mobileye，这家1999年成立的以色列公司是宝马、奥迪、特斯拉、沃尔沃、福特等27家大牌汽车厂家高级驾驶辅助系统（ADAS）和自动驾驶技术的供应商。

4月

4日 瑞士工程集团ABB宣布，已经以近20亿美元的总价收购了奥地利工业自动化公司领域的Bernecker & Rainer Industrie-Elektronik（B&R）公司，扩大其工厂设备业务，以此与西门子等公司展开竞争。

5日 英特尔宣布McAfee成为独立的安全公司。McAfee目前拥有7500多名员工，拥有1200多项安全技术专利。另外，McAfee也是McAfee Labs的所在地，McAfee Labs是世界网络威胁情报来源之一。

5月

8日 印度政府发布《印度移动转变解决方案》，计划在2018年年底组建一家电池工厂，并建议在2032年之前实现所有汽车的电动化。

6月

9日 日本政府通过名为"未来投资战略2017"的经济增长新战略，继续推进"社会5.0"，并提出重点推动人工智能的应用。继2016年各项政策之后又一次强调要活用人工智能等尖端技术，显示出日本对于发展人工智能的重视。

26日 苹果公司收购德国计算机视觉公司SensoMotoric Instruments。SensoMotoric公司成立于1991年，总部位于柏林，主要开发眼球追踪硬件和软件产品，业务涵盖了虚拟和增强现实、车载系统、临床研究、认知训练、语言学、神经科学、物理训练和生物力学以及心理学。

27日 欧盟反垄断当局对 Alphabet 旗下的谷歌课以 24.2 亿欧元的创纪录罚金，因其非法支持自家购物服务。

7月

13日 思科（Cisco）宣布已收购网络安全服务公司 Observable Networks。Observable 创立于 2011 年，总部位于美国圣路易斯，其主营业务是进行实时网络行为监测，尤其是在云服务领域。

8月

23日 三星公司推出了新一代旗舰新品 Note 8，Note 8 搭载 OLED 面板，利用材料优势，可实现弯曲屏幕、裸眼 3D 屏幕、屏内指纹识别等功能，同时，还具有虹膜识别、防尘防水等功能及全新的 Bixby 人工智能助手。

9月

2日 华为公司发布首款人工智能处理器麒麟 970，麒麟 970 芯片采用 10nm 工艺制程，其最大的特征是内置独立神经网络单元（NPU），专门处理海量 AI 数据。此外，麒麟 970 采用了 HiAI 移动计算架构，在处理同样的 AI 应用任务时，新的异构计算架构能够提高 25 倍的 CPU 性能和 50 倍的能耗表现。

12日 苹果公司召开秋季新品发布会，发布了 iPhone X、iPhone8、iPhone 8 Plus、Apple Watch Series 3、Apple TV 等新产品。

19日 Oclaro 公司推出了针对 400G/600G 光子集成的相干发射器 ICT 和内差相干接收器 ICR，这些高性能的器件可以支持多种速率，支持从 DCI 到超长距离传输各种应用。

28 日 工信部、财政部、商务部、海关总署、国家质检总局联合正式发布《乘用车企业平均燃油消耗量与新能源积分并行管理办法》（简称《双积分办法》），该办法将于 2018 年 4 月 1 日起实施。

10月

4 日 欧盟委员会公布了一项立法草案，提出由欧盟网络和信息安全局（ENISA）建立欧盟层面的信息通信技术产品和服务（ICT 产品和服务）网络安全认证制度。此举一方面是为了提高欧盟域内的网络安全水平，另一方面也是为了建立统一市场，实现"一次认证，全域通行"，以取代各成员国现有认证体系。

26 日 京东方成都第 6 代柔性 AMOLED 生产线量产，这是中国首条第 6 代柔性 AMOLED 生产线。该生产线主要生产应用于移动终端及新型可穿戴智能设备等领域的显示产品。

11月

6 日 英特尔宣布已经开始出货 Stratix 10 SX FPGA 可编程芯片，这是目前唯一集成四核心 ARM A53 CPU 处理器的 FPGA，也是英特尔收购 Altera 之后的一项成果。

14 日 11 月的全球超级计算机 500 强排行榜显示，继 6 月获得排行榜冠军后，由国家并行计算机工程技术研究中心研制，位于国家超算无锡中心的神威太湖之光第四次居于全球超级计算机 500 强排行榜首位，实现了中国超算在 500 强的十连冠。

16 日 华为公司与日本电信公司 NTT DoCoMo 合作开发了全球首个 4.5GHz 系统，也是全球首个针对超可靠低延迟通信（URLLC）的 5G 移动技术的室外测试试验，测试的数据包传输成功率超过了 99.999%，实现了小于 1ms 的空中延迟。

12月

28日 苹果就"降速门"事件公开道歉,并承诺以29美元的价格为用户替换超过保修期的电池。12月初,苹果承认出于用户体验、防止意外关机等考虑,故意对电池老化或者低温时的 iPhone 6/6s/7/SE 等型号手机进行了降频。苹果此举引发全球果粉抗议,并先后受到近10起诉讼。

B.34
附录二 2017年中国电子信息百强企业名单

排名	公司名称
1	华为技术有限公司
2	联想集团
3	海尔集团
4	TCL集团股份有限公司
5	中兴通讯股份有限公司
6	四川长虹电子控股集团有限公司
7	海信集团有限公司
8	比亚迪股份有限公司
9	北大方正集团有限公司
10	京东方科技集团股份有限公司
11	浪潮集团有限公司
12	小米通讯技术有限公司
13	紫光集团有限公司
14	亨通集团有限公司
15	杭州海康威视数字技术股份有限公司
16	上海仪电(集团)有限公司
17	中天科技集团有限公司
18	创维集团有限公司
19	通鼎集团有限公司
20	同方股份有限公司
21	中芯国际集成电路制造有限公司
22	河南森源集团有限公司
23	航天信息股份有限公司
24	晶龙实业集团有限公司

续表

排名	公司名称
25	南京南瑞集团公司
26	武汉邮电科学研究院
27	富通集团有限公司
28	深圳欧菲光科技股份有限公司
29	大唐电信科技产业集团
30	四川九洲电器集团有限责任公司
31	永鼎集团有限公司
32	联合汽车电子有限公司
33	东旭集团有限公司
34	福建省电子信息(集团)有限责任公司
35	江苏新潮科技集团有限公司
36	深圳华强集团有限公司
37	歌尔股份有限公司
38	江苏宏图高科技股份有限公司
39	宁波均胜电子股份有限公司
40	华勤通讯技术有限公司
41	震雄铜业集团有限公司
42	万马联合控股集团有限公司
43	许继集团有限公司
44	康佳集团股份有限公司
45	上海诺基亚贝尔股份有限公司
46	浙江富春江通信集团有限公司
47	舜宇集团有限公司
48	株洲中车时代电气股份有限公司
49	陕西电子信息集团有限公司
50	新华三技术有限公司
51	广州无线电集团有限公司
52	南通华达微电子集团有限公司
53	浙江大华技术股份有限公司
54	闻泰通讯股份有限公司
55	深圳市三诺投资控股有限公司
56	普联技术有限公司
57	浙江晶科能源有限公司
58	天马微电子股份有限公司

续表

排名	公司名称
59	中国四联仪器仪表集团有限公司
60	欣旺达电子股份有限公司
61	润峰电力有限公司
62	广东生益科技股份有限公司
63	芜湖长信科技股份有限公司
64	东软集团股份有限公司
65	铜陵精达铜材(集团)有限责任公司
66	上海龙旗科技股份有限公司
67	深圳市泰衡诺科技有限公司
68	上海华虹(集团)有限公司
69	华讯方舟科技有限公司
70	深圳市共进电子股份有限公司
71	哈尔滨光宇集团股份有限公司
72	浙江南都电源动力股份有限公司
73	深圳市兆驰股份有限公司
74	东方日升新能源股份有限公司
75	万利达集团有限公司
76	安徽天康(集团)股份有限公司
77	福州福大自动化科技有限公司
78	上海与德通讯技术有限公司
79	中冶赛迪集团有限公司
80	深圳市长盈精密技术股份有限公司
81	深圳市康冠技术有限公司
82	宇龙计算机通信科技(深圳)有限公司
83	骆驼集团股份有限公司
84	阳光电源股份有限公司
85	横店集团东磁股份有限公司
86	风帆有限责任公司
87	深圳市神舟电脑股份有限公司
88	广州佳都集团有限公司
89	华润微电子有限公司
90	厦门宏发电声股份有限公司
91	普天东方通信集团
92	浙江星星科技股份有限公司

续表

排名	公司名称
93	山东鲁鑫贵金属有限公司
94	河南科隆集团有限公司
95	惠科股份有限公司
96	北京华胜天成科技股份有限公司
97	上海斐讯数据通信技术有限公司
98	利亚德光电股份有限公司
99	深南电路股份有限公司
100	曙光信息产业股份有限公司

注：百强企业从规模、效益、研发创新等方面进行综合评价。其中，规模包括资产和收入规模；效益包括企业的盈利能力、发展能力、债务偿还能力及经营能力四个方面；研发创新包括研发投入比例和专利数量两个方面。通过选取具有代表性的指标并赋予适当的权重进行加权计算，得出企业综合评分。

B.35
附录三 2017年全球半导体厂商营业收入排名

单位：十亿美元，%

排名	公司	2016年销售额	2017年销售额	市场份额	同比变动
1	三星电子	44.3	65.6	15.0	47.9
2	英特尔	57.0	61.0	13.9	7.0
3	SK海力士	14.9	26.2	6.0	75.8
4	美光	13.5	23.4	5.3	73.3
5	博通*	15.2	17.6	4.0	15.8
6	高通*	15.4	17.1	3.9	11.0
7	德州仪器	12.5	13.9	3.2	11.2
8	东芝	10.9	13.5	3.1	13.9
9	英伟达	—	9.2	2.1	—
10	恩智浦	9.5	9.2	2.1	-3.2
前十家合计		202.1	256.7	58.5	27.0
半导体市场规模		365.6	438.5	100.0	19.9

资料来源：IC Insights。

注："*"无芯片厂商。

B.36
附录四 2017年全球研发投入100强

单位：亿欧元，%

排名	公司	总部所在地	行业	研发投入	净销售额	研发占比
1	大众	德国	汽车和零部件	136.72	2172.67	6.3
2	ALPHABET	美国	软件和计算机服务	128.64	856.39	15.0
3	微软	美国	软件和计算机服务	123.68	853.34	14.5
4	三星电子	韩国	电子和电气设备	121.55	1585.71	7.7
5	英特尔	美国	硬件和设备	120.86	563.39	21.5
6	华为	中国	硬件和设备	103.63	539.20	19.2
7	苹果	美国	硬件和设备	95.30	2045.72	4.7
8	罗氏	瑞士	制药和生物技术	92.42	471.41	19.6
9	强生	美国	制药和生物技术	86.28	682.00	12.7
10	诺华	瑞士	制药和生物技术	85.39	468.99	18.2
11	通用汽车	美国	汽车和零部件	76.84	1578.41	4.9
12	戴姆勒	德国	汽车和零部件	75.36	1532.61	4.9
13	丰田	日本	汽车和零部件	75.00	2241.51	3.3
14	辉瑞	美国	制药和生物技术	73.77	501.13	14.7
15	福特汽车	美国	汽车和零部件	69.25	1440.09	4.8
16	默沙东	美国	制药和生物技术	64.83	377.64	17.2
17	甲骨文	美国	软件和计算机服务	58.43	357.92	16.3
18	思科	美国	硬件和设备	57.48	455.41	12.6
19	Facebook	美国	软件和计算机服务	56.15	262.2	21.4
20	博世	德国	汽车和零部件	55.87	731.29	7.6
21	本田汽车	日本	汽车和零部件	53.60	1137.05	4.7
22	阿斯利康	英国	制药和生物技术	53.58	218.26	24.6
23	宝马	德国	汽车和零部件	51.64	941.63	5.5
24	赛诺菲	法国	制药和生物技术	51.56	365.29	14.1
25	西门子	德国	电气和电子设备	50.56	796.44	6.3
26	IBM	美国	软件和计算机服务	49.39	758.17	6.5

275

续表

排名	公司	总部所在地	行业	研发投入	净销售额	研发占比
27	诺基亚	芬兰	硬件和设备	49.04	236.14	20.8
28	高通	美国	硬件和设备	48.87	223.45	21.9
29	拜耳	德国	制药和生物技术	47.74	475.37	10.0
30	百时美施贵宝	美国	制药和生物技术	45.95	184.30	24.9
31	通用电气	美国	工业	45.37	1173.44	3.9
32	吉利德科学	美国	制药和生物技术	44.27	288.30	15.4
33	新基制药	美国	制药和生物技术	42.41	106.53	39.8
34	菲亚特克莱斯勒	荷兰	汽车和零部件	42.19	1110.18	3.8
35	礼来	美国	制药和生物技术	41.84	201.33	20.8
36	波音	美国	航天和防务	40.95	897.17	4.6
37	日产汽车	日本	汽车和零部件	39.83	951.93	4.2
38	葛兰素史克	英国	制药和生物技术	39.53	325.48	12.1
39	艾伯维	美国	制药和生物技术	39.03	243.22	16.0
40	松下	日本	消费品	38.52	596.47	6.5
41	索尼	日本	消费品	36.34	617.55	5.9
42	安进	美国	制药和生物技术	36.14	218.11	16.6
43	电装	日本	汽车和零部件	33.24	367.71	9.0
44	爱立信	瑞典	科技、硬件和设备	32.95	233.04	14.1
45	空客	荷兰	航天和防务	32.81	664.81	4.9
46	勃林格殷格翰	德国	制药和生物技术	31.12	147.98	21.0
47	思爱普	德国	软件和计算机服务	30.37	220.62	13.8
48	大陆	德国	汽车和零部件	29.17	405.50	7.2
49	武田	日本	制药和生物技术	27.27	135.80	20.1
50	LG电子	韩国	消费品	27.25	434.92	6.3
51	戴尔	美国	科技、硬件和设备	26.92	584.78	4.6
52	雷诺	法国	汽车和零部件	26.90	512.43	5.2
53	艾尔建	爱尔兰	制药和生物技术	26.76	138.23	19.4
54	日立	日本	电子和电气设备	26.31	744.18	3.5
55	博通	新加坡	科技、硬件和设备	25.37	125.61	20.2
56	佳能	日本	科技、硬件和设备	24.56	276.28	8.9
57	东芝	日本	工业	24.00	395.62	6.1

续表

排名	公司	总部所在地	行业	研发投入	净销售额	研发占比
58	阿里巴巴	中国	零售	23.29	216.05	10.8
59	西部数据	美国	科技、硬件和设备	23.16	181.13	12.8
60	标致雪铁龙	法国	汽车和零部件	22.69	540.30	4.2
61	联合技术	美国	航天和防务	22.17	543.06	4.1
62	慧与	美国	科技、硬件和设备	21.80	475.51	4.6
63	台积电	中国台湾	科技、硬件和设备	20.92	278.45	7.5
64	美敦力	爱尔兰	医疗设备和服务	20.80	281.85	7.4
65	霍尼韦尔	美国	工业	20.33	372.85	5.5
66	飞利浦	荷兰	工业	20.08	262.27	7.7
67	诺和诺德	丹麦	制药和生物技术	19.96	150.36	13.3
68	默克	德国	制药和生物技术	19.72	150.24	13.1
69	采埃孚	德国	汽车和零部件	18.93	351.66	5.4
70	中兴	中国	科技、硬件和设备	18.61	138.19	13.5
71	雀巢	瑞士	食品生产	18.60	833.93	2.2
72	卡特彼勒	美国	工业工程	18.51	365.59	5.1
73	沃尔沃	瑞典	工业工程	18.39	316.06	5.8
74	百健	美国	制药和生物技术	18.35	108.61	16.9
75	巴斯夫	德国	化学品	18.34	575.50	3.2
76	宝洁	美国	家居产品	17.78	617.19	2.9
77	现代汽车	韩国	汽车和零部件	17.63	735.64	2.4
78	意大利电信	意大利	固定电信	17.48	190.25	9.2
79	第一三共	日本	制药和生物技术	17.41	77.58	22.4
80	桑坦德银行	西班牙	银行	17.26	461.92	3.7
81	日本电报电话公司	日本	固定电信	17.19	925.21	1.9
82	安斯泰来	日本	制药和生物技术	16.91	106.54	15.9
83	SK海力士	韩国	科技、硬件和设备	16.47	135.09	12.2
84	联发科	中国台湾	科技、硬件和设备	16.36	80.92	20.2
85	腾讯	中国	软件和计算机服务	16.17	207.40	7.8
86	梯瓦制药	以色列	制药和生物技术	16.01	207.79	7.7
87	美国电话电报公司	美国	固定电信	15.64	1553.78	1.0
88	杜邦	美国	化学品	15.57	233.32	6.7

续表

排名	公司	总部所在地	行业	研发投入	净销售额	研发占比
89	美光	美国	科技、硬件和设备	15.34	117.63	13.0
90	中国石油	中国	石油和天然气生产	15.33	2207.14	0.7
91	塔塔汽车	印度	汽车和零部件	15.28	371.95	4.1
92	陶氏化学	美国	化学品	15.01	456.87	3.3
93	三菱电机	日本	电子和电气设备	15.02	344.27	4.4
94	鸿海精密	中国台湾	电子和电气设备	15.02	1280.33	1.2
95	德意志银行	德国	银行	14.99	297.72	5.0
96	应用材料	美国	科技、硬件和设备	14.59	102.69	14.2
97	中国建筑	中国	建设和材料	14.46	1280.38	1.1
98	恩智浦半导体	荷兰	科技、硬件和设备	14.41	90.11	16.0
99	孟山都	美国	化学品	14.34	128.09	11.2
100	中国铁路总公司	中国	建设和材料	14.22	863.88	1.6

资料来源：欧盟委员会。

Abstract

In 2017, the world witnessed constant improvements in economic situation. However, instability factors still existed and economic recovery was not completed. Most developed economies sped up in their economic growth. China and emerging economies of Asia maintained a strong growth. Countries of Latin America and the Commonwealth of Independent States witnessed certain signs of improvement. On the whole, the growth speed of the world's economy has risen to a certain extent. According to the prediction of International Monetary Fund (IMF), in 2017 the global economic growth rate was 3.6%, the growth rate of developed economies was 2.2% and the growth rate of emerging economies was 4.6%. Major economies of the world like the US, Japan, the EU and China have released a series of policies to promote their deployment in the R&D and industrialization of emerging technologies and scramble for early opportunities for technical changes and push the industry forward.

Driven by a series of active factors, in 2017 the world's electronic information product market maintained a momentum of growth and emerging economies continued to be the leading force to stimulate the growth of the industry.

In 2017, faced with a complex situation at home and abroad, the electronic information industry of China was running well on the whole, with a stable growth in industrial scale, a rapid growth of fixed assets investment, continuous improvement in industrial benefits and broadened decline in export. Driven by a series of national policies and measures to boost industrial transformation and upgrade, and facilitate the development of the new generation information technology industry, the deployment of electronic information industry has been further optimized and it began to show the strength of emerging technologies and applications. Segments such as electronic parts and components, batteries, smart terminals, have achieved an outstanding performance, gradually displaced the traditional whole machine industry and become a major force to drive the industrial growth. The sectors of communication equipment, integrated circuit and electronic devices have become hotspots of investment growth. Technical fields like 5G, integrated circuit and flexible display have grown fast. Constant innovations have been achieved in smart terminal products. Manufacturing enterprises have been transformed to be service-oriented at a faster pace. In the future, the electronic information industry of China will continue to grow at a stable pace.

To follow up and have a full picture of the world's electronic information industry and offer a strong information support to the development of China's electronic information industry, the Electronic Science and Technology Research Institute of the Ministry of Industry and Information Technology has been systematically tracking and studying the development of the industry over the years and rolled out a series of yearly reports. The *Development Report on the World's Information Technology Industry* (2017 – 2018) released this year consists of the general report, the chapter of nations and regions, the chapter of sectors, the chapter of enterprises, the chapter of policies and regulations, the chapter of features and the chapter of hot issues. The report makes a comprehensive, systematic and deep analysis of such issues as development status of electronic information industry in different countries and regions in 2017, development trend and features of key sectors, important progress of typical enterprises, policies and measures promoting industrial development and the industrial trend of the following three years, and makes a feature elaboration of hotspots and focus of technical and industrial development, with an aim to present a full picture of the development of the whole industry from multiple levels and angles.

The data of the *Development Report on the World's Information Technology Industry* (2017 – 2018) is mainly extracted from the *Yearbook of World Electronics Data* 2017, official websites of major countries or regions and authoritative research and consultation institutions at home and abroad; while some data is acquired by researchers upon surveying, processing and sorting out.

In compiling this yearly report, we have gained great support from governmental departments and industrial experts and received a lot of guiding suggestions, for which we express our sincerest gratitude. Due to the limitation of our abilities and level, there may be some mistakes or omissions, for which we expect your criticism and correction.

Contents

I General Report

B. 1 Development Trend and Features of World's
Electronic Information Industry in 2017　　　*Chen Jian* / 001

Abstract: In the favorable environment of the world's sustainable economic recovery, the world's electronic products manufacturing industry has returned to a fast track of growth, witnessing a growth of 4.02% in its output value and a growth of 3.03% in sales amount. The market shares of its main product categories are basically stable, and a strong growth has been observed in the electronic parts and components. Most of developed economies have recovered, while emerging economies have witnessed a rapid growth. China, the US, Korea, Singapore, Taiwan China have become the main force driving the industrial growth. A growth has been achieved in the globally leading countries and regions. Technical changes develop continuously in depth. Constant breakthroughs have been achieved in intelligence-based transformation and demands for application. The smart era has come. The focus of industrial competition has gradually shifted to technologies, innovation and ecology of smart applications.

Keywords: Electronic Information Industry; Electronic Information Products; Smart Era; Intelligentization

Contents

B. 2　Prospect of World's Electronic Information
　　　Industry in the Following Three Years　　　*Chen Jian* / 010

Abstract: Under the influence of continuous recovery of global economy, in the following three years, the market size of electronic information products is expected to maintain a stable and rising growth speed at a level of around 2.3 - 2.9%. The market share of developed countries like the US, Japan and Western Europe will continue to decline, while the overall market share of emerging economies will keep rising. On the whole, the Asia-Pacific Region will still be the engine to promote the industrial growth. The structure of electronic products will undergo minor adjustments continuously, but stay basically stable. The demands for smart applications like Internet of Things, data center and smart manufacturing will have an increasing driving force for the market. Emerging applications like 5G and artificial intelligence will influence the future direction of market segments.

Keywords: Electronic Product Market; Product Structure; Emerging Markets; Intelligentization

Ⅱ　National and Regional Reports

B. 3　Development Status of Electronic Information
　　　Industry of the US in 2017　　　*Deng Hui* / 016

Abstract: In 2017, the electronic information industry of the US developed stably; the output value and market size of electronic products grew faster; the scale of wireless communication and radar equipment secured a leading position; the scale of electronic parts and components showed a strong growth momentum. Innovation keeps emerging in the electronic information industry of the US and new technical applications are deepened at a faster pace. Meanwhile, large corporations have actively sought after transformation and deployment in new business fields, complying with the trend of electronic information industry.

Keywords: The US; Electronic Information Industry; Market Size; Product Innovation

B.4　Development Status of Electronic Information Industry of Japan in 2017　　　　　　　　*Cui Xuemin / 023*

Abstract: Despite that the proportion of output value in the world's electronic information industry declined again, the overall strength of Japan still cannot be neglected. In 2017, Japan continued to secure its position as the third largest country of electronic information industry in the world. Following the abrupt decline the previous year, the annual output value of Japan's electronic information industry has grown slightly. In the segmented fields, the output value of consumer electronics declined again; upstream parts like electronic parts and components had further consolidated its core status in the industry. In 2017, the import and export of Japan grew, but the contribution of electronic information industry to the profiting of related enterprises further shrank.

Keywords: Electronic Information Industry; Japan; Consumer Electronics; Electronic Parts and Components; Innovation

B.5　Policies and Measures of the EU to Promote Industrial Development in 2017　　　　　　　*Wang Huixian / 032*

Abstract: The output and sales volume of electronic products in the EU witnessed a stable growth in 2017. The electronic product output of its key member states was 170.129 billion US dollars, growing by 1.74% compared with 167.227 billion US dollars of the previous year; the sales amount reached 246.12 billion US dollars, growing by 1.35% compared with 242.839 billion US dollars of the previous year. The proportion of output value and market share of each segmented field kept stable and the electronic data processing equipment was still a hotspot of the market. Member stateslike Germany, the UK and France focused on electronic information industry and released related strategies and policies to promote such areas as micro-electronics, mobile communication and artificial intelligence.

Keywords: The EU; Electronic Information Industry; Electronic Data Processing Equipment

B. 6　Development Status of Electronic Information

　　　　Industry of Korea in 2017　　　　　　　*Liang Donghan* / 040

Abstract: Benefiting from the constant improvement of its semi-conductor industry, Korea's electronic information industry has witnessed a high growth. Its semi-conductor technology and market secured a leading position in the world, but its market share of display had gradually been nibbled by Chinese mainland and Taiwan regions. Samsung and LG kept stepping up their investment in OLED display and expanding their production capacity to keep competitive. Korea has completed the construction of a nationwide commercial network of Internet of Things to promote the commercialization of Internet of Things; built an automatic driving simulated city K-City and accelerated the application of driver-less technology.

Keywords: Electronic Information Industry; Semi-conductor; Internet of Things; Automatic Driving; Korea

B. 7　Development Status of Electronic Information

　　　　Industry of India in 2017　　　　　　　*Liu Xiaoxin* / 046

Abstract: Though the "banknote demonetization" at the end of 2016 caused certain impacts on the economic growth of India, its growth forecast of 7.2% in 2017 still ranked top in the world. The stable growth of India's economy had created a good atmosphere for the development of electronic information industry of India. In 2017, the scale of the industry continued to expand; its domestic market grew rapidly and the industrial development continued to improve. The segmented fields witnessed a rapid growth; the wireless communication equipment had become the key force for the industrial development. The government of India had actively promoted the electric automobile industry and accelerated its deployment in the new energy field. Domestic companies and foreign enterprises worked together to actively promote the construction of smart factories.

Keywords: Electronic Information Industry; New Energy; Automobile; Smart Factory; Intelligent Manufacturing; India

B.8　Development Status of Electronic Information Industry of China in 2017　　　　　　　　　　　　　　　*Deng Hui* / 053

Abstract: In 2017, the electronic information industry of China was running well on the whole, witnessing a distinctive improvement in its export situation. The performance of the whole industry kept improving as the scale of loss of enterprises kept shrinking. Fixed asset investment kept growing rapidly; the sectors of communication equipment and electronic devices had become hotspots of investment growth. Leading enterprises like Huawei, Haier and Lenovo accelerated technical and product innovation and service-based transformation, and actively promoted China's electronic information industry to grow bigger and stronger.

Keywords: China; Eectronic Information Manufacturing Industry; Communication Equipment; Integrated Circuit

B. 9　Development Status of Electronic Information Industry of

　　　Taiwan China in 2017　　　　　　　　　　　　Meng Tuo / 058

Abstract: In 2017, with the intensifying of global competition and rapid rising of emerging economies, and limited power supply capacity of Taiwan itself, the electronic information industry of Taiwan China was slowing down. Benefiting from the continuous growth of export of electronic parts and components, the output value of its electronic products had increased 14.12% year on year, showing an obvious momentum of picking up; the market of electronic products had risen by 1.27% year on year, which was the first positive growth since 2012. Squeezed by peers of Chinese mainland, the overall output value of IC industry had basically leveled with the previous year, and only grew by 0.45%, while the design business witnessed a bigger decline. Taiwan Semiconductor Manufacturing Company (TSMC) was still the leader of chip OEM industry of Taiwan China, maintaining a stable global market share. In the competition with Chinese mainland and Korea, its panel industry is in an urgent need to search for a new way out and promote the research and development of Micro LED. Besides, as the "Non-Nuclear Home 2025" program is pushed by the authority of Taiwan continuously, the energy issue has become an important factor limiting the development of local semiconductor industry. In the future, the electronic information industry of Taiwan China will face a huge challenge in many aspects.

Keywords: Taiwan China; Electronic Information Industry; IC Industry; Chip Industry

Ⅲ　Industry Reports

B. 10　Retrospect and Prospect of World's Integrated Circuit

　　　Industry in 2017　　　　　　　　　　　　　Chen Jian / 067

Abstract: In 2017, benefiting from the continuous price rise of memory and growing demands from emerging markets, the global semi-conductor market ushered in an outbreak on a full scale, with its market scale growing by 20.6%. The market of integrated circuit had grown fastest with an annual growth of 22.9%; the market of memory had surged by 60.1% year on year, which were the key to the significant growth of the market as a whole. Samsung surpassed Intel to become the largest semi-conductor manufacturer in the world. The top position of the semi-conductor manufacturersranking had changed for the first time since 1990s. Driven by the market of memory, Korean manufacturers had risen on the momentum. Compared with 2015 and 2016, M&A momentum of enterprises had weakened obviously, but several key transactions had still brought a great influence to the development of the industry. The 10-nano technology had achieved a steady mass production. Several flagship models carried mobile chips that adopted new technology. Artificial intelligence hardware began to be applied in smart-phones. Looking into the future, the growth speed of semi-conductor and integrated circuit markets will slow down significantly, but they will continue to grow at a fast speed. The competition around 7-nano technology has been unfolded rapidly, which is expected to realize mass production in 2018.

Keywords: Integrated Circuit; Memory; 10-nano technology; Artificial Intelligence; 7-nano technology

B.11　Retrospect and Prospect of World's Electronic Component Industry in 2017　　*Zhang Qian* / 077

Abstract: In 2017, the output value of electronic components rose rapidly after it was stabilized in the previous year. China continued to take the lead in the world in the output value of electronic components. As the Moore's Law was near the end, the semi-conductor industry reached a point of turnaround. The government, industries and researchers of the US worked together to launch three projects and deploy in the next generation of semi-conductor technology. The large energy gap technology is increasingly mature, whose scope of application has expanded rapidly from military field to commercial field. The market will witness an explosive growth. Photonics has made a lot of achievements in such fields as promotion of projects, manufacturing process and new-type devices. Hardware security becomes increasingly important. Several hardware security research projects have been launched. Related technical fruits have emerged successively to guarantee the security of electronic systems from the bottom.

Keywords: Electronic Components; Gallium Nitride Devices; Photonics

B. 12　Retrospect and Prospect of Consumer Electronics
　　　　Industry in 2017　　　　　　　　　　*Liang Donghan* / 088

Abstract: Consumer electronics refers to a type of electronic products geared to the consumption demands of individuals and households with an aim to enhance the convenience, comfort and amusement of life, which is a field with the most active innovation and fullest market competition in the electronic information industry and with typical features like fast iteration cycle and a strong sense of fashion design. At present, the global consumer electronics market is declining and the market growth is weak. The basic demands of consumers have been satisfied; the innovation space for products has been reduced significantly; the technical competition is increasingly fierce; theconventional consumer electronics industry is in an urgent need to search for new growth points; emerging types of business need to be fostered, developed and grown at a faster pace, like smart hardware, virtual reality and wearable products.

Keywords: Consumer Electronics; TV; Martphone; Wearable Device

B. 13　Retrospect and Prospect of Communication Industry in 2017
　　　　　　　　　　　　　　　　　　　　　　Wang Huixian / 096

Abstract: In 2017, the global communication industry kept growing stably, whose output value and market size had somewhat risen from the previous year. European and American manufacturers appeared fatigued and weak, while Chinese communication enterprises developed rapidly. The construction of the global LTE network kept speeding up, and the number of commercial networks had witnessed a significant increase. Communication technology kept achieving new breakthroughs and led the industry to a comprehensive promotion. It's expected that in the following three to five years, the communication technologies will continue to evolve rapidly, the fields of related applications will be further expanded and the overall scale of the industry will grow steadily.

Keywords: 5G; Photo-communication; Communication Industry

B. 14　Retrospect and Prospect of Computer and Network Industry in 2017　　*Cui Xuemin* / 104

Abstract: The shipment of global PC market reached a new low and the market of servers showed signs of warming. Influenced by factors like artificial intelligence, the whole computer industry was expected to enter a stage of low-speed growth. The achievement of China in the field of high-performance computer had attracted extensive attention. Greenness and environment friendliness will become important measurement indicators for the field of super computers. Influenced by big data and cloud computation, the market of Ethernet devices kept growing stably.

Keywords: Computer; Server; High-performance Computation; Switchboard; Router

B. 15　Retrospect and Prospect of Internet of Things Industry in 2017
　　Fang Ying / 113

Abstract: In 2017, the global market size of Internet of things was expanding continuously and the number of equipment connected by Internet of things was rising from year to year. The global IOT expenditure kept rising stably. Each country actively releases related plans of IOT, deploys the infrastructure of IOT information, promotes the development of IOT related communication technologies and creates a good industrial ecology for the development of IOT. In the coming years, the IOT technology will be applied extensively in electronic products. Related electronic information industries will grow stably. Each communication technology may be applied in different IOT application scenes. At present, we lack of full and correct risk evaluation methods while the IOT is expanding in the industries, which is difficult to guarantee the security of some IOT products in the future and will become one of the causes for the significant increase of IOT security expenditure in the future.

Keywords: Internet of Things; Electronic Information; Communication Technology; IOT Security

B. 16 Retrospect and Prospect of Sensor Industry in 2017

Zhang Qian / 120

Abstract: In 2017, driven by the rapid development and huge demand for IOT, sensors continued to develop rapidly. In the field of basic researches, new mechanisms, new materials and new technologies had brought more new types of sensors. In the field of current types of sensors, photoelectric sensor and low power consumption sensor had become the hotspot of researches. In the next step, with the rapid growth of the IOT industry as a whole and the great push from fields like consumer electronics and automotive electronics, the markets of motion sensor and fingerprint sensor had grown fastest. The extensive application of sensors had further increased the demands for architecture development and security guarantee.

Keywords: Photoelectric Sensor; Graphene; Low Power Consumption Sensor

B. 17　Retrospect and Prospect of New Energy Automotive Electronics Industry in 2017　　　　　　　　　　　　　　　　*Wu Hongzhen* / 129

Abstract: In 2017, new energy automotive electronics industry kept growing rapidly and became an important support to the development of the automotive industry. The proportion of automotive electronics costs in that of whole car has risen from 4% in the 1970s to around 40% today, while this proportion has even surpassed 50% in the case of new energy vehicles (source of data: sorted public data).

At present, the new energy automotive electronics industry boasts a good development environment, whose market size continues to expand and industrial concentration continues to grow. The binding of the entire industrial chain of automobile has weakened while its business model has changed. The post-market of automotive electronics has become the focus of competition, which is attracting all kinds of enterprises. New devices, materials and technologies are gradually unveiled, as the technical innovation is accelerated. In the future, the market scale of new energy automotive electronics will be further expanded. Technologies and products will develop in the direction of intelligence, integration, low costs and high reliability. The before market of automotive electronics will gradually become a hotspot of development.

Keywords: New Energy Automotive Electronics Industry; Development Status; Trend

B. 18　Retrospect and Prospect of Medical Electronics Industry in 2017
　　　　　　　　　　　　　　　　　　　　　　　　　Fang Ying / 137

Abstract: In 2017, the global market size of medical electronics continued to expand, while the industry became better and better. China has become one of the world's important markets of medical and industrial equipment, ranked second in its output and sales amount, but it still has a large gap fromthe US which is ranked first. As electronic technology enterprises are actively deploying in the field of medical treatment, new medical solutions kept emerging. In the future, the global market of medical electronics industry is expected to continue to expand. Under the impact of artificial intelligence, medical electronic products will be increasingly digitized. A lot of industrial codes and safety programs will be released under the context of a series of increasingly prominent security problems like medical data security and personal privacy security.

Keywords: Medical Eectronics; 3D Biological Printing; Digitization; Virtual Nursing

Ⅳ Enterprises Reports

B. 19 The Development of the Enterprises in 2017

Zhao Yang, Wu Hongzhen and Li Ningning / 146

Abstract: In 2017, the world's economy was recovered and stabilized gradually. The world's electronic information industry showed a trend of rapid growth. Meanwhile, the market competition was further intensified while enterprises were transformed and upgraded. On the whole, they were under a period of integration and adjustment. Key enterprises of the world's electronic information industry varied in their annual performances. Business transformation had become the focus of their development. The major enterprises kept launching M&A, accelerated their deployment in the emerging application fields like artificial intelligence, IoT, automatic driving, and 5G to scramble for market shares and early opportunities.

Keywords: Electronic Information Enterprises; Apple; Samsung; Intel

V　Policies and Regulations

B.20　Policies and Measures of the Major Countries and Regions to Promote Industrial Development in 2017

Liu Xiaoxin, Li Ningning, Deng Hui and Meng Tuo / 174

Abstract: At present, the layout adjustment and resource allocation of the global electronic information industry worldwide were further deepened. The market share of emerging economies in the field of electronic information industry kept growing, while the market share of developed economies decreased slowly. As innovation kept emerging in the industry, the industry's role in economic development had attracted more attention. In 2017, a series of policies and measures were unveiled successively by major countries and regions such as the US, Japan, the EU, Korea and India to promote the innovative development of the electronic information industry.

Keywords: Electronic Information Industry; Technical Innovation; Manufacturing Industry

VI　Featured Topics

B.21　Development and Inspiration of NB-IoT　　*Fang Ying* / 197

Abstract: The NB-IoT is an emerging wireless communication technology in the field of IoT, which is used to support the data connection of equipment in the WAN. Since its standardized definition by 3GPP in 2016, the NB-IOT has received attention and promotion of the mainstream operators and chip and equipment manufacturers worldwide, since it is expected to become a major communication technology of the IoT. Domestic enterprises represented by Huawei are actively promoting the technical practice of NB-IoT. In the future, the IoT can be used to deploy the operator-level networks and widely applied in all kinds of IoT scenes. China should increase investment in IoT security, promote the establishment of standards and product R&D, lower the commercial use costs of NB-IoT through the market size, thereby promoting the IoT industry to develop healthily and rapidly.

Keywords: Nb-IoT; Operators; Smart Water Affairs Management

B. 22 Interpretation to the Report of American Industries to Call for Release of National Strategy on IoT   *Zhang Qian* / 204

Abstract: On October 3, 2017, American industrial organizations like Intel Corporation and American Information Technology Commission co-released a report, the *Dialogue on National IoT Strategy*, calling on the American government to release a national strategy on IoT as soon as possible, unify the understanding of IoT, strengthen government-enterprise cooperation, guarantee IoT security, give priority to the development of intelligent infrastructure and ensure that the US will win the international competition in the field of IoT and gain the huge benefits from the IoT. In the future development, China should make an overall and coordinated planning from the level of the state, adopt different approaches to guarantee the IoT security, strengthen the dominant position of enterprises and accelerate the breakthrough in core technologies.

Keywords: National Strategy on IoT; Government of the US; Government-enterprise Cooperation

B. 23 Abandonment of QNX by Toyota and Its Inspiration
Cui Xuemin / 210

Abstract: QNX is a product that cannot be neglected in the field of embedded operation system. In recent years, with the rapid development of

295

technologies and products like Internet of Things, big data, artificial intelligence, the embedded operation system has once again become a focus of attention in the industry. Toyota announced that it would abandon the QNX operation system in a model ofCamry car to be marketed in 2018, which had instantly attracted attention from the industry. This paper first combs the course of the incident, and then analyzes the general information of QNX and the information of its major rivals like FreeRTOS, VxWorks, and studies the application prospect of QNX in the field of embedded operation system and raises reflections and suggestions.

Keywords: Embedded Operation System; QNX; Linux; VxWorks

B. 24　Research on Network Security Strategy in the Era of Smart Production　　　　　　　　　　　　*Liang Donghan* / 218

Abstract: In the era of smart production, the wide application of internet and IoT and the increasing connectivity has overturned the conventional production mode and brought network risk and security challenges. As the security incidents occurred frequently in the industry, its influence has become more extensive. However, the network security strategy has not received enough attention and support from the manufacturing enterprises. The shortage of network security talents has put the manufacturing sector under new challenges in network security. The network security strategy under the smart production environment cannot be neglected, which should fully blend the strategy of smart manufacture from the beginning.

Keywords: Smart Production; Network Security; Digital Supply Network; Smart Manufacturing

B. 25　Current Status and Trend of Green Manufacturing Technology

Liu Xiaoxin / 226

Abstract: Green manufacturing is needed by a benign development of ecological environment and an inevitable choice for the transformation and upgrade of China's manufacturing sector. Green manufacturing technology involves several disciplines, covers the whole chain of manufacturing industry, with prominent features different from conventional manufacturing. In recent years, as the awareness of greenness and environment protection grows stronger in the global consumer market, green manufacturing technology has become a focus of attention for each country in the world and enjoys a promising prospect. Therefore, China should step up efforts to actively promote the development of green manufacturing so as to make the manufacturing sector develop healthily.

Keywords: Green Manufacturing; Technology; Industrial Chain

B. 26　Analysis and Inspiration of Operation Mechanism of American Innovation Centers for Manufacturing Industry

Deng Hui / 233

Abstract: To boost the scientific and technological innovation and achievement transformation of the manufacturing sector of the US, in March 2012, the US government announced to launch a national innovation network plan of the manufacturing sector to build innovation centers in key technology fields. After near five years of development, this plan has made initial success. By February 2017, 14 innovation centers have been built. This paper summarizes the operation mechanism of American innovation centers for manufacturing sector, analyzes the major practice of their sustainable operation and raised inspirations and suggestions for the construction of manufacturing innovation centers by China.

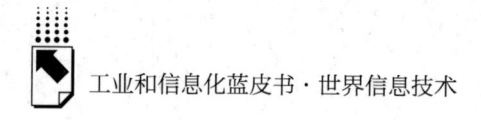

Keywords: American; Innovation Centers for Manufacturing Industry; Operation Mechanism

Ⅶ Hot-spot Reports

B.27 3D Biological Printing Technology   *Fang Ying* / 240

Abstract: 3D biological printing technology is a combination of 3D printing technology and biological technology. After years of development, the 3D biological printing technology has been applied initially in such fields as medical model, personalized medical implants, bionic tissue repair, and drug trial, which is expected to become an important supporting technology to promote the development of personalized, precise, minimally invasive and remote medicine in each country. With the growing of market demands and technical innovation, the technology displays an increasingly prominent advantage in the field of medical treatment.

Keywords: 3D Biological Printing; Additive Manufacturing; Organ Transplanting; Personalized Medical Treatment

B.28 Neuromorphic Chip   *Zhang Qian* / 244

Abstract: The Neuromorphic chip is a chip that can imitate the processing mode of human's brain and attracts attention from each country under the huge demand from the fast development of artificial intelligence and has made rich achievements. The Neuromorphic chip will offer a capacity to process big data and more smart applications, stimulate the mature micro-electronic component industry once again and bring a great influence to the commerce, science and government.

Keywords: Neuromorphic Chip; Electronic Synapsis; IBM; Qualcomm

B. 29　Artificial Intelligence　　　　　　　　　　　　　　Deng Hui / 248

Abstract: Artificial intelligence has become a new hotspot in the current development of scientific and technological industry. The products developed by artificial intelligence enterprises at home and abroad have been commercialized in many fields. At present, the artificial intelligence industry is still subject to the limitation factors such as talents, data, computation platforms and service modes. In the future, with the development of technology and expansion of application in key fields, the artificial intelligence has been turned into fruits at a faster pace. Chinese government shouldactively promote the development of artificial intelligence industry. Chinese enterprises should also actively be involved in the promising market through proper channels.

Keywords: Artificial Intelligence; Fields of Application; Patents; Bottleneck to Industrialization

B. 30　QNX　　　　　　　　　　　　　　　　　　　　Cui Xuemin / 252

Abstract: QNX is a real-time embedded operation system, which is extensively applied in such fields as automobile, communication, network and industrial automation. Being safe, small and fast, it is highly competitive in these fields. This paper introduces the technical features, current status and application prospect of QNX.

Keywords: QNX; Operation System; Blackberry

B. 31　Bike Sharing　　　　　　　　　　　　　　　　Lin Xiaoxin / 256

Abstract: As a typical smart hardware product for travelers, bike sharing has attracted a lot of attention as soon as it is released. By the end of 2016, as a typical example of sharing economy, bike sharing has witnessed an explosive growth, with its technology upgraded continuously and industrial integration deepening.

Keywords: Bike Sharing; Haring Economy; Smart Hardware

B.32　Raspberry Pi　　　　　　　　　　　　　　*Liang Donghan* / 260

Abstract: Raspberry Pi is designed for the computer programming education of students, which is the smallest desktop computer in the world, also called card computer, a microcomputer mainboard based on ARM. The main difference between it and common computers is that common computer mainboard saves data with hard disc, while the Raspberry Pi system guide must use SD card. Nevertheless, after the guide is designated, it can read the operation system from a hard disc connected with USB to "take over" the booting process. Raspberry Pi is low in power consumption, portable and GPIO, whose most prominent feature is its strong extension capacity.

Keywords: Raspberry Pi; Microcomputer; Computer System

Ⅷ　Appendices

B.33　Appendices 1: Chronicle of Events　　　　　　　　　　　／265

B.34　Appendices 2: List of Top 100 Electronic Information Enterprises of China in 2017　　　　　　　　　　／270

B.35　Appendices 3: Ranking of Business Revenue of World's Semi-conductor Manufacturers in 2017　　　　／274

B.36　Appendices 4: Top 100 World's Investors in R&D in 2017

／275

社会科学文献出版社　　　　　　　　　　　**皮书系列**

❖ 皮书起源 ❖

"皮书"起源于十七、十八世纪的英国，主要指官方或社会组织正式发表的重要文件或报告，多以"白皮书"命名。在中国，"皮书"这一概念被社会广泛接受，并被成功运作、发展成为一种全新的出版形态，则源于中国社会科学院社会科学文献出版社。

❖ 皮书定义 ❖

皮书是对中国与世界发展状况和热点问题进行年度监测，以专业的角度、专家的视野和实证研究方法，针对某一领域或区域现状与发展态势展开分析和预测，具备原创性、实证性、专业性、连续性、前沿性、时效性等特点的公开出版物，由一系列权威研究报告组成。

❖ 皮书作者 ❖

皮书系列的作者以中国社会科学院、著名高校、地方社会科学院的研究人员为主，多为国内一流研究机构的权威专家学者，他们的看法和观点代表了学界对中国与世界的现实和未来最高水平的解读与分析。

❖ 皮书荣誉 ❖

皮书系列已成为社会科学文献出版社的著名图书品牌和中国社会科学院的知名学术品牌。2016年，皮书系列正式列入"十三五"国家重点出版规划项目；2013~2018年，重点皮书列入中国社会科学院承担的国家哲学社会科学创新工程项目；2018年，59种院外皮书使用"中国社会科学院创新工程学术出版项目"标识。

中国皮书网

（网址：www.pishu.cn）

发布皮书研创资讯，传播皮书精彩内容
引领皮书出版潮流，打造皮书服务平台

栏目设置

关于皮书：何谓皮书、皮书分类、皮书大事记、皮书荣誉、
皮书出版第一人、皮书编辑部

最新资讯：通知公告、新闻动态、媒体聚焦、网站专题、视频直播、下载专区

皮书研创：皮书规范、皮书选题、皮书出版、皮书研究、研创团队

皮书评奖评价：指标体系、皮书评价、皮书评奖

互动专区：皮书说、社科数托邦、皮书微博、留言板

所获荣誉

2008年、2011年，中国皮书网均在全国新闻出版业网站荣誉评选中获得"最具商业价值网站"称号；

2012年，获得"出版业网站百强"称号。

网库合一

2014年，中国皮书网与皮书数据库端口合一，实现资源共享。

权威报告·一手数据·特色资源

皮书数据库
ANNUAL REPORT(YEARBOOK) DATABASE

当代中国经济与社会发展高端智库平台

所获荣誉

- 2016年，入选"'十三五'国家重点电子出版物出版规划骨干工程"
- 2015年，荣获"搜索中国正能量 点赞2015""创新中国科技创新奖"
- 2013年，荣获"中国出版政府奖·网络出版物奖"提名奖
- 连续多年荣获中国数字出版博览会"数字出版·优秀品牌"奖

成为会员

通过网址www.pishu.com.cn访问皮书数据库网站或下载皮书数据库APP，进行手机号码验证或邮箱验证即可成为皮书数据库会员。

会员福利

- 使用手机号码首次注册的会员，账号自动充值100元体验金，可直接购买和查看数据库内容（仅限PC端）。
- 已注册用户购书后可免费获赠100元皮书数据库充值卡。刮开充值卡涂层获取充值密码，登录并进入"会员中心"—"在线充值"—"充值卡充值"，充值成功后即可购买和查看数据库内容（仅限PC端）。
- 会员福利最终解释权归社会科学文献出版社所有。

数据库服务热线：400-008-6695
数据库服务QQ：2475522410
数据库服务邮箱：database@ssap.cn
图书销售热线：010-59367070/7028
图书服务QQ：1265056568
图书服务邮箱：duzhe@ssap.cn

卡号：786617549239
密码：

基本子库
SUB DATABASE

中国社会发展数据库（下设 12 个子库）

全面整合国内外中国社会发展研究成果，汇聚独家统计数据、深度分析报告，涉及社会、人口、政治、教育、法律等 12 个领域，为了解中国社会发展动态、跟踪社会核心热点、分析社会发展趋势提供一站式资源搜索和数据分析与挖掘服务。

中国经济发展数据库（下设 12 个子库）

基于"皮书系列"中涉及中国经济发展的研究资料构建，内容涵盖宏观经济、农业经济、工业经济、产业经济等 12 个重点经济领域，为实时掌控经济运行态势、把握经济发展规律、洞察经济形势、进行经济决策提供参考和依据。

中国行业发展数据库（下设 17 个子库）

以中国国民经济行业分类为依据，覆盖金融业、旅游、医疗卫生、交通运输、能源矿产等 100 多个行业，跟踪分析国民经济相关行业市场运行状况和政策导向，汇集行业发展前沿资讯，为投资、从业及各种经济决策提供理论基础和实践指导。

中国区域发展数据库（下设 6 个子库）

对中国特定区域内的经济、社会、文化等领域现状与发展情况进行深度分析和预测，研究层级至县及县以下行政区，涉及地区、区域经济体、城市、农村等不同维度。为地方经济社会宏观态势研究、发展经验研究、案例分析提供数据服务。

中国文化传媒数据库（下设 18 个子库）

汇聚文化传媒领域专家观点、热点资讯，梳理国内外中国文化发展相关学术研究成果、一手统计数据，涵盖文化产业、新闻传播、电影娱乐、文学艺术、群众文化等 18 个重点研究领域。为文化传媒研究提供相关数据、研究报告和综合分析服务。

世界经济与国际关系数据库（下设 6 个子库）

立足"皮书系列"世界经济、国际关系相关学术资源，整合世界经济、国际政治、世界文化与科技、全球性问题、国际组织与国际法、区域研究 6 大领域研究成果，为世界经济与国际关系研究提供全方位数据分析，为决策和形势研判提供参考。

法律声明

"皮书系列"(含蓝皮书、绿皮书、黄皮书)之品牌由社会科学文献出版社最早使用并持续至今,现已被中国图书市场所熟知。"皮书系列"的相关商标已在中华人民共和国国家工商行政管理总局商标局注册,如LOGO( )、皮书、Pishu、经济蓝皮书、社会蓝皮书等。"皮书系列"图书的注册商标专用权及封面设计、版式设计的著作权均为社会科学文献出版社所有。未经社会科学文献出版社书面授权许可,任何使用与"皮书系列"图书注册商标、封面设计、版式设计相同或者近似的文字、图形或其组合的行为均系侵权行为。

经作者授权,本书的专有出版权及信息网络传播权等为社会科学文献出版社享有。未经社会科学文献出版社书面授权许可,任何就本书内容的复制、发行或以数字形式进行网络传播的行为均系侵权行为。

社会科学文献出版社将通过法律途径追究上述侵权行为的法律责任,维护自身合法权益。

欢迎社会各界人士对侵犯社会科学文献出版社上述权利的侵权行为进行举报。电话:010-59367121,电子邮箱:fawubu@ssap.cn。

社会科学文献出版社